全国高职高专建筑类专业规划教材

建筑工程质量控制

主　编　何向红　徐猛勇
　　　　斉　杰　何　江
副主编　王甘林　刘彩玲
主　审　钟汉华

黄河水利出版社
·郑州·

内 容 提 要

本书是全国高职高专建筑类专业规划教材，是根据教育部对高职高专教育的教学基本要求及全国水利水电高职教研会制定的建筑工程质量控制课程教学大纲编写完成的。本书主要介绍建筑工程质量控制的基本知识、程序和方法。全书共分8章，内容包括：建筑工程质量控制概述、建筑工程质量管理体系、工程设计阶段的质量控制、工程施工阶段的质量控制、设备采购与制造安装的质量控制、工程质量评定及竣工验收、工程质量控制的统计分析方法、工程质量问题和质量事故处理等。本书各章之后附有思考与练习题，而且在多章安排了案例分析，既便于教学，又便于应用。

本书可作为高职高专工程监理专业的教材，也可作为土木建筑类其他专业的选修教材，还可作为工程技术人员的自学参考书。

图书在版编目(CIP)数据

建筑工程质量控制/何向红等主编.—郑州：黄河水利出版社，2011.1 （2016.5 修订重印）

全国高职高专建筑类专业规划教材

ISBN 978-7-80734-971-6

Ⅰ.①建… Ⅱ.①何… Ⅲ.①建筑工程-工程质量-质量控制-高等学校：技术学校-教材 Ⅳ.①TU712

中国版本图书馆 CIP 数据核字(2010)第260946号

组稿编辑：王路平 电话：0371-66022212 E-mail：hhslwlp@163.com

简 群 66026749 w_jq001@163.com

出 版 社：黄河水利出版社

地址：河南省郑州市顺河路黄委会综合楼14层 邮政编码：450003

发行单位：黄河水利出版社

发行部电话：0371-66026940、66020550、66028024、66022620(传真)

E-mail：hhslcbs@126.com

承印单位：郑州龙洋印务有限公司

开本：787 mm×1 092 mm 1/16

印张：14.5

字数：340千字 印数：8 001—12 000

版次：2011年1月第1版 印次：2016年5月第3次印刷

2013年5月修订

定价：28.00元

前　言

本书是根据《教育部、财政部关于实施国家示范性高等职业院校建设计划，加快高等职业教育改革与发展的意见》（教高[2006]14号）、《教育部关于全面提高高等职业教育教学质量的若干意见》（教高[2006]16号）等文件精神，由全国水利水电高职教研会拟定的教材编写规划，在中国水利教育协会指导下，由全国水利水电高职教研会组织编写的建筑类专业规划教材。本套教材以学生能力培养为主线，具有鲜明的时代特点，体现出实用性、实践性、创新性的教材特色，是一套理论联系实际、教学面向生产的高职高专教育精品规划教材。

建筑工程质量控制是工程监理专业的一门重要的专业课，本书主要介绍了建筑工程质量控制的概念、意义、程序和方法，其中重点介绍了工程施工阶段的质量控制、工程施工质量问题和质量事故的处理，还包括质量管理和质量保证标准、工程设计阶段的质量控制、设备采购与制造安装质量控制、工程质量评定及竣工验收、工程质量控制的统计分析方法等内容。

本书的主要特色是：内容精炼，文字通俗易懂；侧重工程施工阶段的质量控制和质量事故处理；注重建筑工程施工监理的理论和实际的结合，具体案例分析注重说明如何操作，旨在提高监理人员的实际操作能力；注重教材的科学性和政策性，与监理工程师考试大纲结合，与现行法律、法规结合，与国际通用做法结合。

本书编写人员及编写分工如下：华北水利水电学院水利职业学院何江（第一章、第三章）；杨凌职业技术学院刘彩玲（第二章）；湖南水利水电职业技术学院徐猛勇（第四章）；长江工程职业技术学院何向红（第五章、第八章），王甘林（第六章）；山东水利职业学院斉杰（第七章）。本书由何向红、徐猛勇、斉杰、何江担任第主编，何向红负责全书统稿，由王甘林、刘彩玲担任副主编，由湖北水利水电职业技术学院钟汉华担任主审。

本书在编写过程中，参阅了大量文献，引用了同类书刊中的部分资料，在此谨向有关作者表示衷心的感谢。

由于本次编写时间仓促，书中难免会出现缺点、错误及不妥之处，欢迎广大师生及读者批评指正。

编　者

2010年5月

前言

目　录

第一章 建筑工程质量控制概述

【学习目标】

了解工程质量及特性。熟悉工程质量形成过程、影响因素及工程质量管理制度。掌握监理工程师在质量控制过程中应遵循的原则和工程质量保修制度。

【学习内容】

质量和建筑工程质量,质量控制和工程质量控制,工程质量的政府监督管理。

第一节 质量和建筑工程质量

一、质量

2000 版 GB/T 19000—ISO 9000 族标准中,质量的定义是:一组固有特性满足要求的程度。上述定义可以从以下几方面理解:

(1)质量不仅是指产品质量,也可以是某项活动或过程的工作质量,还可以是质量管理体系运行的质量。质量由一组固有特性组成,这些固有特性是指满足顾客和其他相关方面的要求的特性,并由其满足要求的程度加以表征。

(2)特性是指区分的特征。特性可以是固有的或赋予的,也可以是定性的或定量的。特性有各种类型,一般有物质特性(如机械的、电的、化学的或生物的特性)、感官特性(如嗅觉、触觉、味觉、视觉及感觉控测的特性)、行为特性(如礼貌、诚实、正直)、人体工效特性(如语言或生理特性、人身安全特性)、功能特性(如飞机的航程、速度)。质量特性是固有的特性,并通过产品、过程或体系设计和开发及其后实现过程形成的属性。固有的意思是指,在某事或某物中本来就有的,尤其是那种永久的特性。赋予的特性(如某一产品的价格)并非是产品、过程或体系的固有特性,不是它们的质量特性。

(3)满足要求就是应满足明示的(如合同、规范、标准、技术、文件、图纸中明确规定的)、通常隐含的(如组织的惯例、一般习惯)或必须履行的(如法律法规、行业规则)需要和期望。与要求相比较,满足要求的程度才反映为质量的好坏。对质量的要求除考虑满足顾客的需要外,还应考虑其他相关方即组织自身利益、提供原材料和零部件等供方的利益和社会的利益等多种需求。例如,需考虑安全性、环境保护、节约能源等外部的强制要求。只有全面满足这些要求,才能评定为好的质量或优秀的质量。

(4)顾客和其他相关方对产品、过程或体系的质量要求是动态的、发展的及相对的。质量要求随着时间、地点、环境的变化而变化。如随着技术的发展、生活水平的提高,人们对产品、过程或体系会提出新的质量要求。因此,应定期评定质量要求,修订规范、标准,不断开发新产品、改进老产品,以满足已变化的质量要求。另外,不同国家、不同地区因自然环境条件、技术发达程度、消费水平和民俗习惯等的不同会对产品提出不同的要求,产品应具有这种环境的适应性，对不同地区应提供不同性能的产品，以满足该地区用户明示的或隐含的要求。

二、建筑工程质量

建筑工程质量简称工程质量。指工程满足业主需要的，符合国家法律法规、技术规范、标准、设计文件及合同规定的特性综合。

建筑工程作为一种特殊的产品，除具有一般产品共有的质量特性（如性能、寿命、可靠性、安全性、经济性等满足社会需要的使用价值及其属性）外，还具有特定的内涵。

建筑工程质量的特性主要表现在以下六个方面：

（1）适用性。即功能，是指工程满足使用目的的各种性能。包括：理化性能，如尺寸、规格、保温、隔热、隔声等物理性能，耐酸、耐碱、耐腐蚀、防火、防风化、防尘等化学性能；结构性能，指地基基础的牢固程度，结构的足够强度、刚度和稳定性；使用性能，如民用住宅工程要能使居住者安居，工业厂房要能满足生产活动的需要，道路、桥梁、铁路、航道要能通达便捷等，建筑工程的组成部件、配件及水、暖、电、卫器具、设备也要能满足其使用功能；外观性能，指建筑物的造型、布置、室内装饰效果、色彩等美观大方和协调等。

（2）耐久性。即寿命，是指工程在规定的条件下，满足规定功能要求使用的年限，也就是工程竣工后的合理使用寿命周期。由于建筑物本身结构类型不同、质量要求不同、施工方法不同及使用性能不同的个性特点，如民用建筑主体结构耐用年限分为四级（15～30年、30～50年、50～100年、100年以上），公路工程设计年限一般按等级控制在10～20年，城市道路工程设计年限，视不同道路构成和所用的材料，设计的使用年限也有所不同。

（3）安全性。是指工程建成后在使用过程中保证结构安全、保证人身和环境免受危害的程度。建筑工程产品的结构安全度、抗震、耐火及防火能力，人民防空的抗辐射、抗核污染、抗爆炸波等能力，是否能达到特定的要求，都是安全性的重要标志。工程交付使用后，必须保证人身财产、工程整体都能免遭工程结构破坏及外来危害的伤害。工程组成部件，如阳台栏杆、楼梯扶手、电器产品漏电保护、电梯及各类设备等，也要保证使用者的安全。

（4）可靠性。是指工程在规定的时间和规定的条件下完成规定功能的能力。工程不仅要求在交工验收时要达到规定的指标，而且在一定的使用时期内要保持应有的正常功能。如工程上的防洪与抗震能力，防水隔热、恒温恒湿措施，工业生产用的管道防“跑、冒、滴、漏”等，都属可靠性的质量范畴。

（5）经济性。是指工程从规划、勘察、设计、施工到整个产品使用寿命周期内的成本和消耗的费用。工程经济性具体表现为设计成本、施工成本、使用成本三者之和。包括从征地、拆迁、勘察、设计、采购（材料、设备）、施工、配套设施等建设全过程的总投资和工程使用阶段的能耗、水耗、维护、保养乃至改建更新的使用维修费用。

（6）与环境的协调性。是指工程与其周围生态环境协调，与所在地区经济环境协调及与周围已建工程相协调，以适应环境可持续发展的要求。

上述六个方面的质量特性彼此之间是相互依存的。总体而言，适用性、耐久性、安全性、可靠性、经济性及与环境的协调性都是必须达到的基本要求，缺一不可。

三、工程质量形成过程与影响因素分析

（一）工程建设各阶段对质量形成的作用与影响

工程建设的不同阶段，对工程项目质量的形成起着不同的作用和影响。

1. 项目可行性研究

项目可行性研究是在项目建议书和项目策划的基础上，运用经济学原理对投资项目的有关技术、经济、社会、环境等所有方面进行调查研究，对各种可能的拟建方案和建成投产后的经济效益、社会效益及环境效益等进行技术经济分析、预测和论证，确定项目建设的可行性，并在可行的情况下，通过多方案比较从中选择出最佳建设方案，作为项目决策和设计的依据。在此过程中，需要确定工程项目的质量要求，并与投资目标相协调。因此，项目的可行性研究直接影响项目的决策质量和设计质量。

2. 项目决策

项目决策阶段是通过项目可行性研究和项目评估，对项目的建设方案作出决策，使项目的建设充分反映业主的意愿，并与地区环境相适应，做到投资、质量、进度三者协调统一。所以，项目决策阶段对工程质量的影响主要是确定工程项目应达到的质量目标和水平。

3. 工程勘察、设计

工程的地质勘察是为建设场地的选择和工程的设计与施工提供地质资料依据。工程设计是根据建设项目总体需求（包括已确定的质量目标和水平）和地质勘察报告，对工程的外形和内在的实体进行筹划、研究、构思、设计和描绘，形成设计说明书和图纸等相关文件，使得质量目标和水平具体化，为施工提供直接依据。

工程设计质量是决定工程质量的关键环节，工程采用什么样的平面布置和空间形式，选用什么样的结构类型，使用什么样的材料、构配件及设备等，都直接关系到工程主体结构的安全可靠，关系到建设投资的综合功能是否充分体现规划意图。

4. 工程施工

工程施工是指按照设计图纸和相关文件的要求，在建设场地上将设计意图付诸实现的测量、作业及检验，形成工程实体、建成最终产品的活动。任何优秀的勘察设计成果，只有通过施工才能变为现实。因此，工程施工活动决定了设计意图能否体现，它直接关系到工程的安全可靠、使用功能的保证，以及外表观感能否体现建筑设计的艺术水平。在一定程度上，工程施工是形成实体质量的决定性环节。

5. 工程竣工验收

工程竣工验收就是对项目施工阶段的质量通过检查评定、试车运转，考核项目质量是否达到设计要求，是否符合决策阶段确定的质量目标和水平，并通过验收确保工程项目的质量。所以，工程竣工验收对质量的影响是保证最终产品的质量。

（二）影响工程质量的因素

影响工程质量的因素很多，但归纳起来主要有五个方面，即人（Man）、材料（Material）、机械（Machine）、方法（Method）和环境（Environment），简称为4M1E因素。

1. 人员素质

人是生产经营活动的主体，也是工程项目建设的决策者、管理者、操作者，工程建设的全过程，如项目的规划、决策、勘察、设计和施工，都是通过人来完成的。人员的素质，即人的文化水平、技术水平、决策能力、管理能力、组织能力、作业能力、控制能力、身体素质及职业道德等，都将直接和间接地对规划、决策、勘察、设计和施工的质量产生影响，所以人员素质是影响工程质量的一个重要因素。因此，建筑行业实行经营资质管理和各类专业从业人员持证上岗制度是保证人员素质的重要管理措施。

2. 工程材料

工程材料泛指构成工程实体的各类建筑材料、构配件、半成品等，它是工程建设的物质条件，是工程质量的基础。工程材料选用是否合理、产品是否合格、材质是否经过检验、保管使用是否得当等，都将直接影响建筑工程的结构刚度和强度、工程外表及观感、工程的使用功能及工程的使用安全。

3. 机械设备

机械设备可分为两类：一是指组成工程实体及配套的工艺设备和各类机具，如电梯、泵机、通风设备等，它们构成了建筑设备安装工程或工业设备安装工程，形成完整的使用功能；二是指施工过程中使用的各类机具设备，包括大型垂直与横向运输设备、各类操作工具、各种施工安全设施、各类测量仪器和计量器具等，简称施工机具设备，它们是施工生产的手段。机具设备对工程质量也有重要的影响。工程使用机具设备的质量优劣，直接影响工程使用功能质量。施工机具设备的类型是否符合工程施工特点，性能是否先进稳定，操作是否方便安全等，都将会影响工程项目的质量。

4. 方法

方法是指工艺方法、操作方法和施工方案。在工程施工中，施工工艺是否先进，施工操作是否正确，施工方案是否合理，都将对工程质量产生重大的影响。

5. 环境条件

环境条件是指对工程质量特性起重要作用的环境因素，包括：工程技术环境，如工程地质、水文、气象等；工程作业环境，如施工环境作业面大小、防护设施、通风照明和通信条件等；工程管理环境，主要指工程实施的合同结构与管理关系的确定，组织体制及管理制度等；周边环境，如工程邻近的地下管线、建(构)筑物等。环境条件往往对工程质量产生特定的影响。加强环境管理，改进作业条件，把握好技术环境，辅以必要的措施，是控制环境对质量影响的重要保证。

四、工程质量的特点

建筑工程质量的特点是由建筑工程本身和建筑生产的特点决定的。建筑工程(产品)及其生产的特点：一是产品的固定性，生产的流动性；二是产品的多样性，生产的单件性；三是产品形体庞大、投入高、生产周期长、具有风险性；四是产品的社会性，生产的外部约束性。建筑工程的上述特点形成了工程质量的以下特点。

(一)影响因素多

建筑工程质量受多种因素的影响，如决策、设计、材料、机具设备、施工方法、施工工艺、技术措施、人员素质、工期、工程造价等，这些因素直接或间接地影响工程项目质量。

（二）质量波动大

由于建筑生产的单件性、流动性，不像一般工业产品的生产，有固定的生产流水线、规范化的生产工艺和完善的检测技术、成套的生产设备和稳定的生产环境，所以工程质量容易产生波动且波动大。同时，由于影响工程质量的偶然性因素和系统性因素比较多，其中任一因素发生变动都会使工程质量产生波动。为此，要严防出现系统性因素的质量变异，要把质量波动控制在偶然性因素范围内。

（三）质量隐蔽性

建筑工程在施工过程中，分项工程交接多、中间产品多、隐蔽工程多，因此工程项目质量存在隐蔽性。若在施工过程中不及时进行质量检查，事后则只能从表面上检查，就很难发现内在的质量问题。

（四）终检的局限性

工程项目建成后，不可能像一般工业产品那样依靠终检来判断产品质量，或将产品拆卸、解体来检查其内在的质量，或对不合格零部件可以更换，工程项目的终检（竣工验收）无法进行工程内在质量的检验，发现隐蔽的质量缺陷。因此，工程项目的终检存在一定的局限性。这就要求工程质量控制应以预防为主，防患于未然。

（五）评价方法的特殊性

工程质量的检查评定及验收是按检验批、分项工程、分部工程、单位工程进行的。工程质量是在施工单位按合格质量标准自行检查评定的基础上，由监理工程师（或建设单位项目负责人）组织有关单位、人员进行检验，确认验收的。这种评价方法体现了“验评分离、强化验收、完善手段、过程控制”的指导思想。

第二节　质量控制和工程质量控制

一、质量控制

2000 版 GB/T 19000—ISO 9000 族标准中，质量控制的定义是：质量管理的一部分，致力于满足质量要求。

上述定义可以从以下几方面理解：

（1）质量控制是质量管理的重要组成部分，其目的是使产品、体系或过程的固有特性达到规定的要求，即满足顾客、法律法规等方面所提出的质量要求（如适用性、安全性等）。所以，质量控制是通过一系列的作业技术和活动对各个过程实施控制的。

（2）质量控制的工作内容包括了作业技术和活动，也就是包括专业技术和管理技术两个方面。围绕产品形成全过程每一阶段的工作如何能保证做好，应对影响其质量的人、材料、机械、方法、环境（4MlE）因素进行控制，并对质量活动的成果进行分阶段验证，以便及时发现问题，查明原因，采取相应纠正措施，防止质量不合格的发生。因此，质量控制应贯彻预防为主与检验把关相结合的原则。

（3）质量控制应贯穿产品形成和体系运行的全过程。每一过程都有输入、转换和输出等三个环节，通过对每一个过程的三个环节实施有效控制，使对产品质量有影响的各个过程处于受控状态，持续提供符合规定要求的产品才能得到保障。

二、工程质量控制

工程质量控制是指致力于满足工程质量要求，也就是为了保证工程质量，满足工程合同、规范标准所采取的一系列措施、方法和手段。工程质量要求主要表现为工程合同、设计文件、技术规范、标准规定的质量标准。

工程质量控制按其实施主体不同，分为自控主体和监控主体。前者是指直接从事质量职能的活动者，后者是指对他人质量能力和效果的监控者，主要包括以下四个方面：

(1)政府的工程质量控制。政府属于监控主体，它主要以法律法规为依据，通过抓工程报建、施工图设计文件审查、施工许可、材料和设备准用、工程质量监督、重大工程竣工验收备案等主要环节进行。

(2)工程监理单位的质量控制。工程监理单位属于监控主体，它主要是受建设单位的委托，代表建设单位对工程实施全过程进行质量监督和控制，包括勘察设计阶段质量控制、施工阶段质量控制，以满足建设单位对工程质量的要求。

(3)勘察设计单位的质量控制。勘察设计单位属于自控主体，它以法律法规及合同为依据，对勘察设计的整个过程进行控制，包括工作程序、工作进度、费用及成果文件所包含的功能和使用价值，以满足建设单位对勘察设计质量的要求。

(4)施工单位的质量控制。施工单位属于自控主体，它以工程合同、设计图纸和技术规范为依据，对施工准备阶段、施工阶段、竣工验收交付阶段等施工全过程的工作质量和工程质量进行控制，以达到合同文件规定的质量要求。

工程质量控制按工程质量形成过程包括全过程各阶段的质量控制，主要是：

(1)决策阶段的质量控制，主要是通过项目的可行性研究，选择最佳建设方案，使项目的质量要求符合业主的意图，并与投资目标相协调，与所在地区环境相协调。

(2)工程勘察设计阶段的质量控制，主要是要选择好勘察设计单位，保证工程设计符合决策阶段确定的质量要求，保证设计符合有关技术规范和标准的规定，保证设计文件、图纸符合现场和施工的实际条件，其深度能满足施工的需要。

(3)工程施工阶段的质量控制，一是择优选定能保证工程质量的施工单位；二是严格监督承建商按设计图纸进行施工，并形成符合合同文件规定质量要求的最终建筑产品。

三、工程质量控制的原则

监理工程师在工程质量控制过程中，应遵循以下几条原则。

(一)坚持质量第一的原则

建筑工程质量不仅关系到工程的适用性和建设项目投资效果，而且关系到人民群众生命财产的安全。所以，监理工程师在进行投资、进度、质量三大目标控制时，应坚持“百年大计，质量第一”的方针，在工程建设中自始至终把“质量第一”作为对工程质量控制的基本原则。

(二)坚持以人为核心的原则

工程建设中,各单位、各部门、各岗位人员的工作质量水平和完善程度,都直接或间接地影响工程质量。所以,在工程质量控制中,要以人为核心,重点控制人的素质和人的行为,充分发挥人的积极性和创造性,以人的工作质量保证工程质量。

(三)坚持以预防为主的原则

工程质量控制应该是积极主动的,应事先对影响质量的各种因素加以控制,而不能是消极被动的,等出现质量问题再进行处理,已造成不必要的损失。所以,要重点做好质量的事先控制和事中控制,以预防为主,加强过程和中间产品的质量检查和控制。

(四)坚持质量标准的原则

质量标准是评价产品质量的尺度,工程质量是否符合合同规定的质量标准要求,应通过质量检验并与质量标准对照。符合质量标准要求的才合格,不符合质量标准要求的就不合格,必须返工处理。

(五)坚持科学、公正、守法的职业道德规范

在工程质量控制中,监理人员必须坚持科学、公正、守法的职业道德规范,要尊重科学,尊重事实,以数据资料为依据,客观、公正地处理质量问题。

第三节　工程质量控制的政府监督管理

一、工程质量政府监督管理体制和管理职能

(一)监督管理体制

国务院建设行政主管部门对全国的建设工程质量实施统一监督管理。国务院铁路、交通、水利等有关部门按国务院规定的职责分工,负责对全国的有关专业建设工程质量实施监督管理。县级以上地方人民政府建设行政主管部门对本行政区域内的建设工程质量实施监督管理。县级以上地方人民政府交通、水利等有关部门在各自职责范围内,负责本行政区域内的专业建设工程质量的监督管理。

国务院发展计划部门按照国务院规定的职责,组织稽查特派员,对国家出资的重大建设项目实施监督检查;国务院经济贸易主管部门按照国务院规定的职责,对国家重大技术改造项目实施监督检查。国务院建设行政主管部门和国务院铁路、交通、水利等有关专业部门、县级以上地方人民政府建设行政主管部门和其他有关部门,对有关建筑工程质量的法律法规和强制性标准执行情况加强监督检查。

县级以上政府建设行政主管部门和其他有关部门履行检查职责时,有权要求被检查单位提供有关工程质量的文件和资料,有权进入被检查单位的施工现场进行检查,在检查中发现工程质量存在问题时,有权责令改正。

政府的工程质量监督管理具有权威性、强制性和综合性的特点。

(二)管理职能

1. 建立和完善工程质量管理法规

工程质量管理法规包括行政性法规和工程技术规范标准,前者如《中华人民共和国

建筑法》、《中华人民共和国招标投标法》、《建筑工程质量管理条例》等，后者如工程设计规范、《建筑工程施工质量验收统一标准》（GB 50300—2001）、工程施工质量验收规范等。

2. 建立和落实工程质量责任制

工程质量责任制包括工程质量行政领导的责任、项目法定代表人的责任、参建单位法定代表人的责任和工程质量终身负责制等。

3. 建设活动主体资格的管理

国家对从事建设活动的单位实行严格的从业许可证制度，对从事建设活动的专业技术人员实行严格的执业资格制度。建设行政主管部门及有关专业部门按各自分工，负责各类资质标准的审查、从业单位的资质等级的最后认定、专业技术人员资格等级的核查和注册，并对资质等级和从业范围等实施动态管理。

4. 工程承发包管理

工程承发包管理包括规定工程招标投标承发包的范围、类型、条件，对招标投标承发包活动的依法监督和工程合同管理。

5. 控制工程建设程序

控制工程建设程序包括工程报建、施工图设计文件审查、工程施工许可、工程材料和设备准用、工程质量监督、施工验收备案等管理。

二、工程质量管理制度

近年来，我国建设行政主管部门先后颁发了多项建筑工程质量管理制度，主要有以下几种。

（一）施工图设计文件审查制度

施工图审查是指国务院建设行政主管部门和省、自治区、直辖市人民政府建设行政主管部门委托依法认定的设计审查机构，根据国家法律、法规、技术标准与规范，对施工图进行结构安全和强制性标准、规范执行情况等进行的独立审查。

1. 施工图审查的范围

建筑工程设计等级分级标准中的各类新建、改建、扩建的建筑工程项目均属审查范围。省、自治区、直辖市人民政府建设行政主管部门可结合本地的实际，确定具体的审查范围。建设单位应当将施工图报送建设行政主管部门，由建设行政主管部门委托有关审查机构，进行结构安全和强制性标准、规范执行情况等内容的审查。建设单位将施工图报请审查时，应同时提供下列资料：批准的立项文件或初步设计批准文件，主要的初步设计文件，工程勘察成果报告，结构计算书及计算软件名称等。

2. 施工图审查的主要内容

（1）建筑物的稳定性、安全性审查，包括地基基础和主体结构是否安全、可靠。

（2）是否符合消防、节能、环保、抗震、卫生、人防等有关强制性标准规范。

（3）施工图是否达到规定的深度要求。

（4）是否损害公众利益。

3. 施工图审查有关各方的职责

（1）国务院建设行政主管部门负责全国施工图审查管理工作。省、自治区、直辖市人民政府建设行政主管部门负责组织本行政区域内的施工图审查工作的具体实施和监督管理工作。

建设行政主管部门在施工图审查工作中主要负责制定审查程序、审查范围、审查内容、审查标准并颁发审查批准书；负责制定审查机构和审查人员条件，批准审查机构，认定审查人员；对审查机构和审查工作进行监督并对违规行为进行查处；对施工图设计审查负依法监督管理的行政责任。

(2)勘察、设计单位必须按照工程建设强制性标准进行勘察、设计，并对勘察、设计质量负责。审查机构按照有关规定对勘察成果、施工图设计文件进行审查，但并不改变勘察、设计单位的质量责任。

(3)审查机构接受建设行政主管部门的委托对施工图设计文件涉及安全和强制性标准执行情况进行技术审查。建筑工程经施工图设计文件审查后因勘察、设计原因发生工程质量问题，审查机构承担审查失职的责任。

4.施工图审查程序

施工图审查的各个环节可按以下步骤办理：

(1)建设单位向建设行政主管部门报送施工图，并作书面记录。

(2)建设行政主管部门委托审查机构进行审查，同时发出委托审查通知书。

(3)审查机构完成审查，向建设行政主管部门提交技术性审查报告。

(4)审查结束，建设行政主管部门向建设单位发出施工图审查批准书。

(5)报审施工图设计文件和有关资料应存档备查。

5.施工图审查管理

审查机构应当在收到审查材料后20个工作日内完成审查工作，并提出审查报告；特级项目和一级项目应当在30个工作日内完成审查工作，并提出审查报告，其中重大及技术复杂的项目，审查时间可适当延长。审查合格的项目，审查机构向建设行政主管部门提交项目施工图审查报告，由建设行政主管部门向建设单位通报审查结果，并颁发施工图审查批准书。对审查不合格的项目提出书面意见后，由审查机构将施工图退回建设单位，并由原设计单位修改，重新送审。

施工图一经审查批准，不得擅自进行修改。如遇特殊情况需要进行涉及审查主要内容的修改，必须重新报请原审批部门，由原审批部门委托审查机构审查后再批准实施。

建设单位或者设计单位对审查机构做出的审查报告如有重大分歧，可由建设单位或者设计单位向所在省、自治区、直辖市人民政府建设行政主管部门提出复查申请，由后者组织专家论证并做出复查结果。

施工图审查工作所需经费由施工图审查机构按有关收费标准向建设单位收取。建筑工程竣工验收时，有关部门应按照审查批准的施工图进行验收。建设单位要对报送的审查材料的真实性负责；勘察、设计单位对提交的勘察报告及设计文件的真实性负责，并积极配合审查工作。

(二)工程质量监督制度

国家实行建筑工程质量监督管理制度。工程质量监督管理的主体是各级政府建设行政主管部门和其他有关部门。

工程质量监督机构是经省级以上建设行政主管部门或有关专业部门考核认定，具有独立法人资格的单位。它受县级以上地方人民政府建设行政主管部门或有关专业部门的委托，依法对工程质量进行强制性监督，并对委托部门负责。

工程质量监督机构的主要任务：

(1)根据政府主管部门的委托，受理建筑工程项目的质量监督。

(2)制定质量监督工作方案，确定负责该项工程的质量监督工程师和助理质量监督师。根据有关法律法规和工程建设强制性标准，针对工程特点，明确监督的具体内容、监督方式。在方案中对地基基础、主体结构和其他涉及结构安全的重要部位和关键过程，作出实施监督的详细计划安排，并将质量监督工作方案通知建设、勘察、设计、施工、监理单位。

(3)检查施工现场工程建设各方主体的质量行为。检查施工现场工程建设各方主体及有关人员的资质或资格，检查勘察、设计、施工、监理单位的质量管理体系和质量责任制落实情况，检查有关质量文件、技术资料是否齐全并符合规定。

(4)检查建筑工程实体质量。按照质量监督工作方案，对建筑工程地基基础、主体结构和其他涉及安全的关键部位进行现场实地抽查，对用于工程的主要建筑材料、构配件的质量进行抽查。对地基基础分部工程、主体结构分部工程和其他涉及安全的分部工程的质量验收进行监督。

(5)监督工程质量验收。监督建设单位组织的工程竣工验收的组织形式、验收程序，以及在验收过程中提供的有关资料和形成的质量评定文件是否符合有关规定，实体质量是否存在严重缺陷，工程质量验收是否符合国家标准。

(6)向委托部门报送工程质量监督报告。报告的内容应包括：对地基基础和主体结构质量检查的结论，工程施工验收的程序、内容和质量检验评定是否符合有关规定，以及历次抽查该工程的质量问题和处理情况等。

(7)对预制建筑构件和商品混凝土的质量进行监督。

(8)受委托部门委托，按规定收取工程质量监督费。

(9)政府主管部门委托的工程质量监督管理的其他工作。

(三)工程质量检测制度

工程质量检测工作是对工程质量进行监督管理的重要手段之一。工程质量检测机构是对建筑工程、建筑构件、制品及现场所用的有关建筑材料、设备质量进行检测的法定单位，在建设行政主管部门领导和标准化管理部门指导下开展检测工作，其出具的检测报告具有法定效力。法定的国家级检测机构出具的检测报告，在国内为最终裁定，在国外具有代表国家的性质。

1.国家级检测机构的主要任务

(1)受国务院建设行政主管部门和专业部门委托，对指定的国家重点工程进行检测复核，提出检测复核报告和建议。

(2)受国家建设行政主管部门和国家标准部门委托，对建筑构件、制品及有关材料、设备及产品进行抽样检验。

2. 各省级、市(地区)级、县级检测机构的主要任务

(1)对本地区正在施工的建筑工程所用的材料、混凝土、砂浆和建筑构件等进行随机抽样检测,向本地建筑工程质量主管部门和质量监督部门提出抽样报告和建议。

(2)受同级建设行政主管部门委托,对本省、市、县的建筑构件、制品进行抽样检测。对违反技术标准、失去质量控制的产品,检测单位有权提供主管部门停止其生产的证明,不合格产品不准出厂,已出厂的产品不得使用。

(四)工程质量保修制度

建筑工程质量保修制度是指建筑工程在办理交工验收手续后,在规定的保修期限内,因勘察、设计、施工、材料等原因造成的质量问题,要由施工单位负责维修、更换,由责任单位负责赔偿损失。质量问题是指工程不符合国家工程建设强制性标准、设计文件及合同中对质量的要求。

建筑工程承包单位在向建设单位提交工程竣工验收报告时,应向建设单位出具工程质量保修书,质量保修书中应明确建筑工程保修范围、保修期限和保修责任等。

在正常使用条件下,建筑工程的最低保修期限为:

(1)基础设施工程、房屋建筑工程的地基基础和主体结构工程,为设计文件规定的该工程的合理使用年限。

(2)屋面防水工程、有防水要求的卫生间、房间和外墙面的防渗漏,为5年。

(3)供热与供冷系统,为2个采暖期、供冷期。

(4)电气管线、给水排水管道、设备安装和装修工程,为2年。

其他项目的保修期由发包方与承包方约定。保修期自竣工验收合格之日起计算。

建筑工程在保修范围和保修期限内发生质量问题的,施工单位应当履行保修义务、保修义务的承担和经济责任的承担应按下列原则处理:

(1)施工单位未按国家有关标准、规范和设计要求施工,造成的质量问题,由施工单位负责返修并承担经济责任。

(2)由于设计方面的原因造成的质量问题,先由施工单位负责维修,其经济责任按有关规定通过建设单位向设计单位索赔。

(3)因建筑材料、构配件和设备质量不合格引起的质量问题,先由施工单位负责维修,其经济责任属于施工单位采购的,由施工单位承担经济责任;属于建设单位采购的,由建设单位承担经济责任。

(4)因建设单位(或监理单位)错误管理造成的质量问题,先由施工单位负责维修,其经济责任由建设单位承担;如属监理单位的责任,则由建设单位向监理单位索赔。

(5)因使用单位使用不当造成的损坏问题,先由施工单位负责维修,其经济责任由使用单位自行负责。

(6)因地震、洪水、台风等不可抗拒原因造成的损坏问题,先由施工单位负责维修,建设参与各方根据国家具体政策分担经济责任。

思考与练习题

1. 什么是质量？其含义有哪些方面？
2. 什么是建筑工程质量？
3. 建筑工程质量的特性有哪些？其内涵如何？
4. 试述工程建设各阶段对质量形成的影响。
5. 试述影响工程质量的因素。
6. 试述工程质量的特点。
7. 什么是质量控制？其含义如何？
8. 什么是工程质量控制？简述工程质量控制的内容。
9. 简述监理工程师进行工程质量控制应遵循的原则。
10. 简述工程质量政府监督管理体制及管理职能。
11. 简述工程质量管理制度。

第二章　建筑工程质量管理体系

【学习目标】

了解质量体系的建立、实施和认证。理解质量体系的意义、结构和构成要素。

【学习内容】

质量术语，进行质量认证的意义；ISO 标准的组成，质量体系的结构及构成要素，质量保证模式。

第一节　概　述

一、质量与质量管理

(一)质量

根据《质量管理体系基础和术语》(GB/T 19000—2000 idt ISO 9000:2000)，质量被定义为：产品、体系或过程的一组固有特性，满足顾客和其他相关方要求的能力。这个定义可以从以下几方面解释：

(1)从其基本特性来看，质量是满足要求的能力。要求包括明示的、习惯上隐含的和必须履行的要求或期望。

(2)从定义的主体来看，质量不仅是产品的质量，而且也包括了体系的质量和过程的质量；对于质量管理体系而言，实现质量方针、质量目标的能力和管理的协调性等反映其质量水平；对于过程而言，过程的能力，过程的稳定性、可靠性、先进性和工艺水平等反映其质量水平。

(3)质量关注的是一组固有特性，而不是赋予特性。

(4)“要求”具有相对性和时间性，是动态发展的。“要求”因时而异。人们对产品质量的要求不可能永远停留在一个水平上，它要受社会、政治、经济、文化等条件的制约。“要求”因人而异。由于人的具体情况和各产品的使用目的各不相同，因而对同一种产品或服务的质量要求也不尽一致。此外，“要求”不仅仅来自于顾客，还要考虑社会其他相关方的要求，如社会对环境保护的要求，对节约能源的要求等。对“要求”的满足程度，即质量，可以用形容词如差、好或优秀来修饰。

(二)质量管理

质量管理是质量管理主体围绕着使产品或服务等的质量能满足不断更新的质量要求而开展的策划、组织、计划、实施、检查和监督、审核等所有管理活动的总和。

质量管理是一个组织全部管理职能当中的一项职能，它与营销、生产、财务会计等职能并列存在，它的主要任务是制定并实施质量方针、质量目标和质量职责。

ISO9000:2000 质量管理的定义：在质量方面指挥和控制组织的协调的活动。通常包括制定质量方针和质量目标，以及质量策划、质量控制、质量保证和质量改进。

二、质量管理的发展

（一）质量管理的发展阶段

质量管理自开始萌芽至今已经历了相当长的历史时期。如果按照管理的手段和方法来划分，则整个过程可以归纳为以下三个阶段。

1. 质量检验管理阶段

（1）操作者质量控制。在这一阶段，生产分工粗糙，质量检验由工人自己完成，产品质量主要由操作者的经验、技艺保证。

（2）工长质量控制。在这个阶段，现代工厂大规模生产的概念已经出现，专业分工的劳动协作得到进一步的发展，许多操作者在工厂中从事同一类型的专业化工作，于是产生了专门从事对一群操作者进行指挥管理的工长（领班），质量控制工作也就由工长承担了起来。

（3）检验员质量控制。在这一阶段，工业生产规模愈来愈复杂，大量操作工人的工作要向生产工长报告，工长一人已难以承担质量控制责任，工业生产的客观需要也要求管理职能从生产过程中分离出来，建立专职检验制度，结果就出现了以首件检查和完工检查为主要责任的专职检验员，质量检验进入了以专职检验为特征的检验质量控制阶段。

2. 统计质量管理阶段

统计质量管理阶段是质量管理的第二个阶段，这一阶段的特点是利用数理统计原理在生产工序间进行质量控制，把质量管理的重点由生产线的“终端”移至生产过程的“工序”，从而杜绝过程中大量不合格产品的产生。此外，责任者由专职的检验人员转移到专业的质量控制工程师和技术人员。这标志着事后检验的观念改变为预测质量问题的发生并事先加以预防的观念。与质量检验相比，它无疑更加适合企业的需要，提高了管理水平，推动了生产的发展。

3. 全面质量管理阶段

全面质量管理阶段是质量管理的第三个阶段，市场经济的公平、激烈竞争要求设计开发出适销对路的产品，因此质量管理还要前移至产品的设计开发过程，进而再前移至市场研究阶段，产品出厂后还要跟踪市场，积极为顾客服务。随着市场经济的不断发展，质量管理沿着产品流程向两端拓展，最终汇聚于市场。所以说，全面质量管理是始于市场又终于市场的。

全面质量管理是全过程的，非检验部门一家所能承担，它涉及设计、工艺、设备、生产、计划、财会、教育、劳资、销售等部门。在系统论中，整个企业管理包括全面质量管理、全面财会管理、全面计划管理和全面劳动人事管理等，其中全面质量管理是企业管理体系的核心。

（二）各发展阶段之间的比较

随着生产力的进步和社会条件的改变，人们对质量概念的认识不断深入，质量管理的广度和深度也在不断扩大，总体上是一个不断继承、扩展和完善的过程。质量管理各发展阶段的比较如表 2-1 所示。

表 2-1 质量管理各发展阶段的比较

项目	阶段		
	质量检验管理阶段	统计质量管理阶段	全面质量管理阶段
时间	20 世纪 30 年代以前	20 世纪四五十年代	20 世纪 60 年代至今
生产特点	手工半机械化	机械化大生产	自动化、现代化大生产
质量概念	狭义质量	向广义质量过渡	广义质量
范围	检验	制造过程	全过程
对象	产品	产品和工序质量	产品和全体人员的工作质量
依据	质量标准	质量标准、控制标准	用户需要、管理体系标准
管理方法	技术检验方法	数理统计方法	运用一切有效手段
管理特点	事后检验控制	过程预防控制与事后检验结合	系统管理、过程控制和持续改进相结合
参加人员	检验人员	质量工程师、检验人员	企业全体员工

(三)当今世界质量管理水平的发展

质量管理发展到现阶段,其理论体系已经相当完善,但是在实际的质量管理操作中,各企业之间表现出的质量管理水平的差异却相当巨大。调查结果表明,按企业的质量管理水平及其对应的质量绩效水平,可将它们分为四个等级。这四个等级对应着明显的管理特征与质量业绩的区别,如表 2-2 所示。

表 2-2 质量管理水平的四个等级及其管理特征与质量业绩一览表

质量管理水平	管理特征和质量业绩检验级
第一级 检验级	管理特征: (1)通过检验保证质量; (2)缺乏质量意识和专业知识; (3)对质量的要求仅限于废品率和返工率; (4)高层管理层不参与质量活动,通常只介入重要顾客意见的处理过程; (5)质量管理职能与其他职能分离,几乎由质量保证部门独立负责产品质量
	质量与可靠性技术的应用: (1)主要应用检验技术; (2)在生产过程中应用了有限的预防措施,只占质量成本的 13%; (3)不了解使生产过程稳定的措施方法
	质量业绩水平: (1)平均缺陷率≈4 800 ppm(即 0.48%)(注:ppm 为百万分之缺陷率); (2)废品率 >5%; (3)返工率 >3%; (4)过程能力指数 C_{pk}:没有测定

续表 2-2

质量管理水平	管理特征和质量业绩检验级
第二级 质量保证级	管理特征： （1）质量保证活动贯穿于企业的整个生产过程，注重生产过程的稳定性，但在产品开发和设计方面较弱； （2）质量保证职能主要集中在与生产活动有关的方面，开发部门很少介入； （3）对采购、生产和最终产品有较明晰的质量目标，但通常设立的质量目标要求不高； （4）存在质量改进活动，如"质量小组"和"问题解决小组"等用于解决质量问题，但并不是企业文化的永久组成部分，就效果来说，不像第三级、第四级那样有效； （5）通常发生质量问题才着手解决，绝大部分质量问题由质量保证方面的专业人员来处理
	质量与可靠性技术的应用： （1）使用了基于数据的分析技术，如 Pareto 图、因果图、SPC、生产过程的风险分析等，但仅一般性地用于提高生产过程的质量； （2）QFD、田口方法、实验设计等质量设计方法，没有系统地被采用
	质量业绩水平： （1）平均缺陷率≈900 ppm； （2）废品率≈3.1%； （3）返工率≈2.7%； （4）过程能力指数 $C_{pk}<1.33$
第三级 预防级	管理特征： （1）管理层认识到设计对质量的影响是至关重要的，注重开发阶段并投入大量人力、物力提高设计质量，采用了质量设计和预防措施，以保证质量问题在源头得到根本解决； （2）不仅生产部门和采购部门，而且包括开发部门都制定了高标准的质量目标； （3）将质量职责授权到所有职能领域，中央质量保证部门转化为质量顾问的角色； （4）引入并行工程的跨职能工作组方法，各个职能部门参与开发过程，使质量问题在源头得以解决
	质量与可靠性技术的应用： （1）大量地应用了质量设计的方法，如 QFD、田口方法、质量损失函数分析、实验设计、DFMEA、PFMEA、FTA、过程能力分析等； （2）大量应用了预防性质量措施，如放错措施（Poka-Yoke）等
	质量业绩水平： （1）平均缺陷率≈300 ppm； （2）废品率≈1.5%； （3）返工率≈1.7%； （4）过程能力指数 $C_{pk}>1.67$

续表 2-2

质量管理水平	管理特征和质量业绩检验级
第四级 完美级	管理特征: (1)高层管理者设定了极其严格的质量目标,如零缺陷,质量问题不可或缺地被列入高层管理者的议事日程; (2)每一个职能部门和层次都制定了各自具体的质量目标,如果这些目标实现的话,产品即可达到零缺陷质量; (3)70% ~80% 的员工,包括最高管理者,均参与质量改进活动,质量改进活动成为日常工作的一个组成部分,质量改进不仅针对设计、生产等一线部门,而且扩展到所有部门; (4)创造一种有助于质量提高的企业文化氛围,每一位员工都意识到质量对企业的重要性,并为之努力,这种企业文化氛围形成了对每一位员工的无形的激励机制; (5)形成了跨职能的团队协作,以达到质量目标; (6)形成核心流程:零缺陷生产与质量设计
	质量与可靠性技术的应用: 质量与可靠性工程技术以及实现高质量的方法最大程度地被应用
	质量业绩水平: (1)平均缺陷率 <100 ppm; (2)废品率 <0.8%; (3)返工率 <0.8%; (4)过程能力指数 $C_{pk} \approx 2.0$

【阅读资料】 质量管理百年历程

(1)工业革命前:产品质量由各个工匠或手艺人自己控制。

(2)1875 年:泰勒制诞生——科学管理的开端;最初的质量管理——检验活动与其他职能分离,出现了专职的检验员和独立的检验部门。

(3)1925 年:休哈特统计过程控制(SPC)理论——应用统计技术对生产过程进行监控,以减少对检验的依赖。

(4)1930 年:道奇和戴明提出统计抽样检验方法。

(5)20 世纪 40 年代:美国贝尔电话公司应用统计质量控制技术取得成效;美国军方物资供应商在军需物资中推进统计质量控制技术的应用;美国军方制定了战时标准 Z1.1、Z1.2、Z1.3——最初的质量管理标准。三个标准以休哈特、道奇和戴明的理论为基础。

(6)20 世纪 50 年代:戴明提出质量改进的观点——在休哈特之后系统和科学地提出用统计学的方法进行质量和生产力的持续改进,强调大多数质量问题是生产和经营系统的问题,强调最高管理层对质量管理的责任。此后,戴明不断完善他的理论,最终形成了对质量管理产生重大影响的"戴明十四法",开始开发提高可靠性的专门方法——可靠性工程开始形成。

(7)1958 年:美国军方制定了 MIL-Q-8958A 等系列军用质量管理标准——在

MIL－Q－8958A 中提出了“质量保证”的概念，并在西方工业社会产生影响。

(8)20 世纪 60 年代初期：朱兰、菲根堡姆提出全面质量管理的概念，他们提出，为了生产具有合理成本和较高质量的产品以适应市场的要求，只注意个别部门的活动是不够的，需要对覆盖所有职能部门的质量活动进行策划。戴明、朱兰、菲根堡姆的全面质量管理理论在日本被普遍接受。日本企业创造了全面质量控制(TQC)的质量管理方法。统计技术，特别是因果图、流程图、直方图、检查单、散点图、排列图、控制图等被称为“老七种”工具的方法，被普遍用于质量改进。

(9)20 世纪 60 年代中期：北大西洋公约组织(NATO)制定了 AQAP 质量管理系列标准——AQAP 标准，其以 MIL－Q－8958A 等质量管理标准为蓝本。所不同的是，AQAP 标准引入了设计质量控制的要求。

(10)20 世纪 70 年代：TQC 使日本企业的竞争力极大地提高，其中轿车、家用电器、手表、电子产品等占领了大批国际市场。日本企业的成功，使全面质量管理的理论在世界范围内产生巨大影响。日本质量管理学家对质量管理的理论和方法的发展作出了巨大贡献。这一时期产生了石川馨、田口玄等世界著名质量管理专家。这一时期产生的管理方法和技术包括 JIT—准时化生产、Kanben—看板生产、Kaizen—质量改进、QFD—质量功能展开(见田口方法“新七种”工具)。由于田口博士的努力和贡献，质量工程学开始形成并得到巨大发展。

(11)1979 年：英国制定了国家质量管理标准 BS5750——将军方合同环境下使用的质量保证方法引入市场环境。这标志着质量保证标准不仅对军用物资装备的生产，而且对整个工业界都产生影响。

(12)20 世纪 80 年代：菲利浦·克罗斯比提出“零缺陷”的概念。他指出，质量是免费的。突破了传统上认为高质量是以高成本为代价的观念。他提出高质量将给企业带来高的经济回报。质量运动在许多国家展开，包括中国、美国、欧洲的许多国家设立了国家质量管理奖，以激励企业通过质量管理提高生产力和竞争力。质量管理不仅被引入企业，而且被引入服务业，甚至医院、机关和学校。许多企业的高层领导开始关注质量管理。全面质量管理作为一种战略管理模式进入企业。

(13)1987 年：ISO 9000 系列国际质量管理标准问世——质量管理和质量保证标准开始推向全世界。质量管理与质量保证开始在世界范围内对经济和贸易活动产生影响。

(14)1994 年：ISO 9000 系列标准改版——新的 ISO 9000 标准更加完善，为世界绝大对数国家所采用。第三方质量认证普遍开展，有力地促进了质量管理的普及和管理水平的提高。朱兰博士提出：即将到来的世纪是质量的世纪。

(15)20 世纪 90 年代末期：全面质量管理(TQM)成为许多世界级企业的成功经验，证明其是一种使企业获得核心竞争力的管理战略。质量的概念也从狭义的符合规范发展到以顾客满意为目标。全面质量管理不仅提高了产品与服务的质量，而且在企业文化改造与重组的层面上，对企业产生深刻的影响，使企业获得持久的竞争能力。在围绕提高质量、降低成本、缩短开发和生产周期方面，新的管理方法层出不穷，其中包括并行工程

(CE)、企业流程再造(BPR)等。

第二节　质量管理体系的基础和术语

一、质量管理和质量保证标准简介

ISO 9000 族标准是由国际标准化组织(ISO)组织制定并颁布的国际标准。ISO 为适应质量认证制度的实施,1971 年正式成立了认证委员会,1985 年改称合格评定委员会(CASCO),并决定单独建立质量保证技术委员会 TC176,专门研究质量保证领域内的标准化问题,并负责制定质量体系的国际标准。

2000 版 ISO 9000 族标准由 5 项标准组成,其编号和名称如下:

(1)ISO 9000《质量管理体系　基本原理和术语》。

(2)ISO 9001《质量管理体系　要求》。

(3)ISO 9004《质量管理体系　业绩改进指南》。

(4)ISO 19011《质量和环境管理体系审核指南》。

(5)ISO 10012《测量控制系统》。

2000 版 ISO 9000 族标准文件结构见表 2-3。

表 2-3　2000 版 ISO 9000 族标准文件结构

核心标准	其他标准	技术报告/TR	小册子	转至其他技术委员会	技术规范/TS
ISO 9000 ISO 9001 ISO 9004 ISO 19011	ISO 10012	ISO/TR 10006 ISO/TR 10007 ISO/TR 10013 ISO/TR 10014 ISO/TR 10015 ISO/TR 10017	质量管理原则 选择和使用指南 小型企业的应用	ISO 9000—3 ISO 9000—4	ISO/TS 16949

二、质量管理体系基础

(一)质量管理体系的理论说明

质量管理体系能够帮助组织增进顾客满意度。

顾客要求产品具有满足其需求和期望的特性,这些需求和期望在产品规范中表达,并集中归结为顾客要求。顾客要求可以由顾客以合同方式规定或由组织自己确定,在任意情况下,顾客最终确定产品的可接受性。因为顾客的需求和期望是不断变化的,这就促使组织持续地改进其产品和过程。

质量管理体系方法鼓励组织分析顾客需求,规定相关的过程,并使其持续受控,以实现顾客能接受的产品。质量管理体系能提供持续改进的框架,以增加使顾客和其他相关方满意的可能性。质量管理体系还就组织能够提供持续满足要求的产品,向组织及其顾客提供信任。

(二)质量管理体系要求与产品要求

GB/T 19000 族标准把质量管理体系要求与产品要求区分开来。

GB/T 19001 规定了质量管理体系要求。质量管理体系要求是通用的,适用于所有行业或经济领域,不论其提供何种类别的产品。GB/T 19001 本身并不规定产品要求。

产品要求可由顾客规定,或由组织通过预测顾客的要求规定,或由法规规定。在某些情况下,产品要求和有关过程的要求可包含在诸如技术规范、产品标准、过程标准、合同协议和法规要求中。

(三)质量管理体系方法

建立和实施质量管理体系方法的步骤如下:

(1)确定顾客和其他相关方的需求和期望。

(2)建立组织的质量方针和质量目标。

(3)确定实现质量目标必需的过程和职责。

(4)确定和提供实现质量目标必需的资源。

(5)规定测量每个过程的有效性和效率的方法。

(6)应用这些测量方法确定每个过程的有效性和效率。

(7)确定防止质量不合格并消除产生原因的措施。

(8)建立和应用过程以持续改进质量管理体系。

上述方法也适用于保持和改进现有的质量管理体系。

(四)过程方法

任何使用资源将输入转化为输出的活动或一组活动可视为过程。

为使组织有效运行,必须识别和管理许多相互关联和相互作用的过程。通常,一个过程的输出将直接成为下一个过程的输入。系统的识别和管理组织所使用的过程,特别是这些过程之间的相互作用,称为过程方法。

GB/T 29001 族标准鼓励采用过程方法管理组织。

图 2-1 使用基于过程的质量管理体系模式表述 GB/T 19000 族标准,其表明在向组织提供输入方面相关方起到了重要作用。监视相关方满意,需要评价有关相关方感觉的信息,这种信息可以表明其需求和期望已得到满足的程度。图 2-1 中的模式不表明更详细的过程。

(五)质量方针和质量目标

建立质量方针和质量目标为组织提供了关注的焦点。两者确定了预期的结果,并帮助组织利用其资源达到这些结果。质量方针为建立和评审质量目标提供了框架。质量目标需要与质量方针和持续改进的承诺相一致,并是可测量的。质量目标的实现对产品质量、作业有效性和财务业绩都有积极的影响,因此对相关方的满意度和信任度也产生积极影响。

(六)最高管理者在质量管理体系中的作用

最高管理者通过其领导活动可以创造一个员工充分参与的环境,质量管理体系能够在这种环境中有效运行。基于质量管理原则,最高管理者可发挥以下作用:

(1)制定并保持组织的质量方针和质量目标。

(2)在整个组织内促进质量方针和质量目标的实现,以增强员工的意识、积极性和参

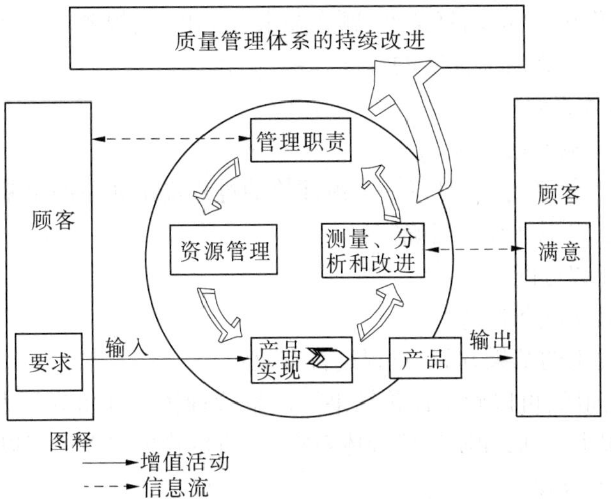

图 2-1 以过程为基础的质量管理体系模式

与程度。

(3)确保整个组织关注顾客要求。

(4)确保实施适宜的过程以满足顾客和其他相关方要求并实现质量目标。

(5)确保建立、实施和保持一个有效的质量管理体系以实现这些质量目标。

(6)确保获得必要资源。

(7)定期评价质量管理体系。

(8)确定有关质量方针和质量目标的措施。

(9)确定质量管理体系的措施。

(七)文件

1. 文件的价值

文件能够沟通意图、统一行动,它有助于:①符合顾客要求和质量改进;②提供适宜的培训;③重复性和可追溯性;④提供客观证据;⑤评价质量管理体系的持续适宜性和有效性。

2. 质量管理体系中使用的文件类型

在质量管理体系中使用下述几种类型的文件:

(1)向组织内部和外部提供关于质量管理体系的一致信息的文件,这类文件称为质量手册。

(2)表述质量管理体系如何应用于特定产品、项目或合同的文件,这类文件称为质量计划。

(3)阐明要求的文件,这类文件称为规范。

(4)阐明推荐的方法或建议的文件,这类文件称为指南。

(5)提供如何一致地完成活动和过程的信息的文件,这类文件包括形成文件的程序、作业指导书和图样。

(6)对所完成的活动或达到的结果提供客观证据的文件,这类文件称为记录。每个组织确定其所需文件的详略程度和所使用的媒体取决于下列因素:组织的类型和规模、过程的复杂性和相互作用、产品的复杂性、顾客要求、适用的法规要求、经证实的人员能力以及满足质量管理体系要求所需证实的程度。

（八）质量管理体系评价

1. 质量管理体系过程的评价

当评价质量管理体系时，应对每一个被评价的过程提出如下四个基本问题：

(1) 过程是否予以识别和适当确定？

(2) 职责是否予以分配？

(3) 程序是否被实施和保持？

(4) 在实现所要求的结果方面，过程是否有效？

综合回答上述问题，可以确定评价结果。质量管理体系评价在涉及的范围上可以有所不同，并可包括很多活动，如质量管理体系审核、质量管理体系评审以及自我评定。

2. 质量管理体系审核

审核用于确定符合质量管理体系要求的程度。审核发现用于评价质量管理体系的有效性和识别改进的机会。

第一方审核用于内部目的，由组织自己或以组织的名义进行，可作为组织自我合格声明的基础。

第二方审核由组织的顾客或由其他人以顾客的名义进行。

第三方审核由外部独立的审核服务组织进行。这类组织通常是经认可的，提供符合要求（如 GB/T 19001）的认证或注册。

ISO 19011 提供了审核指南。

3. 质量管理体系评审

最高管理者的一项任务是对质量管理体系关于质量方针和质量目标的适宜性、充分性、有效性和效率进行定期的、系统的评价。这种评审可包括考虑修改质量方针和目标的需求，以响应相关方需求和期望的变化。评审包括确定采取措施的需求。

审核报告与其他信息源一道用于质量管理体系的评审。

4. 自我评定

组织的自我评定是一种参照质量管理体系或优秀模式，对组织的活动和结果所进行的全面和系统的评审。

自我评定可提供一种对组织业绩和质量管理体系成熟程度的总的看法，它还有助于识别组织中需要改进的领域并确定优先开展的事项。

（九）持续改进

持续改进质量管理体系的目的在于增加顾客和其他相关方满意的可能性，改进包括下述活动：

(1) 分析和评价现状，以识别改进范围；

(2) 设定改进目标；

(3) 寻找可能的解决办法以实现这些目标；

(4) 评价这些解决办法并作出选择；

(5) 实施选定的解决办法；

（6）测量、验证、分析和评价实施的结果以确定这些目标已经满足；

（7）正式采纳更改。

必要时，对结果进行评审，以确定进一步改进的机会。从这种意义上说，改进是一种持续的活动。顾客和其他相关方的反馈、质量管理体系的审核和评审也能用于识别改进的机会。

（十）统计技术的作用

使用统计技术可帮助组织了解变异，从而有助于组织解决问题并提高有效性和效率。这些技术也有助于更好地利用可获得的数据进行决策。

在许多活动的状态和结果中，甚至是在明显的稳定条件下，均可观察到变异。这种变异可通过产品和过程的可测量特性观察到，并且在产品的整个寿命期（从市场调研到顾客服务和最终处置）的各个阶段，均可看到其存在。

统计技术可帮助测量、表述、分析、说明这类变异并将其建立模型，甚至在数据相对有限的情况下也可实现。这种数据的统计分析能对更好地理解变异的性质、程度和原因提供帮助，从而有助于解决，甚至防止由变异引起的问题，并促进持续改进。

GB/Z 19027 给出了统计技术在质量管理体系中的指南。

（十一）质量管理体系与其他管理体系的关注点

质量管理体系是组织管理体系的一部分，它致力于使与质量目标有关的输出（结果）适当地满足相关方的需求、期望和要求。组织的质量目标与其他目标（如与增长、资金、利润、环境及职业健康与安全有关的目标）相辅相成。一个组织的管理体系的某些部分可以由质量管理体系相应部分的通用要素构成，从而形成单独的管理体系。这将有利于策划、资源配置、确定互补的目标并评价组织的总体有效性。组织的管理体系可以对照其要求进行评价，也可以对照国际标准（如 GB/T 19001 和 GB/T 24001）的要求进行审核，其审核可分开进行，也可同时进行。

（十二）质量管理体系与优秀模式之间的关系

GB/T 19000 族标准提出的质量管理体系方法和组织优秀模式方法依据共同的原则，它们两者均具有：

（1）使组织能够识别它的强项和弱项；

（2）包含对照通用模式进行评价的规定；

（3）为持续改进提供基础；

（4）包含外部承认的规定。

GB/T 19000 族质量管理体系与优秀模式之间的不同在于它们应用范围的不同。GB/T 19000 族标准为质量管理体系提出了要求，并为业绩改进提供了指南。质量管理体系评价确定这些要求是否满足。优秀模式包含能够对组织业绩比较评价的准则，并能适用于组织的全部活动和所有相关方。优秀模式评价准则提供了一个组织与其他组织的业绩相比较的基础。

三、术语和定义

(一)术语总体结构

术语是理解 ISO 9000 族标准的基础,它统一了各国的标准使用者对标准内容的理解。《质量管理体系　基本原理和术语》(ISO 9000:2000)从 10 个方面共列出了 80 个术语,这些术语的基本结构如表 2-4 所示。

表 2-4　2000 版质量管理体系基本术语结构

分类	术语
3.1　有关质量的术语(5 条)	质量、要求、等级、顾客满意、能力
3.2　有关管理的术语(15 条)	体系、管理体系、质量管理体系、质量方针、质量目标、管理、最高管理者、质量管理、质量策划、质量控制、质量保证、质量改进、持续改进、有效性、效率
3.3　有关组织的术语(7 条)	组织、组织结构、基础设施、工作环境、顾客、供方、相关方
3.4　有关过程和产品的术语(5 条)	过程、产品、项目、设计和开发、程序
3.5　有关特性的术语(4 条)	特性、质量特性、可信性、可追溯性
3.6　有关合格(符合)的术语(13 条)	合格、不合格、缺陷、预防措施、纠正措施、纠正、返工、降级、返修、报废、让步、偏离许可、放行
3.7　有关文件的术语(6 条)	信息、文件、规范、质量手册、质量计划、记录
3.8　有关检查的术语(7 条)	客观证据、检验、试验、验证、确认、鉴定过程、评审
3.9　有关审核的术语(12 条)	审核、审核方案、审核准则、审核证据、审核发现、审核结论、审核委托方、受审核方、审核员、审核组、技术专家、能力
3.10　有关测量过程质量保证的术语(6 条)	测量控制体系、测量过程、计量确认、测量设备、计量特性、计量职能

(二)部分主要术语定义

(1)质量(Quality):一组固有特性满足要求的程度。

(2)要求(Requirement):明示的、通常隐含的或必须履行的需求或期望。

(3)顾客满意(Customer satisfaction):顾客对其要求已被满足的程度的感觉。

(4)体系(系统)(System):相互关联或相互作用的一组要素。

(5)管理体系(Management system):建立方针和目标并实现这些目标的体系、财务管理体系或环境管理体系。

(6)质量管理体系(Quality management system):指导和控制组织的关于质量的管理体系。

(7)质量方针(Quality policy):由组织的最高管理者正式发布的该组织总的质量意图和质量方向。

(8)质量目标(Quality objective):关于质量的所追求的目的。

(9)管理(Management):指导和控制组织的相互协调的活动。

(10)最高管理者(Top management):在最高层指导和控制组织的一个人或一组人。

(11)质量管理(Quality management):指导和控制组织的关于质量的相互协调的活动。

(12)质量策划(Quality planning):质量管理的一部分,致力于制定质量目标,并规定必要作业过程和相关资源以实现质量目标。

(13)质量控制(Quality control):质量管理的一部分,致力于增强满足质量要求。

(14)质量保证(Quality assurance):质量管理的一部分,致力于提供能满足质量要求的信任。

(15)质量改进(Quality improvement):质量管理的一部分,致力于增强满足质量要求的能力。

(16)持续改进(Continual improvement):增强满足要求的能力的循环活动。

第三节　质量管理体系的结构模式

一、《质量管理体系　要求》(GB/T 19001—2000 idt ISO 9001:2000)的结构模式

按照建立和实施质量管理体系的基本工作程序(即 P—D—C—A 循环),GB/T 19001—2000 从结构模式和内容上可以分为四个组成部分。

(一)质量管理体系的总体要求

该部分由标准的引言及标准的第 1 ~4 章组成。该标准首先在引言中说明了标准的总则、过程方法以及与 GB/T 19004 的关系和与其他管理体系的相容性,然后在第 1 ~4 章的正文中分别说明了使用范围、允许删减的情况、引用的标准、术语和定义及质量管理体系的总体要求和文件的要求。

1. 质量管理体系的总体要求

组织应按本标准的要求建立质量管理体系并将其形成文件予以实施、保持和持续改进。为了实施质量管理体系,组织应做到:

(1)识别质量管理体系所需的过程。

(2)确定这些过程的顺序和它们之间的相互作用。

(3)确定所需的准则和方法,以确保这些过程有效运作和控制。

(4)确保可获得必要的信息以支持这些过程的运作和监控。

(5)测量、监控和分析这些过程并采取必要的措施以达到预期的结果和持续改进。

此外,组织还应按本标准要求管理这些过程。

2. 文件的要求

质量管理体系文件应该包括:

(1)本标准所要求的程序文件。

(2)组织为确保其过程有效运行和得到控制所要求的文件。

质量管理体系文件的范围和详略程度应视下列情况而定:

(1)组织的规模和形式。

(2)过程的复杂性与它们之间的相互作用。

(3)人员的能力。

(二)与管理职能相关的要求

该部分包括本标准的第5章管理职责和第6章资源管理。

1.管理职责

管理职责是指管理和设计、实施质量管理体系的全部职责,这是供方建立并实施质量管理体系的关键性要求。它包括如下内容:

(1)管理承诺。最高管理者应通过以下活动对其建立和改进质量管理体系的承诺提供证据:①向组织传达满足顾客和法律法规要求的重要性;②制定质量方针和质量目标;③进行管理评审;④确保可获得必要的资源。

(2)以顾客为中心。最高管理者应确保将已确定的顾客需求和期望转化为以达到顾客满意为目标的要求并履行。

(3)质量方针。

(4)质量目标和质量策划。

(5)对质量管理体系的管理。

①管理者代表。最高管理者应在管理人员中指定一名作为管理者代表,无论该成员在其他方面的职责如何,应具有以下方面的职责和权限:一是,确保质量管理体系的过程得到建立和保持;二是,向最高管理者报告质量管理体系的业绩,包括所需要的改进;三是,促进整个组织对顾客要求的认知。

②做好内部沟通。组织应确保在不同的层次和职能之间就质量管理体系的过程及有效性进行沟通。

③质量手册。是规定组织质量管理体系的文件,是企业质量工作的"基本法",一切质量活动都应遵循质量手册。质量手册的编制和保持应包括如下内容:一是,质量管理体系的范围,包括任何删减的细节与合理性;二是,文件化的程序及引用;三是,质量管理体系中过程的顺序和相互作用的描述。

④文件控制。质量管理体系所要求的文件应予以控制。这包括文件发布前要得到相应的审批,以确保文件的适宜性;识别文件的版本适用的状态,确保文件保持清晰,易于识别和检索,并确保外来文件得到识别,控制其分发;防止作废文件的非预期使用,如果因故保留作废文件,应对这些文件加以适当的标识。

⑤质量记录的控制。质量管理体系所要求的记录应予以控制。这些记录应予以保持,以提供符合要求和质量管理体系有效运行的证据。应制定形成文件的程序,以控制质量记录的标识、储存、检索、保护、保存期限和处置。

⑥管理评审。是最高管理者按计划的时间间隔评审质量管理体系,以确保其持续的适宜性、充分性和有效性。评审应评价组织的质量管理体系变更的需要,包括对质量方针和质量目标的评审。

2.资源管理

资源管理包括资源的提供、人力资源的管理、设施和工作环境的识别与管理。

(三)与过程方法相关的要求

该部分由标准的第7章组成,包括的内容有:过程的策划,与顾客有关的过程,设计和

(或)开发,采购,生产和服务的运作,测量和监控装置的控制。现对与顾客有关的过程、生产和服务的运作进行说明。

1. 与顾客有关的过程

该过程包括顾客要求的识别、产品要求的评审及顾客沟通三方面的内容。

2. 生产和服务的运作

该过程包括运作控制、标识和可追溯性,顾客财产、产品防护和过程确认等内容。

(四)与检测分析和改进相关的要求

该部分包括本标准的第 8 章,主要内容是为了进行测量分析和改进所进行的策划,测量和监控的实施及应进行的内容,不合格控制,数据分析和改进等。

二、GB/T 19001 与 GB/T 19004 结构模式比较

GB/T 19001 与 GB/T 19004 结构模式比较如表 2-5 所示。

表 2-5　GB/T 19001 与 GB/T 19004 结构模式比较

项目	质量管理体系　要求 (GB/T 19001—2000)	质量管理体系　业绩改进指南 (GB/T 19004—2000)
总体要求	0　引言 0.1　总则 0.2　过程方法 0.3　与 GB/T 19004 的关系 0.4　与其他管理体系的相容性 1　范围 1.1　总则 1.2　应用 2　引用标准 3　术语和定义 4　质量管理体系 4.1　总要求 4.2　文件要求	0　引言 0.1　总则 0.2　过程方法 0.3　与 GB/T 19001 的关系 0.4　与其他管理体系的相容性 1　范围 2　引用标准 3　术语和定义 4　质量管理体系 4.1　体系和过程的管理 4.2　文件 4.3　质量管理原则的应用
与管理职能相关的内容	5　管理职责 5.1　管理承诺 5.2　以顾客为关注焦点 5.3　质量方针 5.4　策划 5.5　职责、权限与沟通 5.6　管理评审 6　资源管理 6.1　资源提供 6.2　人力资源 6.3　基础设施 6.4　工作环境	5　管理职责 5.1　通用指南 5.2　相关方的需求和期望 5.3　质量方针 5.4　策划 5.5　职责、权限与沟通 5.6　管理评审 6　资源管理 6.1　通用指南 6.2　人员 6.3　基础设施 6.4　工作环境 6.5　信息 6.6　供方及合作关系 6.7　自然资源 6.8　财务资源

续表 2-5

项目	质量管理体系　要求 （GB/T 19001—2000）	质量管理体系　业绩改进指南 （GB/T 19004—2000）
与过程相关的内容	7　产品实现 7.1　产品实现的策划 7.2　与顾客有关的过程 7.3　设计和开发 7.4　采购 7.5　生产和服务提供 7.6　监视和测量装置的控制	7　产品实现 7.1　通用指南 7.2　与相关方有关的过程 7.3　设计和开发 7.4　采购 7.5　生产和服务的运作 7.6　测量和监视装置的控制
与分析和改进相关的内容	8　测量、分析和改进 8.1　总则 8.2　监视和测量 8.3　不合格品控制 8.4　数据分析 8.5　改进	8　测量、分析和改进 8.1　通用指南 8.2　测量和监视 8.3　不合格品控制 8.4　数据分析 8.5　改进

第四节　质量管理体系的建立、实施与认证

一、质量管理体系的建立与实施

按照GB/T 19000—2000 标准建立或更新完善质量管理体系的程序，通常包括质量管理体系的组织策划与总体设计、质量管理体系文件的编制、质量管理体系的实施运行等三个阶段。

（一）质量管理体系的组织策划与总体设计

最高管理者应确保对质量管理体系进行策划，满足组织确定的质量目标的要求及质量管理体系的总体要求，在对质量管理体系的变更进行策划和实施时，应保持质量管理体系的完整性。通过对质量管理体系的策划，确定建立质量管理体系要采用的过程方法模式，从组织的实际出发进行体系的策划和实施，明确是否有剪裁的需求并确保其合理性。ISO 9001 标准引言中指出：一个组织质量管理体系的设计和实施受各种需求、具体目标、所提供产品、所采用的过程及该组织的规模和结构的影响，统一质量管理体系的结构或文件不是本标准的目的。

（二）质量管理体系文件的编制

质量管理体系文件的编制应在满足标准要求、确保控制质量、提高组织全面管理水平的情况下，建立一套高效、简单、实用的质量管理体系文件。质量管理体系文件由质量手册、质量管理体系程序文件、质量计划、质量记录等部分组成。

1. 质量手册

1）质量手册的性质和作用

质量手册是组织质量工作的“基本法”，是组织最重要的质量法规性文件，它具有强制性质。质量手册应阐述组织的质量方针，概述质量管理体系的文件结构并能反映组织质量管理体系的总貌，起到总体规划和加强各职能部门间协调的作用。对于组织内部，质量手册起着确立各项质量活动及其指导方针和原则的重要作用，一切质量活动都应遵循质量手册；对于组织外部，质量手册既能证实符合标准要求的质量管理体系的存在，又能向顾客或认证机构描述清楚质量管理体系的状况。同时，质量手册是使员工明确各类人员职责的良好管理工具和培训教材。质量手册便于克服由于员工流动对工作连续性的影响。质量手册对外提供了质量保证能力的说明，是销售广告有益的补充，也是许多招标项目所要求的投标必备文件。

2）质量手册的编制要求

质量手册的编制应遵循 ISO/TR 10013:2001《质量管理体系文件指南》的要求进行，质量手册应说明质量管理体系覆盖哪些过程和条款，每个过程和条款应开展哪些控制活动，对每个活动需要控制到什么程度，能提供什么样的质量保证等，都应作出明确交待。质量手册提出各项条款的控制要求，应在质量管理体系程序和作业文件中作出可操作实施的安排。质量手册对外不属于保密文件，为此编写时要注意适度，既要让外部看清楚质量管理体系的全貌，又不宜涉及控制的细节。

3）质量手册的构成

质量手册一般由以下几个部分构成，各组织可以根据实际需要，对质量手册的下述部分作必要的删减。

目次
批准页
前言
1　范围
2　引用标准
3　术语和定义
4　质量管理体系
5　管理职责
　5.1　管理承诺
　5.2　以顾客为关注焦点
　5.3　质量方针
　5.4　策划
　5.5　职责、权限与沟通
　5.6　管理评审
6　资源管理
　6.1　资源提供
　6.2　人力资源

6.3　基础设施

6.4　工作环境

7　产品实现

7.1　产品实现的策划

7.2　与顾客有关的过程

7.3　设计和开发

7.4　采购

7.5　生产和服务提供

7.6　监视和测量装置的控制

8　测量、分析和改进

8.1　总则

8.2　监视和测量

8.3　不合格品控制

8.4　数据分析

8.5　改进

2. 质量管理体系程序文件

1）概述

质量管理体系程序文件是质量管理体系的重要组成部分，是质量手册的具体展开和有力支撑。质量管理体系程序可以是质量管理手册的一部分，也可以是质量手册的具体展开。质量管理体系程序文件的范围和详略程度取决于组织的规模、产品类型、过程的复杂程度、方法和相互作用以及人员素质等因素。对每个质量管理程序来说，都应视需要明确何时、何地、何人、做什么、为什么、怎么做（即5W1H），应保留什么记录。

2）质量管理体系程序的内容

按 ISO 9001:2000 标准的规定，质量管理程序应至少包括下列6个程序：①文件控制程序；②质量记录控制程序；③内部质量审核程序；④不合格控制程序；⑤纠正措施程序；⑥预防措施程序。

3. 质量计划

质量计划是对特定的项目、产品、过程或合同，规定由谁及何时应使用哪些程序相关资源的文件。质量手册和质量管理体系程序所规定的是各种产品都适用的通用要求和方法。但各种特定产品都有其特殊性，质量计划是一种工具，它将某产品、项目或合同的特定要求与现行的通用的质量管理体系程序相连接。质量计划在顾客特定要求和原有质量管理体系之间架起一座“桥梁”，从而大大提高了质量管理体系适应各种环境的能力。

质量计划在企业内部作为一种管理方法，使产品的特殊质量要求能通过有效的措施得以满足。在合同情况下，组织使用质量计划向顾客证明其如何满足特定合同的特殊质量要求，并作为顾客实施质量监督的依据。在合同情况下，如果顾客明确提出编制质量计划的要求，则组织编制的质量计划需要取得顾客的认可，一旦得到认可，组织必须严格按计划实施，顾客将用质量计划来评定组织是否能履行合同规定的质量要求。在实施过程中，组织对质量计划的较大修改都需征得顾客的同意。通常，组织对外的质量计划应与质量手册、质量管理体系程序一起使用,系统描述针对具体产品是如何满足 GB/T 19001—ISO 9001 的要求,质量计划可以引用手册或程序文件中的适用条款。产品(或项目)的质量计划是针对具体产品(或项目)的特殊要求,以及应重点控制的环节所编制的对设计、采购、制造、检验、包装、运输等的质量控制方案。

4. 质量记录

质量记录是阐明所取得的结果或提供所完成活动的证据文件。它是产品质量水平和企业质量管理体系中各项质量活动结果的客观反映,应如实加以记录,用以证明达到了合同所要求的产品质量,并证明对合同中提出的质量保证要求予以满足的程度。如果出现偏差,则质量记录应反映出针对不足之处采取了哪些纠正措施。

质量记录应字迹清晰、内容完整,并按所记录的产品和项目进行标识,记录应注明日期并经授权人员签字、盖章或作其他审定后方能生效。一旦发生问题,应能通过记录查明情况,找出原因和责任者,有针对性地采取防止问题重复发生的有效措施。质量记录应安全地储存和维护,并根据合同要求考虑如何向需方提供。

(三)质量管理体系的实施运行

为保证质量管理体系的有效运行,要做到两个到位:一是认识到位。思想认识是看待问题、处理问题的出发点,人们认识的不同决定了处理问题的方式和结果的差异。组织的各级领导对问题的认识直接影响本部门质量管理体系的实施效果。因此,对质量管理体系的建立与运行问题一定要达成共识。二是管理考核到位。这就要求根据职责和管理内容不折不扣的按质量管理体系运作,并实施监督和考核。

开展纠正与预防活动,充分发挥内审的作用是保证质量管理体系有效运行的重要环节。内审是由经过培训并取得内审资格的人员对质量管理体系的符合性及有效性进行验证的过程。对内审中发现的问题,要制定纠正及预防措施,进行质量的持续改进,内审作用发挥的好坏与贯标认证的实效有着重要的关系。

二、质量认证

(一)进行质量认证的意义

近年来,随着现代工业的发展和国际贸易的进一步增长,质量认证制度得到了世界各国的普遍重视。通过一个公正的第三方认证机构对产品或质量管理体系作出正确、可信的评价,从而使他们对产品质量建立信心,这种做法对供需双方以及整个社会都有十分重要的意义。

(1)通过实施质量认证可以促进企业完善质量管理体系。企业要想获取第三方认证机构的质量管理体系认证或按典型产品认证制度实施的产品认证,都需要对其质量管理体系进行检查和完善,以保证认证的有效性,并在实施认证时,对其质量管理体系实施检查和评定中发现的问题均需及时地加以纠正,所有这些都会对企业完善质量管理体系起到积极的推动作用。

(2)可以提高企业的信誉和市场竞争能力。企业通过了质量管理体系认证机构的认证,获取合格证书和标志并通过注册加以公布,从而也就证明其具有生产满足顾客要求产品的能力,能大大提高企业的信誉,增加企业的市场竞争能力。

(3)有利于保护供需双方的利益。实施质量认证,一方面,对通过产品质量认证或质量管理体系认证的企业准予使用认证标志或予以注册公布,使顾客了解哪些企业的产品质量是有保证的,从而可以引导顾客防止误购不符合要求的产品,起到保护消费者利益的作用,并且由于实施第三方认证,对于缺少测试设备、缺少有经验的人员或远离供方的用户来说带来了许多方便,同时也降低了进行重复检验和检查的费用。另一方面,如果供方建立了完善的质量管理体系,一旦发生质量争议,也可以把质量管理体系作为自我保护的措施,较好地解决质量争议。

(4)有利于国际市场的开拓,增加国际市场的竞争能力。认证制度已发展成为世界上许多国家的普遍做法,各国的质量认证机构都在设法通过签订双边或多边认证合作协议,取得彼此之间的相互认可,企业一旦获得国际上有权威的认证机构的产品质量认证或质量管理体系注册,便会得到各国的认可,并可享受一定的优惠待遇,如免检、减免税和优价等。

(二)质量认证的基本概念

质量认证是第三方依据程序对产品、过程或服务符合规定的要求给予书面保证(合格证书)。质量认证包括产品质量认证和质量管理体系认证两方面。

1. 产品质量认证

1)产品质量认证的内容

产品质量认证按认证性质不同可分为安全认证和合格认证。

(1)安全认证。对于关系国计民生的重大产品,有关人身安全、健康的产品必须实施安全认证。此外,实施安全认证的产品必须符合《中华人民共和国标准化法》中有关强制性标准的要求。

(2)合格认证。凡实行合格认证的产品,必须符合《中华人民共和国标准化法》规定的国家标准或行业标准的要求。

2)质量认证的表示方法

质量认证有两种表示方法,即认证证书和认证标志。

(1)认证证书(合格证书)。它是由认证机构颁发给企业的一种证明文件,用以证明某项产品或服务符合特定标准或技术规范。

(2)认证标志(合格标志)。它是由认证机构设计并公布的一种专用标志,用以证明某项产品或服务符合特定标准或规范。经认证机构批准,使用在每台(件)合格出厂的认证产品上。认证标志是质量标志,通过标志可以向购买者传递正确可靠的质量信息,帮助购买者识别认证的产品与非认证的产品,指导购买者购买自己满意的产品。

新的国家强制性产品认证标志名称为"中国强制认证"(China Compulsory Certification),英文缩写为"CCC",也可简称"CCC"标志,取代过去的"长城"、"方圆"和"PRC"等质量认证标志。其基本标志如图 2-2、图 2-3 所示。

图 2-2 "CCC"强制认证基本标志

图 2-3 节能认证标志

2. 质量管理体系认证

质量管理体系认证始于机电产品，由于产品类型由硬件拓宽到软件、流程型材料和服务领域，使得各行业都可以按标准实施质量管理体系认证。从目前的情况来看，除涉及安全和健康领域的产品认证必不可少外，在其他领域内，质量管理体系认证的作用要比产品认证的作用大很多，并且质量管理体系认证具有如下特征：

(1)由具有第三方公正地位的认证机构进行客观的评价，并作出结论，若通过，则颁发认证证书。审核人员要具有独立性和公正性，以确保认证工作客观公正地进行。

(2)认证的依据是质量管理体系标准，即 GB/T 19001，而不能依据质量管理体系的业绩改进指南标准即 GB/T 19004 来进行，更不能依据具体的产品质量标准。

(3)认证过程中的审核是围绕企业的质量管理体系要求的符合性和满足质量要求及目标方面的有效性来进行的。

(4)认证的结论不是证明具体的产品是否符合有关的技术标准，而是质量管理体系是否符合 ISO 9001，即质量管理体系的要求标准是否具有按照规范要求，保证产品质量的能力。

(5)认证合格标志，只能用于宣传，不能用于具体的产品上。

产品认证和质量管理体系认证的比较如表 2-6 所示。

表 2-6 产品认证和质量管理体系认证的比较

项目	产品认证	质量管理体系认证
对象	特定产品	组织的质量管理体系
认证依据	具体的产品质量标准	GB/T 19001(ISO 9001)的标准
证明方式	产品认证证书、产品认证标志	质量管理体系认证证书和认证标志
证书和标志的使用	证书不能用于产品、标志可用于获准认证的产品	证书和标志都不能用在产品上
性质	强制认证、自愿认证两种	组织自愿

(三)质量管理体系认证的实施程序

1. 提出申请

申请单位向认证机构提出书面申请。

(1)申请单位填写申请书及附件。附件的内容是向认证机构提供关于申请认证的质量管理体系的质量保证能力情况，一般包括：一份质量手册的副本，申请认证质量管理体系所覆盖的产品目录、简介；申请方的基本情况等。

(2)认证申请的审查与批准。认证机构受到申请方的正式申请后，将对申请方的申请文件进行审查。审查的内容包括填报的各项内容是否正确，质量手册的内容是否覆盖了质量管理体系要求标准的内容等。经审查符合规定的申请要求，则决定接受申请，由认证机构向申请单位发出“接受申请通知书”，并通知申请方下一步与认证有关的工作安排，预交认证费用。若经审查不符合规定的要求，认证机构将及时与申请单位联系，要求申请单位作必要的补充和修改，符合规定后再发出“接受申请通知书”。

2. 认证机构进行审核

认证机构对申请单位的质量管理体系的审核是质量管理体系认证的关键环节，其基本工作程序是：

(1)文件审核。文件审核的主要对象是申请书的附件，即申请单位的质量手册及其他说明申请单位质量管理体系的材料。

(2)现场审核。现场审查的主要目的是通过查证质量手册的实际执行情况，对申请单位质量管理体系运行的有效性作出评价，判定是否真正具备满足认证标准的能力。

(3)提出审核报告。现场审核工作完成后，审核组要编写审核报告，审核报告是现场检查和评价结果的证明文件，并需经审核组全体成员签字，签字后报送审核机构。

3. 审批与注册发证

认证机构对审核组提出的审核报告进行全面的审查。经审查，若批准通过认证，则认证机构予以注册并颁发注册证书。若经审查需要改进后方可批准通过认证，则由认证机构书面通知申请单位需要纠正的问题及完成修正的期限，到期再作必要的复查和评价，证明确实达到规定的条件后，仍可批准认证并注册发证。经审查，若决定不予批准认证，则由认证机构书面通知申请单位，并说明不予通过的理由。

4. 获准认证后的监督管理

认证机构对获准认证(有效期为 3 年)的供方质量管理体系实施监督管理。这些管理工作包括供方通报、监督检查、认证注销、认证暂停、认证撤销、认证有效期的延长等。

5. 申诉

申请方、受审核方、获证方或其他方，对认证机构的各项活动持有异议时，可向其认证或上级主管部门提出申诉或向人民法院起诉。认证机构或其认可机构应对申诉及时作出处理。

思考与练习题

1. 什么是质量管理？

2. 质量管理的发展过程可分为哪几个阶段？

3. 2000 版 ISO 9000 族标准由哪几项标准组成？

4. 质量管理体系的基础主要包括哪些内容？

5. 质量管理体系的结构模式组成分为哪几个部分？

6. 试述质量管理体系的建立、实施与认证过程。

第三章　工程设计阶段的质量控制

【学习目标】

了解如何审核设计方案和设计图纸，熟悉设计质量控制的依据和评定方法，掌握设计交底和图纸会审的内容和程序。

【学习内容】

设计质量的概念及控制依据，设计方案质量控制，施工图设计的质量控制。

第一节　概　述

建设工程设计是指根据建设工程的要求，对建设工程所需的技术、经济、资源、环境等条件进行综合分析、论证，编制建设工程设计文件的活动。工程设计在我国国民经济建设和社会发展中占有重要的地位和作用，它是工程建设前期的关键环节。建设工程设计的质量对建设项目的质量起着决定性的作用，因此设计阶段是工程项目建设过程中的一个重要阶段。

在我国的建设监理制度中，建设工程监理的范围确定为工程建设投资决策阶段、勘察设计招标投标与勘察设计阶段、施工招标投标与施工阶段（包括设备采购与制造和工程质量保修）。通常，将勘察设计招标投标与勘察设计阶段简称为勘察设计阶段。国务院以《中华人民共和国建筑法》为依据，于 2000 年 9 月 25 日制定颁布了《建设工程勘察设计管理条例》，该条例是从事建设工程勘察和建设工程设计的工作准则和法律依据。

勘察设计阶段一般是指从项目可行性研究报告经审批并由投资人作出决策后（简称立项后），直至施工图设计完成并交给建设单位投入使用。在这个过程中，对工程勘察和工程设计实施的监理工作叫勘察设计监理。从工程项目管理的角度来讲，勘察设计监理就是对勘察设计阶段的项目管理，是整个工程项目管理的重要组成部分，监理单位主要为建设单位提供勘察设计咨询服务，其核心任务仍是进行项目投资、进度、质量三大目标的控制，以保障工程项目安全、可靠，提高其适用性和经济性。国内外对项目实施阶段节约投资的潜力研究表明，勘察设计阶段节约投资的潜力均在 10% 以上，设计准备阶段节约投资的潜力可达 95% 。勘察资料不准确而导致采用不适当的地基处理或基础设计，使得工程的成本增加或结构基础存在隐患。设计的事故使工程无法满足质量要求和使用功能。因此，实施设计监理，对设计的工作质量进行控制，是建设工程监理的重点之一，是实现建设工程项目管理目标的有力保障。

一、设计质量的概念及控制依据

（一）设计质量的概念

设计质量有两层意思：首先，设计应满足业主所需的功能和使用价值，符合业主投资的意图，而业主所需的功能和使用价值又必然要受到经济、资源、技术、环境等因素的制约，从而使项目的质量目标与水平受到限制；其次，设计必须遵守有关城市规划、环保、防灾、安全等一系列的技术标准、规范、规程，这是保证设计质量的基础。

（二）设计质量的控制依据

（1）有关工程建设及质量管理方面的法律法规，城市规划，国家规定的建设工程勘察、设计深度要求。铁路、交通、水利等专业建设工程，还应当依据专业规划的要求。

（2）有关工程建设的技术标准，如勘察和设计的工程建设强制性标准规范及规程、设计参数、定额、指标等。

（3）项目批准文件，如项目可行性研究报告、项目评估报告及选址报告。

（4）体现建设单位建设意图的勘察、设计规划大纲、纲要和合同文件。

（5）反映项目建设过程中和建成后所需要的有关技术、资源、经济、社会协作等方面的协议、数据和资料。

二、设计质量控制的要点

（一）设计质量控制

1. 工程设计阶段的划分

工程设计依据工作进程和深度的不同，一般按扩大初步设计、施工图设计两个阶段进行，技术上复杂的工业交通项目可按初步设计、技术设计和施工图设计三个阶段进行。各阶段的设计成果包括设计说明、技术文件（图纸等）和经济文件（概预算）。设计单位的工作模式在实践中因工程规模、性质和特点的不同有较大的灵活性。监理工程师应按设计准备和设计展开两大阶段进行质量控制。

2. 设计准备阶段监理工作的内容、程序和方法

1）工作内容

（1）组建项目监理机构，明确监理任务、内容和职责，编制监理规划和设计准备阶段投资进度计划并进行控制。

（2）组织设计招标或设计方案竞赛。协助建设单位编制设计招标文件，会同建设单位对投标单位进行资质审查。组织评标或设计竞赛方案评选。

（3）编制设计大纲（设计纲要或设计任务书），确定设计质量要求和标准。

（4）优选设计单位，协助建设单位签订设计合同。

2）工作程序

设计准备阶段监理工作程序框图见图 3-1。

3）主要工作方法

（1）收集和熟悉项目原始资料，充分领会建设单位意图。首先，监理工程师要核查已批准的项目建议书、可行性研究报告、选址报告、城市规划部门的批文、土地使用要求、环境要求；工程地质和水文地质勘察报告、区域图、1∶5 000～1∶1 000 地形图；动力、资源、设备、气象、人防、消防、地震烈度、交通运输、生产工艺、基础设施等资料；有关设计规范、标准和技术经济指标等，并分析研究整理出满足设计要求的基本条件。其次，监理工程师要充分掌握和理解建设单位对项目建设的要求、设想和各种意图。只有这样才能找出二者

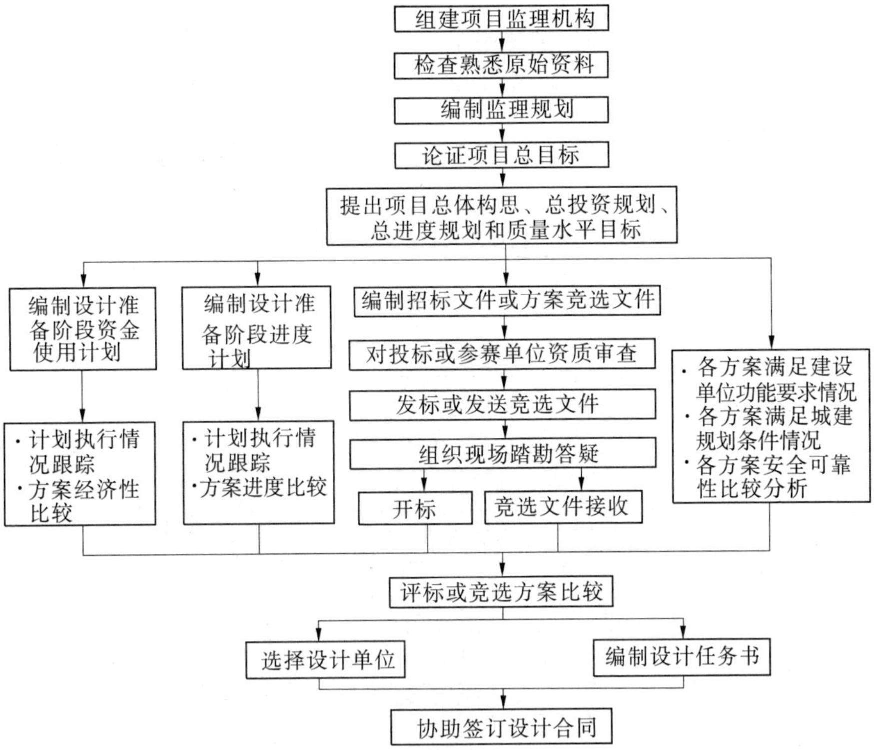

图 3-1　设计准备阶段监理工作程序框图

的最佳交会点。

(2)项目总目标论证方法。监理工程师对建设单位提出的项目总投资、总进度、总质量目标必须进行分析,论证其可行性。在确定的总投资数限定下,分析论证项目的规模、设备标准、装饰标准能否达到建设单位预期水平,进度目标能否实现;论证时应依据历史类似工程各种指标和条件与本项目进行差异分析比较,并分析项目建设中可能遇到的风险。

(3)以初步确定的总建筑规模和质量要求为基础,将论证后所得的总投资和总进度切块分解,确定投资和进度规划。

(4)起草设计合同,并协助建设单位尽量与设计单位达成限额设计条款。

3.设计展开阶段监理工作的内容、程序和方法

1)工作内容

(1)设计方案、图纸、概预算和主要设备、材料清单的审查,发现不符合要求的地方,分析原因,发出修改设计的指令。

(2)对设计工作协调控制。及时检查和控制设计的进度,做好各部门间的协调工作,使各专业设计之间相互配合、衔接,及时消除隐患。

(3)参与主要设备、材料的选型。

(4)组织对设计的评审或咨询。

(5)编写设计阶段监理工作总结。

2)工作程序

设计展开阶段监理工作程序框图见图 3-2。

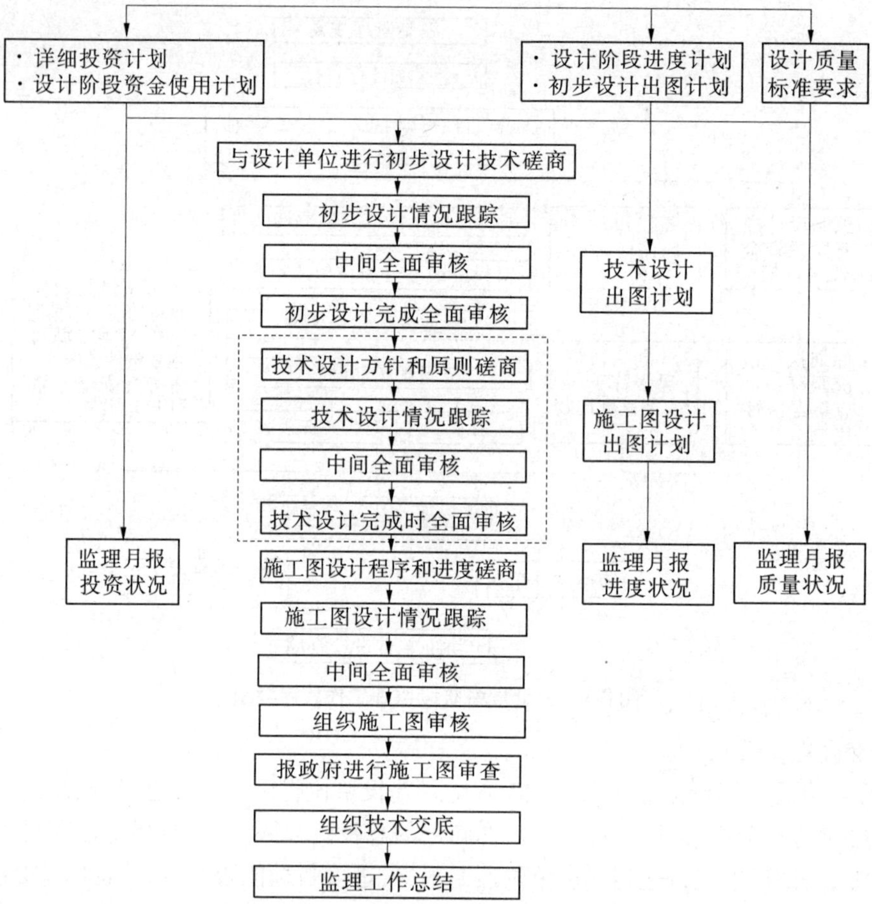

图 3-2　设计展开阶段监理工作程序框图

3)主要工作方法

(1)在建设单位与设计单位间发挥桥梁和纽带作用。设计阶段监理既不是自行设计,也不是完全监督设计单位,其根本目的是尽可能将建设单位的建设意图和要求贯彻至设计人员,并调动设计人员的积极性,发挥其技术潜力,综合经济、技术、环境、资源因素最大限度地落实到设计图上。这就要求监理工程师善于沟通,要通过各种方式了解建设单位想法,再以书面或口头形式与设计人员交换意见,进行磋商,起到桥梁和纽带作用。

(2)跟踪设计,审核制度化。对各阶段设置审查点,审核设计文件质量(如规范符合性、结构安全性、施工可行性等),概预算总额,设计进度完成情况,与相应标准和计划值进行分析比较。

(3)采用多种方案比较法。监理工程师要对设计人员所定的诸如建筑标准、结构方案、水、电、工艺等各种设计方案进行了解和分析,有条件时应进行两种或多种方案比较,判断确定最优方案。

(4)协调各相关单位关系。工程设计过程牵涉很多部门,包括很多设计单位、政府部门等,很多的专业交叉,故监理工程师必须掌握组织协调方法,营造良好的工作氛围,才能事半功倍。

4. 设计阶段质量控制的原则、任务和方法

1)设计阶段质量控制的原则

(1)建设工程设计应当与社会、经济发展水平相适应,做到经济效益、社会效益和环境效益相统一。

(2)建设工程设计应当按工程建设的基本程序,坚持先勘察、后设计、再施工的原则。

(3)建设工程设计应力求做到适用、安全、美观、经济。

(4)建设工程设计应符合设计标准、规范的有关规定,计算要准确,文字说明要清楚,图纸要清晰、准确,避免"错、漏、碰、缺"。

2)设计阶段质量控制的主要任务

(1)审查设计基础资料的正确性和完整性。

(2)协助建设单位编制设计招标文件或方案竞赛文件,组织设计招标或方案竞赛。

(3)审查设计方案的先进性和合理性,确定最佳设计方案。

(4)督促设计单位完善质量体系,建立内部专业交底及会签制度。

(5)进行设计质量跟踪检查,控制设计图纸的质量。

(6)组织施工图会审。

(7)评定、验收设计文件。

3)设计阶段质量控制的方法

为了有效地控制设计质量,就必须对设计进行质量跟踪,要定期地对设计文件进行审核,必要时,对计算书进行核查,发现不符合质量标准和要求的,指令设计单位修改,直至符合标准。

这里所述的标准是指根据设计质量目标所采用的技术标准、规范及材料产品等。因此,设计质量控制的主要方法就是在设计过程中和阶段设计完成时,以设计招标文件(含设计任务书、地质勘察报告等)、设计合同、监理合同、政府有关批文、各项技术规范和规定、气象和地区等自然条件及相关资料与文件为依据,对设计文件进行深入细致的审核。

审核内容主要包括:图纸的规范性,建筑造型与立面设计,平面设计,空间设计,装修设计,结构设计,工艺流程设计,设备设计,水、电、自控设计,城规、环境、消防、卫生等部门的要求满足情况,专业设计的协调一致情况,施工可行性等方面。在审查过程中,特别要注意过分设计和不足设计两种极端情况。

工程设计工作的展开和深化有其内在的规律和程序。因此,监理单位也应围绕各设计阶段的工作重心进行设计质量控制,其主要环节参见表3-1。

表3-1中所列编制设计纲要是确保设计质量的重要环节,因为设计纲要是确定工程项目质量目标、水平,反映业主建设意图,编制设计文件的主要依据,是决定工程项目成败的关键。为此,在编制和审核设计纲要时,应对可行性报告和设计任务书进行充分的研究、分析,保证设计纲要的内容建立在物质资源和外部建设条件的可靠基础上。设计纲要是作为签订设计合同的重要组成文件,是进行工程设计和审核设计的主要依据。

表 3-1　监理对设计质量控制的主要环节

序号	工作阶段	监理控制工作主要内容	要求及说明
1	设计准备阶段	根据项目建设要求，拟定规划设计大纲	规划设计大纲应体现业主建设意图，并根据可行性报告或项目评估报告来编写，其深度应满足方案竞选、设计招标的要求
2		组织方案竞选或设计招标，择优选定设计单位	根据工程性质特点、规模和重要性，可组织公开招标或邀请招标；组织有关专家及主管部门业务人员参加的评审组，对参加竞选或投标的方案进行评选，并据此择优选定设计单位
3		拟定《设计纲要》及设计合同	拟定《设计纲要》（略）。设计合同包括设计总合同及单独委托的专业设计合同，设计合同可以一次签订，也可以分设计阶段签订
4		落实有关外部条件，提供设计所需的基础资料	主要是有关供水、供电、供气、供热、通信、运输等方面的资料
5	设计阶段	配合设计单位开展技术经济分析，搞好设计方案的比选，优化设计	略
6		配合设计进度，组织设计与外部有关部门间的协调工作	外部有关部门如消防、人防、环保、地震、防汛，以及供水、供电、供气、供热、通信等部门，根据当地建设环境，必要时，还需参与项目所在地区公共设计统一建设协调工作
7		各设计单位之间的协调工作	指由业主直接委托的各设计单位之间的协调配合工作
8		参与主要设备、材料的选型	根据满足功能要求、经济合理的原则，向各设计专业提供有关主要设备，材料的型号、厂家、价格的信息，并参与选型工作
9		检查和控制设计进度	对设计进度的检查和控制，也是对设计合同履行情况进行监督的一项重要内容
10	设计成果验收阶段	组织对设计的评审或咨询	略
11		审核工程估算、概算	根据项目功能及质量要求，审核估算、概算所含费用及其计算方法的合理性
12		审核主要设备及材料清单	根据所掌握的设备、材料的有关信息，对设计采用的设备、材料提出反馈意见
13		施工图纸审核	除技术质量方面的要求外，其深度应满足施工条件的要求，并应特别注意各专业图纸之间的错、漏、碰、缺
14	施工阶段	处理设计变更	包括设备、材料的变更
15		参与现场质量控制工作	参与工程重点部位及主要设备安装的质量监督等
16		主持处理工程质量问题、参与处理工程质量事故	包括进行危害性分析，提出处理的技术措施，或对处理措施组织技术鉴定等
17		参与工程验收	包括重要隐蔽工程、单位工程、单项工程的中间验收，整理工程技术档案等

第二节　设计方案的质量控制

本节所阐述的设计方案质量控制原理，既适用于一般民用公共建筑、住宅、办公楼宇、学校、医疗机构、科研机构等设计方案质量控制，同样也适用于工业交通类项目中的非生产性工程项目的设计方案质量控制。

一、设计方案的征集方法

项目设计方案的征集方法主要有两种：一种是组织工程设计方案招标，另一种是组织工程设计方案竞选。前者又分为公开招标和邀请招标两种方法，后者则分为公开竞选和邀请竞选两种方法。

针对采用上述两种征集方法，对非工业交通项目设计方案征集的组织和程序，建设部制定了《建筑工程设计招标投标管理办法》（建设部2000年82号令）和《城市建筑方案设计竞选管理办法》（建设部1995年230号文）。这些法律法规文件是监理单位在勘察设计阶段监理工作中，选用设计方案征集方法、组织设计方案征集的主要工作依据。

（一）设计方案招标

组织设计方案招标是用竞争机制优选设计方案和设计单位。采用公开招标方式，招标人应当按国家规定发布招标公告；采用邀请招标方式，招标人应当向三个以上设计单位发出招标邀请书。

1. 设计方案招标的范围和规模标准

根据《建筑工程设计招标投标管理办法》，凡符合《工程建设项目招标范围和规模标准规定》的各类房屋建筑工程，除采用特定专利技术、专有技术，或者建筑艺术造型有特殊要求且经有关部门批准的外，均须按规定采用设计招标确定设计方案和设计单位。对其余工程，有条件的鼓励采用招标方式。

2. 招标人应具备的条件

（1）有与招标项目工程规模及复杂程度相适应的工程技术、工程造价、财务和工程管理人员，具备组织编写招标文件的能力。

（2）有组织评标的能力。招标人不具备前款规定条件的，应当委托具有相应资格的招标代理机构进行招标。

3. 招标文件的内容

（1）工程名称、地址、占地面积、建筑面积等。

（2）已批准的项目建议书或者可行性研究报告。

（3）工程经济技术要求。

（4）城市规划管理部门确定的规划控制条件和用地红线图。

（5）可供参考的工程地质、水文地质、工程测量等建设场地勘察成果报告。

（6）供水、供电、供气、供热、环保、市政道路等方面的基础资料。

（7）招标文件答疑、踏勘现场的时间和地点。

（8）投标文件编制要求及评标原则。

(9)投标文件送达的截止时间。

(10)拟签订合同的主要条款。

(11)未中标方案的补偿办法。

4. 投标人和投标文件要求

投标人应当具有与招标项目相适应的工程设计资质。境外设计单位参加国内建筑工程设计投标的,应当经省、自治区、直辖市人民政府建设行政主管部门批准。投标人应当按照招标文件、建筑方案设计文件编制深度的要求编制投标文件;进行概念设计招标的,应当按照招标文件要求编制投标文件。投标文件应当由具有相应资格的注册建筑师签章,并加盖单位公章。

5. 基本程序

监理单位组织或协助建设单位或协助其委托的招标代理机构等中介机构组织按确定的招标方式进行招标,其一般程序为:编制招标文件,拟定招标邀请函或招标广告,选择邀请投标单位或审查投标申请书和投标单位资格,组织投标单位踏勘现场和解答对招标文件提出的问题,审查投标标书,组织开标、评标和定标,印发中标通知书、与中标单位洽商设计合同。

6. 设计招标的特点

与施工招标、材料供应招标、设备采购招标等相比,设计招标有自己的特点,它们的主要区别如下:

(1)承包任务不同。设计招标的承包任务是承包者通过自己的智力活动,将业主对建设项目的设想转变为可实施的蓝图,而后者则是承包者按设计的明确要求去完成规定的物质生产活动。

(2)招标文件内容不同。设计招标文件中仅提出设计依据、工程项目应达到的技术指标、项目限定的工作范围、项目所在地的基本资料、要求完成的时间等内容,而无具体的工作量要求。

(3)投标书的编制要求不同。投标人的投标报价不是按规定的工程量清单填报单价后算出总价,而是首先提出设计初步方案,论述该方案的优点和实现计划,在此基础上再进一步提出报价。

(4)开标形式不同。开标时不是由招标单位按公布各投标书的报价高低排定标价次序,而是分别简单公布各初步设计方案的基本构思和意图,而且不排定标价次序。

(5)评标原则不同。评标时不过分追求完成设计任务的报价额高低,而更多关注于所提供方案的技术先进性,所达到的技术指标、方案的合理性,以及对工程项目投资效益的影响。

(二)设计方案竞选

设计方案竞选主要是指初步设计以前工程项目的总体规划设计方案,个体建筑物、构筑物的设计方案的竞选。设计方案竞选也可以分层次分期组织进行。公开竞选由组织竞选活动的单位通过报刊、广播、电视或其他方式发布竞选公告,邀请竞选由竞选组织活动的单位直接向有承担该项工程设计能力的三个以上(含三个)的设计单位发出方案竞选邀请书。

1. 实行设计方案竞选的城市建筑项目范围

（1）按住房和城乡建设部建设项目分类标准规定的特级、一级的建筑项目。

（2）按国家或地方政府规定的重要地区或重要风景区的主体建筑项目。

（3）建筑面积10万m^2以上（含10万m^2）的住宅小区。

（4）当地建设主管部门划定范围的建设项目。

（5）建设单位要求进行竞选的建设项目。

有保密或特殊要求的项目，由业主提出申请，按项目隶属关系，经行业或地方主管部门批准，可以不进行方案设计竞选，但应经多方案比较来确定方案。

2. 组织设计方案竞选的建设单位或受建设单位委托的监理单位、招标代理单位等中介机构应具备的条件

（1）是法人或依法成立的董事会机构。

（2）有相应的工程技术、经济管理人员。

（3）有组织编制方案竞选文件的能力。

（4）有组织方案设计竞选、评定的能力。

3. 实施设计方案竞选的建设项目应具备的条件

（1）具有经过审批机关批复的项目建议书或可行性研究报告。

（2）具有规划管理部门确定的项目建设地点、规划控制条件、设计要点和用地红线图。

（3）有符合要求的地形图，建设场地的工程地质、水文地质初步勘察资料，具有参考价值的场地附近工程地质、水文地质详细勘察资料，水、电、燃气、供热、环保、通信、市政道路和交通等方面的基础资料。

（4）有设计要求说明书。

4. 设计方案竞选文件的内容

设计方案竞选活动组织单位应编制竞选文件，其内容应包括：

（1）工程综合说明，包括工程名称、地址、竞选项目、占地范围、建筑面积、竞选方式等。

（2）经批准的项目建议书或可行性研究报告及其他文件的复印件。

（3）项目说明书。

（4）合同的主要条件和要求。

（5）提供设计基础资料的内容、方式和期限。

（6）踏勘现场、竞选文件答疑的时间及地点。

（7）截止日期和评定时间。

（8）文件编制要求及评定原则。

（9）未中选方案的补偿办法。

（10）其他需要说明的事项。

若非监理单位组织设计方案竞选，监理单位应仔细审查竞选文件，并向建设单位提出审查报告。

5. 参加竞选的设计单位和提交的竞选设计方案要求

方案设计竞选活动组织单位对参加竞选的设计单位进行资质审查，参加竞选单位应提供以下材料：

(1)单位名称、法人代表、地址、单位所有制性质、隶属关系。

(2)设计证书复印件及证书副本、设计收费证书及营业执照的复印件。

(3)单位简历、技术力量及主要装备情况。

(4)方案签字者相应资格的注册建筑师资格证书。

参加竞选单位应按竞选文件和《城市建筑方案设计文件编制深度规定》进行方案设计和编制有关文件,且经有国家颁发有效的建筑工程设计证书、收费证书和营业执照的设计单位盖章,并经相应资格的注册建筑师签字(注册制度实施前暂由具有中级以上职称的建设项目方案设计负责人签字)的方案方可参加竞选。

境外设计事务所参加境内工程项目方案设计竞选的,在注册建筑师资格尚未相互确认前,其方案必须经持有中国政府颁发的有效的建筑工程设计证书、收费证书和营业执照的设计单位咨询并由中国一级注册建筑师签字,方为有效。

6. 设计方案竞选的基本程序

在实践中,建筑工程特别是大型建筑的设计,习惯上往往不采取招标方式征集,而多采取设计方案竞选的方式。通常的做法是:监理单位、建设单位或委托的招标代理机构等咨询机构,先提出竞选的具体要求和评选条件,提供方案设计所需的技术、经济资料;致函邀请若干家设计机构参加竞选;接受邀请的设计单位,在规定的期限内向竞选主办单位提交参选设计方案;竞选主办单位聘请专家组成评审委员会,对参选方案进行审核,就是否满足设计目的的要求,是否符合规划管理的有关规定,以及建造和使用过程的经济性等方面,提出评价意见和候选名单,最后由建设单位负责人作出评选决策,并与中选方案的设计单位商签设计合同。对未入选的方案的设计单位,可付给有限的补偿。

(三)设计方案招标与竞选的主要区别

(1)参赛者不一定提出报价,只需提出设计方案。

(2)入选的参赛者可以获得奖金,非入选者也可以得到一定的经济补偿。如果业主利用了参赛者的设计方案,而又委托其他人进行设计,则要给予另外的补偿。

(3)设计方案竞赛评比的第一名往往是设计任务的承担者,但也可以将所有的优秀方案,包括各个子系统的优秀方案综合起来作为项目设计方案的基础,再以一定的方式委托设计者。

(四)监理工程师在方案征集过程中的质量控制重点

(1)协助建设单位确定最适宜于所监理工程项目条件的设计方案征集方法。

(2)招标书或竞选文件的编制与审核,特别是其中的设计任务书或功能描述书的编写是监理单位质量控制的重点工作,应为建设单位提出书面评价报告。

(3)初选设计单位,把好入围关。

(4)应对评标委员会所作的评标报告或竞选评价报告写出分析报告,并提交建设单位。

(5)对中选或中标的方案修改与整合提出建议,并组织落实。

另外,若委托了招标代理机构或其他中介机构,监理单位应协助建设单位监督其工作程序是否符合现行法律法规的规定。

二、控规设计质量控制

控规设计是指控制性详细规划设计,一般分为总体规划和详细规划两个阶段。根据实际需要，总体规划前可编制总体规划纲要，大、中城市可在总体规划的基础上进行分区规划设计。详细规划分为控制性详细规划和修建性详细规划，其主要任务是以总体规划或者分区规划为依据，详细规定建设用地的各项控制指标和其他规划管理要求，或者直接对建设作出具体的安排和规划设计。

（一）控规设计的目的

控规设计的目的是满足城市规划的深化和管理的需要，控制建设用地性质、使用强度和空间环境，并作为城市规划管理的依据，指导修建性详细规划的编制。

（二）控规设计的主要内容

（1）详细规定所规划范围内各类不同使用性质用地的界线，规定各类用地内适建、不适建或者有条件地允许建设的建筑类型。

（2）规定各地块建筑高度、建筑密度、容积率、绿地率等控制指标，规定交通出入口方位、停车泊位、建筑后退红线距离、建筑间距等要求。

（3）提出各地块的建筑体量、体型、色彩等要求。

（4）确定各级支路的红线位置、控制点坐标和标高。

（5）根据规划容量，确定工程管线的走向、管径和工程设施的用地界限。

（6）制定相应的土地使用与建筑管理规定。

（三）控规设计文件和图纸要求

（1）控规设计文件包括规划文本和附件、规划说明及基础资料收入附件。规划文本中应当包括规划范围内土地使用及建筑管理规定。

（2）控规设计图纸包括规划地区现状图和控规图纸，图纸比例为1:1 000～1:2 000。

（四）控规设计的组织

根据国家法律法规规定，城市的控规设计由市人民政府城市规划行政主管部门负责组织，县、自治县、镇人民政府所在地的控规设计由县、自治县、镇人民政府城市规划行政主管部门负责组织，其他建制镇的控规设计由镇人民政府负责组织。

（五）监理单位的主要工作

建设项目法人获得建设用地许可后，必须根据该地块城市控规要求，按照建设意图具体编制项目修建性详细规划，报规划行政主管部门审批认可。此时，监理单位受项目法人委托，进行控规设计的监理，其主要工作一般为：

（1）协助项目法人择优选定规划设计单位。

（2）协助项目法人收集、准备所需的基础资料，并分类整理。

（3）控制修建性控规设计的进度。

（4）参加城市国民经济与社会发展、自然环境、城市建设的历史与现状等情况调查，对修建性详细规划设计进行质量跟踪，提出评估报告。

（5）负责组织专家评审，组织整理评审报告。

（六）监理工程师质量控制要点

（1）审查承担控规设计的规划设计单位和规划师是否具有国家规定的相应资质和资格。

（2）收集、整理各方面的基础资料，要进行深入调查研究，保证其准确。采用的勘察、测量图件和资料应符合城市规划勘察主管部门的有关规定和质量要求。

(3)审核控规设计是否遵循《中华人民共和国规划法》的各项规划原则，是否符合有关标准和技术规范，是否采用了先进的设计方法和技术手段。

(4)是否符合总体规划或分区规划的要求。

(5)应进行多方案比较和经济技术论证，并广泛征求有关部门和当地居民的意见。

(6)是否运用城市设计方法，综合考虑自然环境、人文因素和居民生产及生活的需要，对城市空间环境作出统一规划，提高城市的环境质量、生活质量和城市景观的艺术水平，为修建性详细规划设计或环境设计甚至单体设计提供了充分的设计依据。

三、扩初设计质量控制

(一)扩初设计编制的目的、内容和深度要求

扩初设计是在项目可行性研究报告被批准后，由建设单位征集规划设计方案并以规划设计方案和建设单位提出的扩初设计委托设计任务书为依据而进行的。

城市大型公共建筑的扩初设计内容不仅有较详细的设计总说明书、建筑图、主要设备和材料表及相应的工程概算，而且还有基础结构图，主要承重构件的布置、尺寸、标号示意图。

住宅小区的扩初设计内容不仅有详细规划“六图二书”(包括现状图、规划总平面图、道路规划图、竖向规划图、市政设施管网综合规划图、绿地规划图和规划说明书、环境影响评价报告书)，还要有建筑物个体内部使用功能解决方案、外部立面造型及其与周围环境的关系，特别是住宅的单元户型、房间朝向、开间、进深、层高、交通路线等方面说明或图纸。

(二)扩初设计阶段监理质量控制程序和审核控制要点

扩初设计阶段质量控制监理工作程序框图见图 3-3。

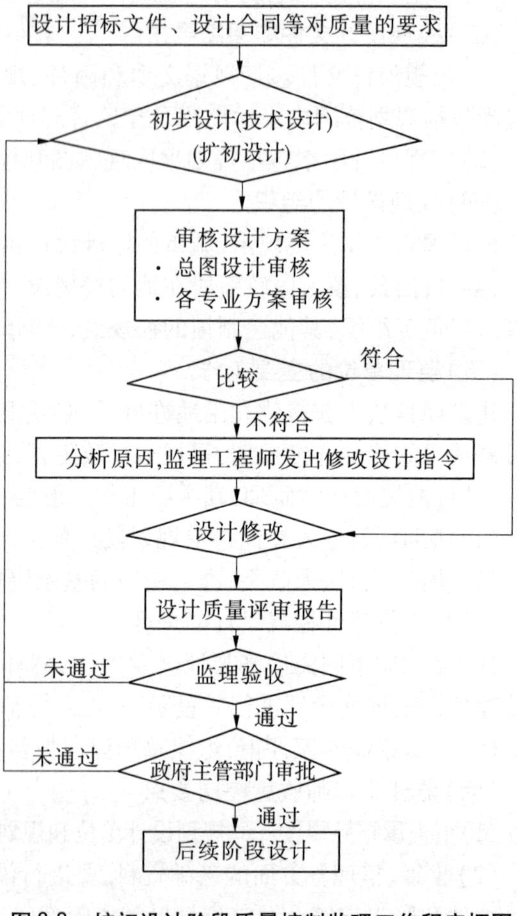

图 3-3　扩初设计阶段质量控制监理工作程序框图

监理工程师对扩初设计的质量控制要侧重于技术方案的研究和选择，具体的质量控制是通过跟踪设计，对设计图纸审查来实现的，其审核控制要点为：

(1)是否符合设计任务书和批准方案所确定的使用性质、规模、设计原则和审批意见，设计文件的深度是否达到要求。

(2)有无违反人防、消防、节能、抗震及其他有关设计规范和设计标准。

(3)总体设计中所列项目有无漏项,总建筑面积有无超出设计任务书批准的面积,各项技术经济指标是否符合有关规定,总体工程与城市规划红线、坐标、标高、市政管网等是否协调一致。

(4)建筑物单体设计中各部分用房分配,平面布置和相互关系,房间的朝向、开间、进深、层高,交通路线等是否合理。通风采光、安全卫生、消防、疏散、装修标准等是否恰当。

(5)审查结构选型、结构布置是否合理,给水排水、热力、燃气、消防、空调、电力、电信、电视等系统设计标准是否恰当。

(6)审查扩初设计概算有无超出计划投资,若超出,则查明原因所在。

对单体建筑设计的审查,应参照以下各方面分项审查其设计质量:平面、空间布置,平面、空间布置综合效果,满足各类使用功能的房间数量和面积,最佳地满足使用功能的房间数量和面积,家具布置,储藏设施,楼(电)梯走道,阳台设置,公用设施,厨房、卫生间,保温、隔热,节水、节电、节燃气,采光,通风,隔声,结构安全,建筑艺术,技术指标,特殊要求用房设计,使用面积系数,设计容量。

扩初设计完成后,要经建设单位上级主管部门认可后报地方政府建设行政主管部门审批。

四、设计方案的评选与决策

从本章第一节设计阶段监理工作内容和程序可以看出,实施设计阶段监理:一方面可以向建设单位就项目的选址、工程规模、采用的设计标准、使用功能要求和相应的投资规模,特别是设计方案和设计单位选择等重大问题,提供科学的评选建议,保障建设单位决策的正确性;另一方面可以使设计单位就优化工程设计,保障工程项目安全可靠、经济适用,避免设计工作中的失误和不必要的浪费。

设计准备和设计展开阶段监理质量控制的主要方法就是多种方案比较法。各阶段监理工作内容中均有方案的评选与决策问题,

对于非工业交通项目,它贯穿于方案设计或控规设计、初步设计或扩初设计甚至延伸至施工图设计阶段,特别是采用设计方案征集方法进行设计时,对设计方案的评选与决策成为其中心任务。

(一)设计方案评选的一般原则

设计方案评选的一般原则为:应符合国家有关工程建设的方针政策;符合现行建筑设计标准、规范;在符合城市规划、消防、节能、环保的前提下,按照设计任务书的要求,综合考虑设计方案的经济、技术、功能和造型等方面,就其能否发挥工程项目的社会效益、经济效益和环境效益进行比选和评价。

(二)评选与决策的方法

在设计准备阶段和设计阶段未采用上述设计方案征集方法的,设计方案的评选和决策由监理单位组织各专业监理工程师,或必要时组织专家评审委员会进行,并向建设单位提出评审报告和决策建议,或受建设单位委托作出决策,确定设计方案。

对采用上述设计方案征集方法的设计方案评选与决策,应按国家相关规定组织评标或评选委员会进行评选与决策。评标委员会的专家成员应当从省级以上人民政府有关部

门提供的专家名册或者招标代理机构的专家库内的相关专家名单中确定。

一般项目，可以采取随机抽取方式；技术特别复杂、专业性要求特别高或者国家有特殊要求的招标项目，采取随机抽取方式确定的专家难以胜任的，可以由招标人直接确定。评标委员会应当向招标人推荐1～2个中标候选方案。招标人根据评标委员会的书面评标报告和推荐的中标候选方案，结合投标人的技术力量和业绩确定中标方案。招标人也可以委托评标委员会直接确定中标方案。

设计方案评选一般包括总体设计方案评选和专业设计方案评选两类。

总体设计方案评选主要在初步设计以前和设计过程中进行，对于非工业交通项目可对其设计容量，如多少座位的电影院，多少学生人数的学校等；总建筑面积包括全部建筑面积和各类面积的大致比例；建筑造型，主要是建筑平面、立体型式是否与外部环境相协调；建筑总高度是否符合规定；建筑外观的艺术效果等分别进行比较分析，分配相应权重。重点比较设计依据、设计规模、组成及布局、设施配套、占地面积、建设期限、投资概算、环境保护、防震抗灾等的可靠性、合理性、经济性、先进性和协调性是否满足决策质量目标和水平，并采用综合评估法，得出其评价结果，据此进行决策。

专业设计方案评选的重点是分析比较设计方案设计参数、设计标准、设备和结构选型、功能和使用价值等方面，是否满足安全、适用、经济、美观等要求。如对结构设计方案，重点比较其设计依据及设计参数，结构方案的选择，安全度、可靠度、抗震是否符合要求；主体结构布置；结构材料的选择等；对于给水工程设计方案，主要比较给水方案的设计依据和设计参数，给水方案的选择，给水管线的布置和所需设备的选择等。

（三）监理工程师在评选与决策过程中进行质量控制应注意的问题

（1）设计方案比选不是就方案论方案的单纯技术问题，必须与投资联系起来，进行方案间的技术经济分析。监理工程师应在技术经济分析的基础上编写评选和决策建议书。

（2）制定监理规划时，必须明确设计方案选择和设计工作应遵循的原则及程序，并征得建设单位同意，避免出现对设计单位要求不一致。

（3）采用综合评估法进行评选和决策时，应注意需量化的因素是否全面及其权重是否分配合理。

（4）进行设计方案比较选择时，应处理好质量、投资与进度的关系，使其达到对立的统一。

（5）监理工程师要注意设计方案之间的主要差异，并提出进行方案整合或改进设计方案的建议。

第三节　施工图设计的质量控制

一、施工图设计内容、要求及其监理程序

（一）编制施工图设计的目的

编制施工图设计的目的是指导建筑安装的施工，设备、构配件、材料的采购和非标准设备的加工制造，并明确建设工程的合理使用年限。

（二）施工图设计内容

施工图设计是在初步设计、技术设计或方案设计的基础上进行详细和具体的设计，根据工程和设备各构成部分尺寸、布置和主要施工做法等，绘制出正确、完整和详细的建筑及安装详图，并配以必要的详细文字说明，其主要内容如下。

1. 全项目性文件

全项目性文件包括设计总说明、总平面布置及说明、各专业全项目的说明及室外管线图、工程总概算。

2. 各建筑物、构筑物的设计文件

各建筑物、构筑物的设计文件包括建筑、结构、水暖、电气、卫生、热机等专业图纸及说明，公用设施、工艺设计和设备安装，非标准设备制造详图，单项工程预算等。

3. 各专业工程计算书、计算机辅助设计软件及资料等

各专业的工程计算书、计算机辅助设计软件及资料等应经校审、签字后，整理归档，一般不向建设单位提供。

现以总平面和结构以及其中的管道综合图、结构计算和其他图纸为例，说明其一般应具有的内容要求。

1）总平面

（1）图纸目录。

（2）一般工程的设计说明可分别写在有关的图纸上，当重复利用某项工程的施工图纸及其说明时，应详细注明其编制单位、资料名称、设计编号和编制日期。

（3）总平面图。

（4）竖向布置图。

（5）土方图。

（6）管道综合图。①绘出总平面图。②场地四界的施工坐标（或标注尺寸）。③各管线的平面布置，注明各管线与建筑物、构筑物的距离和管线间距。④场外管线接入点的位置及坐标。⑤指北针。⑥当管线布置涉及范围少于三个设备专业时，可在总平面蓝图上绘制草图，不出正式图纸，如涉及范围在三个或三个以上设备专业，须正式出图。管线密集的地段宜适当增加断面图，表明管线与建筑物、构筑物、绿化之间及管线之间的距离，并注出各交叉点上下管线的标高。⑦说明栏内注明尺寸单位、比例、补充图例。

（7）绿化布置图。

（8）详图。

（9）计算书（供内部使用）。

设计依据、简图、计算公式、计算过程及成果资料均作为技术文件归档。

2）结构

（1）结构计算。①结构计算时，应绘出平面布置简图和计算简图，结构计算书应完整、清楚、整洁，计算步骤要有条理，引用数据要有依据，采用计算图表及不常用的计算公式应注明其来源或出处，构件编号、计算结构（确定的截面、配筋等）应与图纸一致，以便核对。②当采用计算机计算时，应在计算书中注明所采用的计算机软件名称及代号，电算结构应经分析认可，荷载简图、原始数据和电算结果应整理成册，与其他计算书一并归档。

③采用标准图时,应根据图集的说明,进行必要的选用计算,作为结构计算书的内容之一;重复利用图时,应进行必要的核算和因地制宜地修改,以切合工程的具体情况。④计算书应经校审,并由设计、校对、审核分别签字,作为技术文件归档(供内部使用)。

(2)设计图纸。①图纸目录。②首页(设计说明)。③基础平面图。④基础详图。⑤结构平面布置图。⑥钢筋混凝土构件详图。⑦节点构造详图。⑧其他图纸,如楼梯:应绘出楼梯结构平面布置剖面图,楼梯与梯梁详图,栏杆预埋件或预留孔位置、大小等;特种结构和构筑物(如水池、水箱、烟囱、挡土墙、设备基础、操作平台等)详图宜分别单独绘制,以方便施工;预埋件详图:大型工程的预埋件详图可集中绘制,应绘出平面、剖面、注明钢材种类、焊缝要求等;钢结构构件详图(指主要承重结构为钢筋混凝土、部分为钢结构的钢屋架、钢支撑等的构件详图)应单独绘制,其深度要求应视工程所在地区金属结构厂或承担制作任务的加工厂的条件而定。

(三)施工图设计的深度要求

(1)能据以编制施工图预算。

(2)能据以安排材料、设备订货和非标准设备的制作。

(3)能据以进行施工和安装。

(4)能据以进行工程验收。

(四)施工图设计阶段监理工作

(1)督促并控制设计单位按照委托设计合同约定的日期,保质、保量、准时交付施工图及概预算文件。

(2)对设计过程进行跟踪监理,必要时,会同建设单位组织对单位工程施工图的中间检查验收,并提出评估报告。其主要检查内容为:①设计标准及主要技术参数是否合理;②是否满足使用功能要求;③地基处理与基础形式的选择;④结构选型及抗震设防体系;⑤建筑防火、安全疏散、环境保护及卫生的要求;⑥特殊的要求,如工艺流程、人防、暖通、防腐蚀、防尘、防噪声、防微振、防辐射、恒温、恒湿、防磁、防电波等;⑦其他需要专门审查的内容。

(3)审核设计单位交付的施工图及概预算文件,并提出评审验收报告。

(4)根据国家有关法规的规定,将施工图报送当地政府建设行政主管部门指定的审查机构进行审查,并根据审查意见对施工图进行修正。

(5)编写工作总结报告,整理归档监理资料。

(五)施工图设计阶段监理质量控制程序

施工图设计阶段监理质量控制程序框图见图3-4。

二、施工图审核

监理工程师对施工图的审核重点是使用功能及质量要求是否得到满足,并应按有关国家和地方验收标准及设计任务书、设计合同约定的质量标准,针对施工图设计成品,特别是其主要质量特性作出验收评定,签发监理验收结论文件。

施工图纸的审核主要由项目总监理工程师负责组织各专业监理工程师进行,必要时,应组织专家会审或邀请有关专业专家参加。

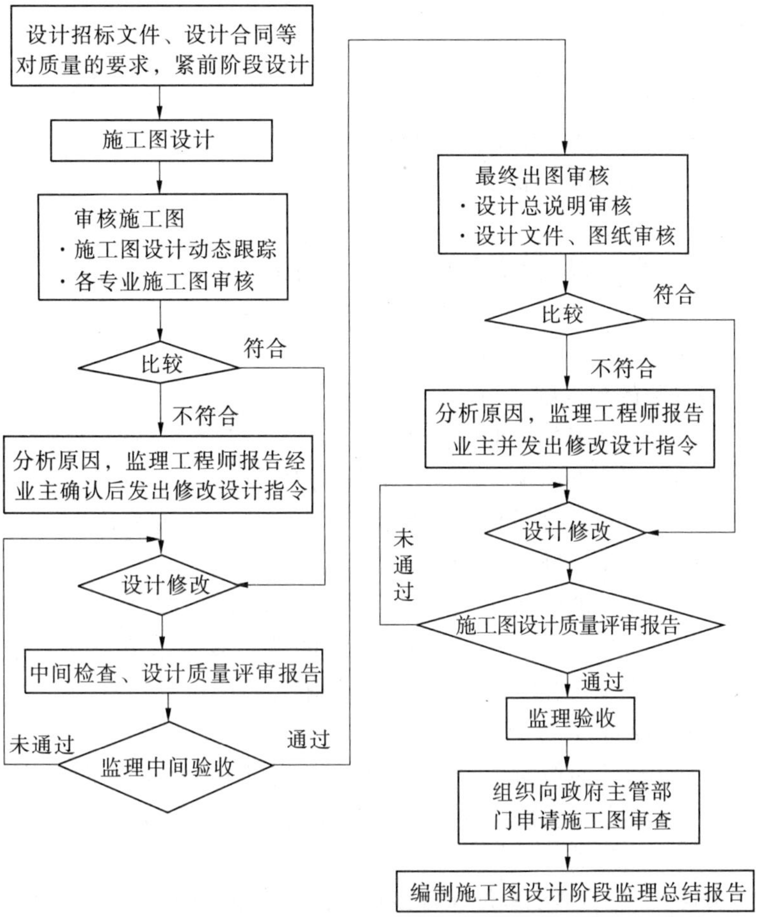

图 3-4　施工图设计阶段监理质量控制程序框图

(一)监理工程师施工图审核的主要原则

(1)是否符合有关部门对初步设计的审批要求。

(2)是否对初步设计进行了全面、合理的优化。

(3)安全可靠性、经济合理性是否有保证,是否符合工程总造价的要求。

(4)设计深度是否符合设计阶段的要求。

(5)是否满足使用功能和施工工艺要求。

(二)监理工程师进行施工图审核的主要内容

按上述原则,监理工程师对施工图应主要审核以下方面的内容:

(1)图纸的规范性。

(2)建筑造型与立面设计。

(3)平面设计。

(4)空间设计。

(5)装修设计。

(6)结构设计。

(7)工艺流程设计。

(8)设备设计。

(9)水、电、自控等设计。

(10)城规、环境、消防、卫生等要求满足情况。

(11)各专业设计的协调一致情况。

(12)施工可行性。

另外,应特别注意过分设计、不足设计两种极端情况。

三、设计交底与图纸会审

(一)设计交底的目的和内容

设计交底指在施工图完成并经审查合格后,设计单位在设计文件交付施工时,按法律规定的义务就施工图设计文件向施工单位和监理单位作出详细的说明。

其目的是对施工单位和监理单位正确贯彻设计意图,使其加深对设计文件特点、难点、疑点的理解,掌握关键工程部位的质量要求,确保工程质量。

设计交底的主要内容一般包括:施工图设计文件总体介绍,设计的意图说明,特殊的工艺要求,建筑、结构、工艺、设备等各专业在施工中的难点、疑点和容易发生的问题说明,施工单位、监理单位、建设单位等对设计图纸疑问的解释等。

(二)图纸会审的目的和内容

图纸会审是指承担施工阶段监理的监理单位组织施工单位、建设单位,以及材料、设备供货等相关单位,在收到审查合格的施工图设计文件后,在设计交底前进行的全面细致地熟悉和审查施工图纸的活动。

其目的有两方面:一是使施工单位和各参建单位熟悉设计图纸,了解工程特点和设计意图,找出需要解决的技术难题,并制定解决方案;二是解决图纸中存在的问题,减少图纸的差错,将图纸中的质量隐患消灭在萌芽之中。

图纸会审的内容一般包括:

(1)是否无证设计或越级设计,图纸是否经设计单位正式签署。

(2)地质勘探资料是否齐全。

(3)设计图纸与说明是否齐全,有无分期供图的时间表。

(4)设计地震烈度是否符合当地要求。

(5)几个设计单位共同设计的图纸相互间有无矛盾,专业图纸之间、平立剖面图之间有无矛盾,标注有无遗漏。

(6)总平面与施工图的几何尺寸、平面位置、标高等是否一致。

(7)防火、消防是否满足要求。

(8)建筑结构与各专业图纸本身是否有差错及矛盾;结构图与建筑图的平面尺寸及标高是否一致;建筑图与结构图的表示方法是否清楚,是否符合制图标准;预埋件是否表示清楚;有无钢筋明细表;钢筋的构造要求在图中是否表示清楚。

(9)施工图中所列各种标准图册,施工单位是否具备。

(10)材料来源有无保证,能否代换;图中所要求的条件能否满足;新材料、新技术的应用有无问题。

(11)地基处理方法是否合理,建筑与结构构造是否存在不能施工、不便于施工的技术问题,或容易导致质量、安全、工程费用增加等方面的问题。

(12)工艺管道、电气线路、设备装置、运输道路与建筑物之间或相互间有无矛盾,布置是否合理。

(13)施工安全、环境卫生有无保证。

(14)图纸是否符合监理大纲所提出的要求。

(三)组织设计交底与图纸会审的法律法规依据

设计交底与图纸会审不仅是工程建设中的惯例,而且是法律法规规定的相关各方的义务。《中华人民共和国建筑法》、国务院《建设工程质量管理条例》、《建设工程勘察设计管理条例》及国家发展和改革委员会、住房和城乡建设部、各地方政府的相关配套法规、规章均对此有明文规定和具体要求。

《建设工程勘察设计管理条例》第二十八条规定:施工单位、监理单位发现建设工程勘察、设计文件不符合工程建设强制性标准、合同约定的质量要求的,应当报告建设单位,建设单位有权要求建设工程勘察、设计单位对建设工程勘察、设计文件进行补充、修改。第三十条规定:建设工程勘察、设计单位应当在建设工程施工前,向施工单位和监理单位说明建设工程勘察、设计意图,解释建设工程的勘察、设计文件。建设工程勘察、设计单位应当及时解决施工中出现的勘察、设计问题。

(四)设计交底与图纸会审的组织

设计交底由建设单位负责组织,设计单位向施工单位和承担施工阶段监理任务的监理单位等相关参建单位进行交底。图纸会审由承担施工阶段监理任务的监理单位负责组织,施工单位、建设单位、设计单位等相关参建单位参加。

设计交底与图纸会审的通常做法是:设计文件完成后,设计单位将设计图纸移交建设单位,报经有关部门批准后建设单位发给承担施工监理的监理单位和施工单位。由施工阶段监理单位组织参建各方进行图纸会审,并整理成会审问题清单,在设计交底前一周交设计单位。承担设计阶段监理的监理单位组织设计单位作交底准备,并对会审问题清单拟定解答。

设计交底一般以会议形式进行,先进行设计交底,后转入图纸会审问题解释,通过设计、监理、施工三方或参建多方研究协商,确定存在的图纸和各种技术问题的解决方案。设计交底应在施工开始前完成。

设计交底应由设计单位整理会议纪要,图纸会审应由施工单位整理会议纪要,与会各方会签。设计交底与图纸会审中涉及设计变更的尚应按监理程序办理设计变更手续。设计交底会议纪要、图纸会审会议纪要一经各方签认,即成为施工和监理的依据。

四、设计变更控制

在施工图设计文件交与建设单位投入使用前或使用后,均会出现由于建设单位要求或现场施工条件的变化或国家政策法规的改变等原因而引起的设计变更。

设计变更可能由设计单位自行提出,也可能由建设单位提出,还可能由承包单位提出，不论谁提出都必须征得建设单位同意并且办理书面变更手续，凡涉及施工图审查内容的设计变更还必须报请原审查机构审查后再批准实施。

为了保证建设工程的质量，监理工程师应对设计变更进行严格控制，并注意以下几点：

(1)应随时掌握国家政策法规的变化，特别是有关设计、施工的规范及规程的变化，有关材料或产品的淘汰或禁用，并将信息尽快通知设计单位和建设单位，避免产生设计变更的潜在因素。

(2)加强对设计阶段的质量控制。特别是施工图设计文件的审核，对施工图节点做法的可施工性要根据自己的经验给予评判，对各专业图纸的交叉要严格控制会签工作，力争将矛盾和差错解决在出图之前。

(3)对建设单位和承包单位提出的设计变更要求要进行统筹考虑，确定其必要性，同时将设计变更对建设工期和费用的影响分析清楚并通报给建设单位，非改不可的要调整施工计划，以尽可能减少对工程的不利影响。

(4)要严格控制设计变更的签批手续，以明确责任，减少索赔。现将施工图设计文件投入使用前和使用后两种情况列出，监理工程师对设计变更的控制程序，如图 3-5 和图 4-11所示，设计阶段设计变更由该阶段监理单位负责控制，施工阶段设计变更由承担施工阶段监理任务的监理单位负责控制。

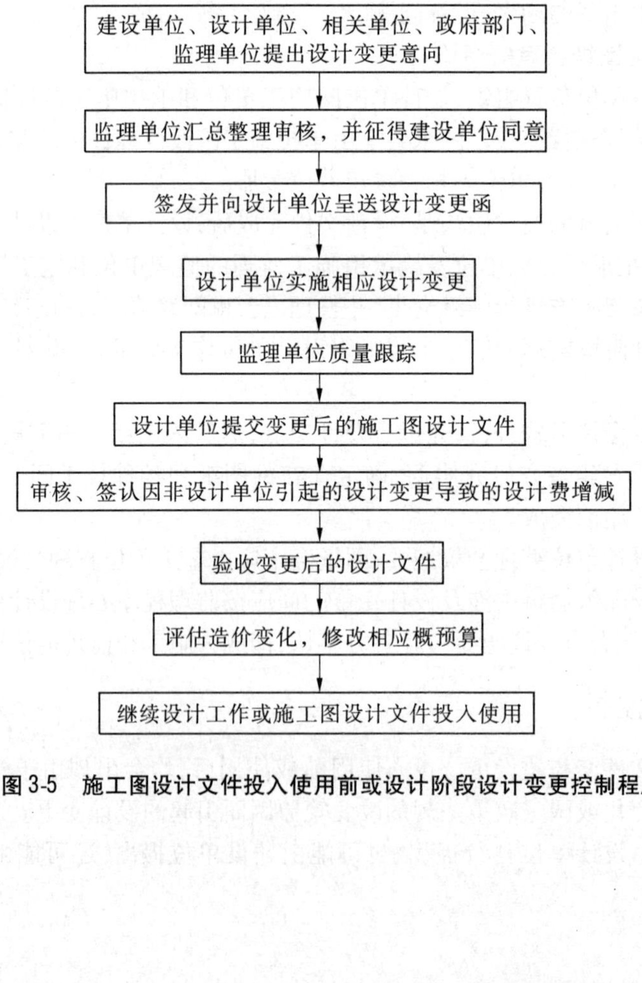

图 3-5　施工图设计文件投入使用前或设计阶段设计变更控制程序框图

思考与练习题

1. 简述勘察设计监理的概念。
2. 简述勘察设计质量的概念。
3. 勘察设计质量控制的依据是什么?
4. 简述设计准备阶段和设计展开阶段监理工作的主要内容,试述其工作方法。
5. 简述设计阶段质量控制的原则。
6. 简述总体设计阶段监理工作内容和质量控制审核要点。
7. 简述初步设计质量控制监理审核要点。
8. 监理工程师在方案征集过程中的质量控制重点是什么?
9. 简述控规设计阶段监理质量控制要点。
10. 简述施工图设计阶段监理质量控制程序。
11. 监理工程师施工图审核的主要内容是什么?
12. 设计交底的目的和主要内容是什么?
13. 图纸会审一般包括的主要内容有哪些?
14. 简述组织设计交底和图纸会审的法律法规依据,试述如何进行组织。

第四章　工程施工阶段的质量控制

【学习目标】

了解施工质量控制的系统过程、控制依据，各分部工程施工的一般规定；熟悉施工单位资质核查，质量控制点的设置，施工阶段质量控制手段，各分部工程施工的检验标准；掌握施工准备和施工过程中质量控制的主要内容，施工组织设计的审查，见证取样送检，工程变更的控制，隐蔽工程验收，质量检验和不合格的处理，砌体工程和混凝土结构工程的质量控制。

【学习内容】

施工准备阶段的质量控制，建筑工程施工过程的质量控制，建筑工程施工质量控制案例。

第一节　概　述

工程施工是使工程设计意图最终实现并形成工程实体的阶段，也是最终形成工程产品质量和工程项目使用价值的重要阶段。因此，施工阶段的质量控制不但是施工监理重要的工作内容，也是工程项目质量控制的重点。监理工程师对工程施工的质量控制就是按合同赋予的权利，围绕影响工程质量的各种因素，对工程项目的施工进行有效的监督和管理。

一、施工质量控制的系统过程

由于施工阶段是使工程设计意图最终实现并形成工程实体的阶段，是最终形成工程实体质量的过程，所以施工阶段的质量控制是一个由对投入的资源和条件的质量控制开始，进而对生产过程及各环节质量进行控制，直到对所完成的工程产出品的质量检验与控制的全过程的系统控制过程。这个过程可以根据在施工阶段中工程实体质量形成的时间阶段不同来划分，也可以根据施工阶段工程实体形成过程中物质形态的转化来划分，或者是将施工的工程项目作为一大系统，按施工层次加以分解划分。

（一）按工程实体质量形成过程的时间阶段划分

按工程实体质量形成过程的时间阶段不同，施工阶段的质量控制可以分为以下三个环节。

1. 施工准备控制

施工准备控制指在各工程对象正式施工活动开始前，对各项准备工作及影响质量的各因素进行控制，这是确保施工质量的先决条件。

2. 施工过程控制

施工过程控制指在施工过程中对实际投入的生产要素质量及作业技术活动的实施状

态和结果所进行的控制,包括作业者发挥技术能力过程的自控行为和来自有关管理者的监控行为。

3. 竣工验收控制

竣工验收控制是指对通过施工过程完成的具有独立功能和使用价值的最终产品(单位工程或整个工程项目)及有关方面(如质量文档)的质量所进行的控制。

关于这三个环节的施工质量控制系统过程及其所涉及的主要方面如图 4-1 所示。

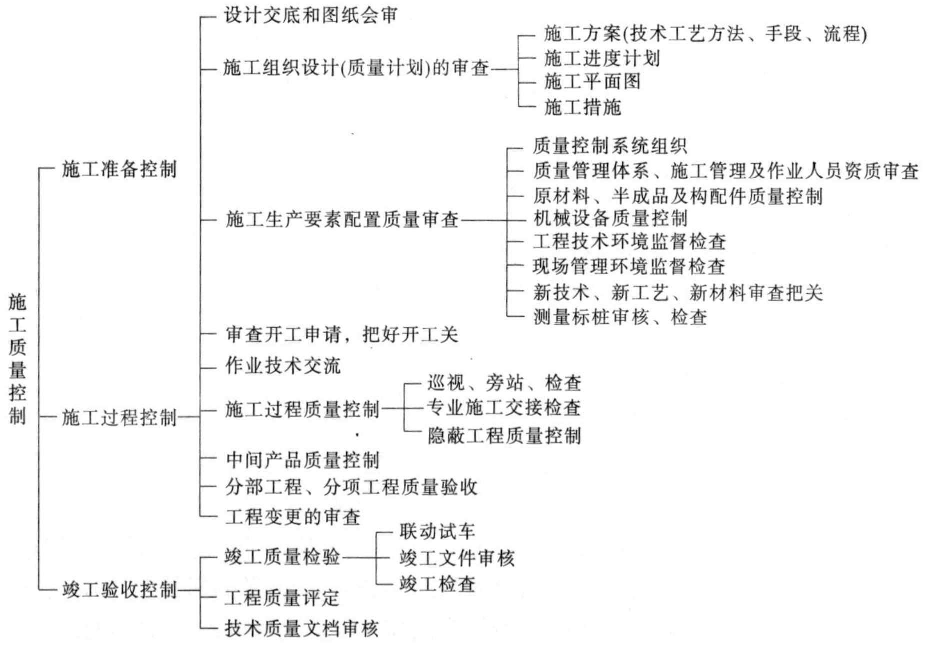

图 4-1 施工质量控制过程系统

(二)根据工程质量形成阶段的时间划分

根据工程质量形成阶段的时间不同,施工阶段的质量控制可以分为事前质量控制、事中质量控制和事后质量控制。

1. 事前质量控制

事前质量控制即在施工前进行质量控制,其具体内容如下:

(1)审查各承包单位的资质。

(2)对工程所需材料、构件、配件的质量进行检查和控制。

(3)对永久性生产设备和装置,按审批同意的设计图纸组织采购或订货。

(4)施工方案和施工组织设计中应含有保证工程质量的可靠措施。

(5)对工程中采用的新材料、新工艺、新结构、新技术,应审查其技术鉴定。

(6)检查施工现场的测量标桩、建筑物的定位放线和高程水准点。

(7)完善质量保证体系。

(8)组织设计交底和图纸会审。

2. 事中质量控制

事中质量控制即在施工过程中进行质量控制,其具体内容如下:

(1)完善的工序控制。

(2)严格工序之间的交接检查工作。

(3)重点检查重要部位和专业过程。

(4)对完成的分部工程、分项工程按照相应的质量评定标准和办法进行检查。

(5)审查设计图纸变更和图纸修改。

(6)组织现场质量会议,及时分析通报质量情况。

3. 事后质量控制

事后质量控制即在施工完工后进行质量控制,具体内容如下:

(1)按规定质量评定标准和办法对已完成的分项分部工程、单位工程进行检查验收。

(2)组织联运试车。

(3)审核质量检验报告及有关技术性文件。

(4)审核竣工图。

(5)整理有关工程项目质量的技术文件,并编目、建档。

(三)工程实体形成过程中物质形态转化的阶段划分

由于工程对象的施工是一项物质生产活动,所以施工阶段的质量控制系统过程也是一个由以下三个阶段的系统控制过程。

(1)对投入的物质资源的质量控制。

(2)对施工过程的质量控制,即在使投入的物质资源转化为工程产品的过程中,对影响产品质量的各因素、各环节及中间产品的质量进行控制。

(3)对完成的工程产出品质量的控制与验收,对影响产品质量的各因素、各环节的控制。

在上述三个阶段的系统过程中,前两个阶段对最终产品质量的形成具有决定性的作用,而对所投入的物质资源的质量控制对最终产品质量又具有举足轻重的影响。所以,在质量控制系统过程中,无论是对投入的物质资源的控制,还是对施工及安装生产过程的控制,都应当对影响工程实体质量的五个重要因素,即施工有关人员因素、材料因素(包括半成品、构配件)、机械设备因素(生产设备及施工设备)、施工方法因素(施工方案、方法及工艺)以及环境因素等进行全面的控制。

(四)按工程项目施工层次划分的系统控制过程

通常,任何一个大中型工程建设项目可以划分为若干层次。例如,建筑工程项目按照国家标准可以划分为单位工程、分部工程、分项工程、检验批等层次,而水利水电、港口交通等工程项目则可划分为单项工程、单位工程、分部工程、分项工程等几个层次。各组成部分之间的关系具有一定的施工先后顺序的逻辑关系。显然,施工作业过程的质量控制是最基本的质量控制,它决定了有关检验批的质量,而检验批的质量又决定了分项工程的质量。各层次的质量控制系统过程如图 4-2 所示。

二、施工质量控制的依据

施工阶段监理工程师进行质量控制的依据大体有以下四类。

(一)工程合同文件

工程施工承包合同文件和委托监理合同文件中分别规定了参与建设各方在质量控制

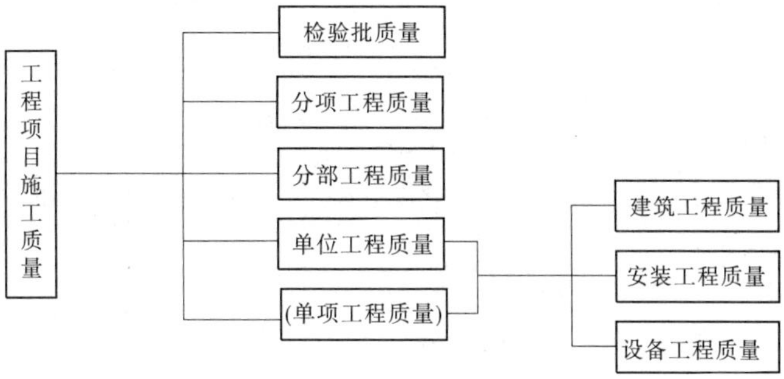

图 4-2 各层次质量控制系统过程

方面的权利和义务，有关各方必须履行在合同中的承诺。对于监理单位，既要履行委托监理合同的条款，又要督促建设单位、监督承包单位、设计单位履行有关的质量控制条款。因此，监理工程师要熟悉这些条款，据以进行质量监督和控制。

(二)设计文件

经过批准的设计图纸和技术说明书等设计文件，无疑是质量控制的重要依据。但是，从严格质量管理和质量控制的角度出发，监理单位在施工前还应参加由建设单位组织的设计单位和承包单位参加的设计交底及图纸会审工作，以达到了解设计意图的质量要求，发现图纸差错和减少质量隐患的目的。

(三)国家及政府有关部门颁布的有关质量管理方面的法律法规性文件

这些文件是建设行业质量管理方面应遵循的基本法规文件，如《中华人民共和国建筑法》、《建设工程质量管理条例》、《建设工程安全生产管理条例》。

(四)有关质量检验与控制的专门技术法规性文件

这类文件一般是针对不同行业、不同质量控制对象而制定的技术法规性文件。属于这类专门技术法规性的依据主要有以下几类：

(1)工程项目施工质量验收标准，如《建筑工程施工质量验收统一标准》(GB 50300—2001)以及其他行业工程项目的质量验收标准。

(2)有关工程材料、半成品和构配件质量控制方面的专门技术法规性依据。

(3)控制施工作业活动质量的技术规程，如砌砖操作规程、混凝土施工操作规程等。

(4)采用新技术、新材料、新工艺的工程，事先应进行试验，并应有权威性技术部门的技术鉴定及有关的质量数据、指标，在此基础上制定有关的质量标准和施工工艺规程，以此作为判断与控制质量的依据。

三、施工质量控制的工作程序

在施工阶段全过程中，监理工程师要进行全过程、全方位的监督、检查与控制，不仅涉及最终产品的检查、验收，而且涉及施工过程各环节及中间产品的监督、检查与验收。施工阶段工程质量控制工作流程如图 4-3 所示。

在每项工程开始前，承包单位须做好施工准备工作，然后填报“工程开工/复工报审表”(见表 4-1)及附件，报送监理工程师审查。若审查合格，则由总监理工程师批复准予施工；否则，承包单位应进一步做好施工准备工作，待条件具备时，再次填报开工申请。

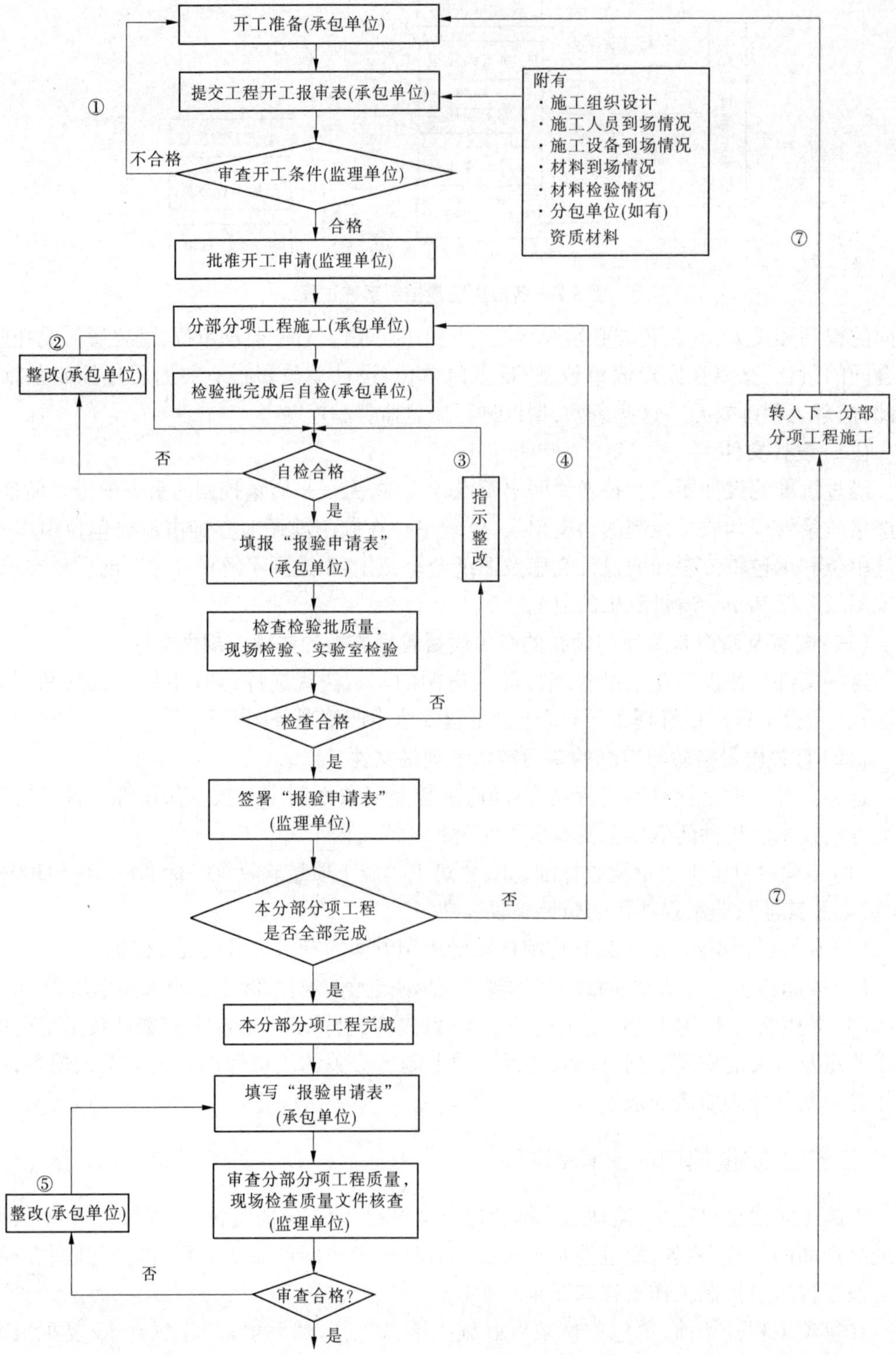

图 4-3　施工阶段工程质量控制工作流程

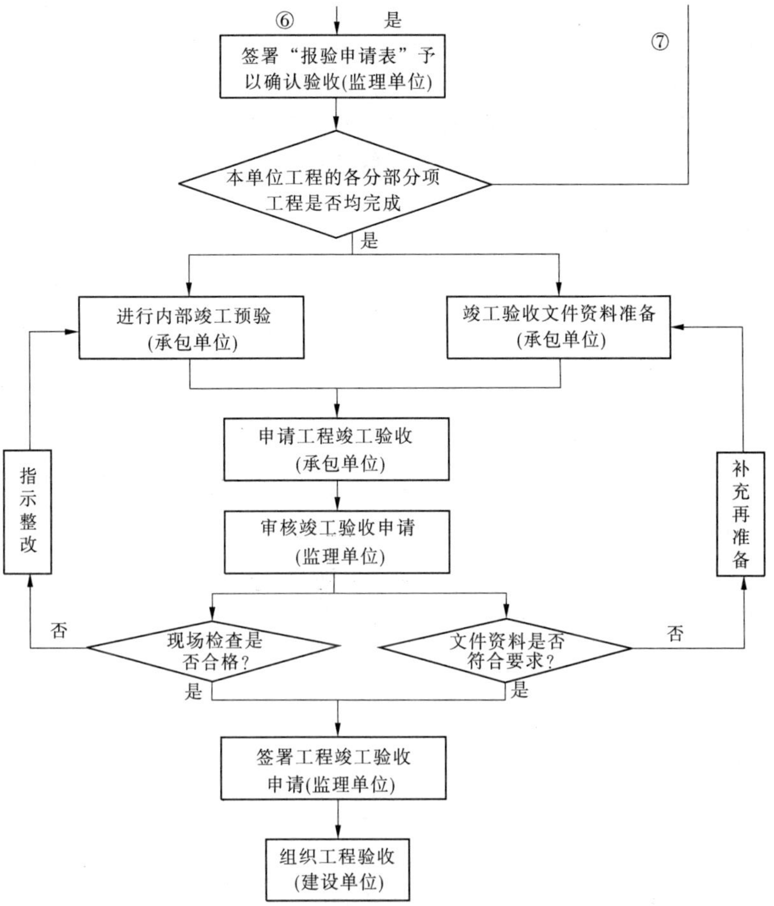

续图 4-3

表 4-1　工程开工/复工报审表

工程名称：　　　　　　　　　　　　　　　　　　　　　　　　　　编号：

致：　　　　　　　　　　　　（监理单位） 我方承担的__________工程，已完成了以下各项工作，具备了开工/复工条件，特此申请施工，请核查并签发开工/复工指令。 附：1. 开工报告 2.（证明文件） 承包单位（章）__________ 项目经理__________ 日　期__________
审查意见： 项目监理机构__________ 总监理工程师__________ 日　期__________

在施工过程中,监理工程师应督促承包单位加强内部质量管理,严格质量控制。施工作业过程均应按规定工艺和技术要求进行。每道工序完成后,承包单位应进行自检,自检合格后,填报"报验申请表"(见表4-2)交监理工程师检验。监理工程师收到检验申请后应在合同规定的时间内到现场检验,检验合格后予以确认。

表4-2　报验申请表

工程名称：　　　　　　　　　　　　　　　　　　　　　　　　　　　编号：

致：　　　　　　　　　（监理单位） 我单位已完成了__________工程,现报上该工程报验申请表,请予以审查和验收。 附： 承包单位(章)________ 项目经理________ 日　期________
审查意见： 项目监理机构________ 总/专业监理工程师________ 日　期________

只有上一道工序被确认质量合格后,方准许下一道工序施工,并按上述程序完成逐道工序。当一个检验批、分部分项工程完成后,承包单位首先对检验批、分部分项工程进行自检,填写相应质量验收记录表,确认工程质量符合要求,然后向监理工程师提交"报验申请表",并附上自检的相关资料。监理工程师现场检查及对相关资料审核后,符合要求予以签字验收;反之,则指令承包单位进行整改或返工处理。

在施工质量验收过程中,涉及结构安全的试块、试件以及有关材料,应按规定进行见证取样检测;对涉及结构安全和使用功能的重要分部工程,应进行抽样检测。承担见证取样检测及有关结构安全检测的单位应具有相应的资质。

通过返修或加固处理仍不能满足安全使用要求的分部工程、单位工程,严禁验收。

第二节　建筑工程施工准备阶段的质量控制

一、施工承包单位资质的核查

（一）施工承包单位资质的分类

施工企业按照其承包工程的能力划分为施工总承包企业、专业承包企业和劳务分包企业三个序列。

1. 施工总承包企业

施工总承包企业指获得施工总承包资质的企业，其可以对工程实行施工总承包或者对主体工程实行施工承包，施工总承包企业可以将承包的工程全部自行施工，也可以将非主体工程或者劳务作业分包给具有相应专业承包资质或者劳务分包资质的其他建筑企业。施工总承包企业的资质按专业类别共分为12个资质类别，每一个资质类别又分为特级、一级、二级、三级。

2. 专业承包企业

专业承包企业指获得专业承包资质的企业，其可以承接施工总承包企业分包的专业工程或者建设单位按照规定发包的专业工程。专业承包企业可以对所承接的工程全部自行施工，也可以将劳务作业分包给具有相应劳务分包资质的劳务分包企业。专业承包企业的资质按专业类别共分为60个资质类别，每一个资质类别又分为一级、二级、三级。

3. 劳务分包企业

劳务分包企业指获得劳务分包资质的企业，其可以承接施工总承包企业或者专业承包企业分包的劳务作业。劳务分包企业有13个资质类别，如木工作业、砌筑作业、钢筋作业、架线作业等。

（二）监理工程师对施工承包单位资质的审查

1. 招标投标阶段对承包单位资质的审查

（1）根据工程的类型、规模和特点，确定参与投标企业的资质等级，并取得招标投标管理部门的认可。

（2）对符合参与投标承包企业的考核。

检查校对“营业执照”及“建筑业企业资质证书”，并了解其实际的建设业绩、人员素质、管理水平、资金情况、技术装备等。

考核承包企业近期的表现，查对年检情况、资质升降级情况，了解其是否有工程质量、施工安全、现场管理等方面的问题，企业管理的发展趋势，质量是否是上升趋势，选择向上发展的企业。

检查核对近期承建工程，实地参观考核工程质量情况及现场管理水平。在全面了解的基础上，重点考核与拟建工程类型、规模和特点相似或接近的工程。

2. 对中标进场从事项目施工的承包企业质量管理体系的审查

（1）了解企业的质量意识、质量管理情况，重点了解企业质量管理的基础工作、项目管理和质量控制的情况。

(2)贯彻 ISO 9000 标准、体系建立和通过认证的情况。

(3)审查企业领导班子的质量意识及质量管理机构落实、质量管理权限实施的情况等。

(4)审查承包单位现场项目经理部的质量管理体系。

二、施工组织设计的审查

(一)施工组织设计

施工组织设计主要是针对特定的工程项目为完成预定的控制目标,编制专门规定质量措施、资源和活动顺序等的文件。

(二)施工组织设计的审查程序

施工组织设计已包含了质量计划的主要内容,因此监理工程师对施工组织设计的审查也同时包括了对质量计划的审查。

(1)在工程项目开工前约定的时间内,承包单位必须完成施工组织设计的编制及内部自审批准工作,填写"施工组织设计(方案)报审表"(见表 4-3),报送项目监理机构。

表 4-3 施工组织设计(方案)报审表

工程名称: 编号:

致: (监理单位) 我方已根据施工合同的有关规定完成了____________工程施工组织设计(方案)的编制,并经我单位上级技术负责人审查批准,请予以审查。 附:施工组织设计(方案) 承包单位(章)________ 项目经理________ 日 期________
专业监理工程师审查意见: 专业监理工程师________ 日 期________
总监理工程师审查意见: 项目监理机构________ 总监理工程师________ 日 期________

（2）总监理工程师在约定的时间内，组织专业监理工程师审查，提出意见后，由总监理工程师审核签认。需要承包单位修改的，由总监理工程师签发书面意见，退回承包单位修改后再报审，总监理工程师重新审查。

（3）已审定的施工组织设计由项目监理机构报送建设单位。

（4）承包单位应按审定的施工组织设计文件组织施工。如需对其内容作较大的变更，在实施前将变更内容书面报送项目监理机构审核。

（5）规模大、结构复杂或属新结构、特种结构的工程，项目监理机构对施工组织设计审查后，还应报送监理单位技术负责人审查，提出审查意见后由总监理工程师签发，必要时与建设单位协商，组织有关专业部门和有关专家会审。

（6）规模大及工艺复杂的工程、群体工程或分期出图的工程，经建设单位批准可分阶段报审施工组织设计；技术复杂或采用新技术的分部分项工程，承包单位还应编制该分部分项工程的施工方案，报项目监理机构审查。

总监理工程师在约定的时间内，组织专业监理工程师审查，提出意见后，由总监理工程师审核签认。

（三）审查施工组织设计的基本要求

施工组织设计应符合施工合同要求，并应由承包单位负责人签字。施工组织设计应由专业监理工程师审核后，经总监理工程师签认。发现施工组织设计中存在问题应提出修改意见，由承包单位修改后重新报审。

（四）审查施工组织设计时应掌握的原则

（1）施工组织设计的编制、审查和批准应符合规定的程序。

（2）施工组织设计应符合国家的技术政策，充分考虑承包合同规定的条件及法规条件的要求，突出“质量第一、安全第一”的原则。

（3）施工组织设计的针对性：承包单位是否了解并掌握了本工程的特点及难点，施工条件是否分析充分。

（4）施工组织设计的可操作性：承包单位是否有能力执行并保证工期和质量目标，该施工组织设计是否切实可行。

（5）技术方案的先进性：施工组织设计采用的技术方案和措施是否先进、适用、成熟。

（6）质量管理和技术管理体系，质量保证措施是否健全且切实可行。

（7）安全、环保、消防和文明施工措施是否切实可行并符合有关规定。

（8）在满足合同和法规要求的前提下，对施工组织设计的审查，应尊重承包单位的自主技术决策和管理决策。

（五）施工组织设计审查的注意事项

重要分部、分项工程的施工方案，承包单位应在开工前，向监理工程师提交详细说明，完成该项工程的施工方法、施工机械设备及人员配备与组织等质量管理措施以及进度安排，报请监理工程师审查认可后方能实施。

施工顺序应符合先地下、后地上，先土建、后设备，先主体、后围护的基本规律。此外，施工流向要合理，即平面上和立面上都要考虑施工的质量保证与安全保证；考虑使用的先后和区段的划分，与材料、构配件的运输不发生冲突。

施工方案与施工进度计划的一致性。施工进度计划的编制应以确定的施工方案为依据,正确体现施工的总体部署、顺序及工艺关系等。

施工方案与施工平面图的布置协调一致。施工平面图的静态布置内容,如临时施工供水、供电、供热、供气管道,施工道路、临时办公房屋、物资仓库等;以及动态布置内容,如施工材料模板、工器具等,应做到布置有序,有利于各阶段施工方案的实施。

三、现场施工准备的质量控制

(一)工程定位及标高基准控制

工程测量控制可以说是施工中事前控制的一项基本工作,它是施工准备阶段的一项重要内容。监理工程师应将其作为保证工程质量的一项重要内容,在监理工作中,应由测量专业监理工程师负责工程测量的复核控制工作。

监理工程师应要求施工承包单位对建设单位(或其委托的单位)给定的原始基准点、基准线和标高等测量控制点进行复核,并将复测结果报监理工程师审核,经批准后施工承包单位才能据此进行准确的测量放线,建立施工测量控制网,并应对其正确性负责,同时做好基桩的保护。

复测施工测量控制网。在工程总平面图上,各种建筑物或构筑物的平面位置是用施工坐标系统来表示的。施工测量控制图的初始坐标和方向一般是根据测量控制点测定的,测定建筑物的长向主轴线即可作为施工平面控制网的初始方向,以后在控制网加密或建筑物定位时,不再用控制点定向,以免使建筑物发生不同的位移及偏转。复测施工测量控制网时应抽检建筑方格网、控制高程的水准点以及标桩埋设位置等。

(二)施工平面布置的控制

为了保证承包单位能够顺利施工,监理工程师应督促建设单位按照合同的约定并结合承包单位施工的需要,事先划定并提供承包单位占有和使用现场有关部分的范围。如果在现场的某一区域内需要不同的施工单位同时或先后施工使用,就应根据施工总进度计划的安排,规定其各自占用的时间和先后顺序,并在施工总平面图中详细注明各工作区的位置及占用顺序。监理工程师要检查施工现场总体布置是否合理,是否有利于保证施工正常、顺利地进行,是否有利于保证质量,特别是要对场区的道路、防洪排水、器材存放、给水及供电、混凝土供应与主要垂直运输机械设备布置等方面予以重视。

(三)材料构配件采购订货的控制

凡由承包单位负责采购的原材料、半成品或构配件,在采购订货前应向监理工程师申报;对于重要的材料,还应提交样品,供试验或鉴定,有些材料则要求供货单位提交理化试验单(如预应力钢筋的硫、磷含量等),经监理工程师审查认可后,方可进行订货采购。

对于半成品或构配件,应按经过审批认可的设计文件和图纸要求采购订货;质量检测项目及标准、出厂合格证或产品说明书等质量文件的要求,以及是否需要权威性的质量认证等交货期应满足施工及安装进度安排的需要。

质量文件主要包括:产品合格证及技术说明书;质量检验证明;检测与试验者的资格证明;关键工序操作人员资格证明及操作记录(如大型预应力构件的张拉应力工艺操作记录);不合格或质量问题处理的说明及证明;有关图纸及技术资料,必要时还应附有权威性认证资料。

(四)施工机械配置的控制

施工机械设备的选择,除应考虑施工机械的技术性能、工作效率、工作质量、可靠性和维修难易、能源消耗,以及安全、灵活等方面对施工质量的影响与保证外,还需考虑其数量配置对施工质量的影响与保证条件。例如,为保证混凝土连续浇筑,应配备有足够的搅拌机和运输设备;在一些城市建筑施工中,有防止噪声的限制,必须采用静力压桩等。

此外,要注意设备型式应与施工对象的特点及施工质量要求相适应。

在选择机械性能参数方面,也要与施工对象特点及质量要求相适应,如当选择起重机械进行吊装施工时,其起重量、起重高度及起重半径均应满足吊装的要求。

审查施工机械设备的数量是否足够。例如,在进行就地灌注桩施工时,是否有备用的混凝土搅拌机和振捣设备,以防止由于机械发生故障使混凝土浇筑工作中断,造成断桩。

审查所需的施工机械设备是否按已批准的计划备妥,所准备的机械设备是否与监理工程师审查认可的施工组织设计或施工计划中所列者相一致,所准备的施工机械设备是否处于完好的可用状态等。对于与批准的计划中所列施工机械不一致,或机械设备的类型、规格、性能不能保证施工质量者,以及维护修理不良者,不能保证良好的可用状态者,都不准使用。

(五)分包单位资格的审核确认

1. 分包单位提交"分包单位资质报审表"

(1)关于拟分包工程的情况。说明拟分包工程名称、金额,分包工程占全部工程额的比例。

(2)关于分包单位的基本情况。包括:该分包单位的企业简介、资质材料、技术实力、企业过去的工程经验与业绩,企业的财务资本状况,施工人员的技术素质和条件等。

(3)分包协议草案。包括:总承包单位与分包单位之间责、权、利,分包项目的施工工艺、分包单位设备和到场时间、材料供应,总包单位的管理责任等。

分包单位资质报审表见表4-4。

2. 监理工程师审查总承包单位提交的"分包单位资质报审表"

审查时,主要是审查施工承包合同是否允许分包,分包的范围和工程部位是否可进行分包,分包单位是否具有工程承包合同规定的条件完成分包工程任务的能力。对分包单位资格应审核以下内容:

(1)分包单位的营业执照、在国内承包工程许可证、企业资质等级证书、特殊行业施工许可证。

(2)分包单位的业绩。

(3)拟分包工程的内容和范围。

(4)专职管理人员和特种作业人员的资格证、上岗证。

3. 对分包单位进行调查

对分包单位进行调查的目的是核实总承包单位申报的分包单位情况是否属实。如果监理工程师对调查结果满意,则总监理工程师应以书面形式批准该分包单位承担分包任务。总承包单位收到监理工程师的批准通知后,应尽快与分包单位签订分包协议,并将副

表 4-4 分包单位资质报审表

工程名称: 编号:

<table>
<tr><td colspan="4">致: (监理单位)
经考察,我方认为拟选择的＿＿＿＿＿＿(分包单位),具有承担下列工程的施工资质和施工能力,可以保证本工程项目按合同的规定进行施工。分包后,我方仍承担分包单位的全部责任。请予以审查和批准。
附:1. 分包单位资质材料
2. 分包单位业绩材料</td></tr>
<tr><td>分包工程名称(部位)</td><td>工程数量</td><td>拟分包工程合同额</td><td>分包工程占全部工程额的比例</td></tr>
<tr><td></td><td></td><td></td><td></td></tr>
<tr><td></td><td></td><td></td><td></td></tr>
<tr><td></td><td></td><td></td><td></td></tr>
<tr><td></td><td></td><td></td><td></td></tr>
<tr><td colspan="2">合计</td><td></td><td></td></tr>
<tr><td colspan="4">承包单位(章)＿＿＿＿＿
项目经理＿＿＿＿＿
日 期＿＿＿＿＿</td></tr>
<tr><td colspan="4">专业监理工程师审查意见:

专业监理工程师＿＿＿＿＿
日 期＿＿＿＿＿</td></tr>
<tr><td colspan="4">总监理工程师审查意见:

项目监理机构＿＿＿＿＿
总监理工程师＿＿＿＿＿
日 期＿＿＿＿＿</td></tr>
</table>

本报送监理工程师备案。

(六)设计交底与施工图纸的现场核对

施工阶段,设计文件是建设工作的依据。因此,监理工程师应认真参加由建设单位主持的设计交底工作,以透彻地了解设计原则及质量要求;同时,要督促承包单位认真做好审核及图纸核对工作,对于审图过程中发现的问题,及时以书面形式报告给建设单位。

1. 项目监理人员参加设计技术交底会应了解的基本内容

(1)设计主导思想、建筑艺术构思和要求、采用的设计规范、确定的抗震等级、防火等级,基础、结构、内外装修及机电设备设计(设备造型)等。

(2)对主要建筑材料、构配件和设备的要求,所采用的新技术、新工艺、新材料的要求,以及施工中应特别注意的事项等。

(3)对建设单位、承包单位和监理单位提出的对施工图的意见和建议的答复。

2. 监理工程师参加设计交底应着重了解的内容

(1)有关地形、地貌、水文气象、工程地质及水文地质等自然条件。

(2)主管部门及其他部门(如规划、环保、农业、交通、旅游等)对本工程的要求,设计单位采用的主要设计规范等。

(3)设计意图方面:诸如设计思想、设计方案比选的情况,基础开挖及基础处理方案,设计意图,设备安装和调试要求,施工进度与工期安排等。

(4)施工注意事项方面:如基础处理等要求,对建筑材料方面的要求,主体工程设计中采用新结构或新工艺对施工提出的要求,为实现进度安排而应采用的施工组织和技术保证措施等。

在设计交底会上确认的设计变更应由建设单位、设计单位、施工单位和监理单位会签。

3. 施工图纸的现场核对

(1)施工图纸合法性的认定:施工图纸是否经设计单位正式签署,是否按规定经有关部门审核批准,是否得到建设单位的同意。

(2)图纸与说明是否一致。

(3)地下构筑物、障碍物、管线是否探明并标注清楚。

(4)图纸中有无遗漏、差错或相互矛盾之处,图纸的表示方法是否清楚及符合标准等。

(5)地址及水文地质等基础资料是否充分、可靠,地形、地貌与现场实际情况是否相符。

(6)所需材料的来源有无保证,是否替代;新材料、新技术的采用有无问题。

(7)所提出的施工工艺、方法是否合理,是否切合实际,是否存在不便于施工之处,能否保证质量要求。

(8)施工图或说明书中所涉及的各种标准、图册、规范、规程等,承包单位是否具备。对于存在的问题,要求承包单位以书面形式提出,在设计单位以书面形式进行解释或确认后,才能进行施工。

(七)严把开工关

在总监理工程师向承包单位发出开工通知书时,建设单位应及时按计划保证质量地提供承包单位所需的场地和施工通道以及水、电供应等条件,以保证及时开工,防止承担补偿工期和费用损失的责任。为此,监理工程师应事先检查工程施工所需的场地征用、道路和水、电是否开通;否则,应督促建设单位努力实现。

总监理工程师对与拟开工工程有关的现场各项施工准备工作进行检查并认为合格后,方可发布书面的开工指令。对于已停工的工程,则需有总监理工程师的复工指令才能复工。对于合同中所列工程及工程变更的项目,开工前承包单位必须提交"工程开工报审表”,监理工程师审查前述各方面条件均具备并由总监理工程师予以批准后,承包单位才能开始正式进行施工。

专业监理工程师应审查承包单位报送的工程开工报审表及相关资料,具备以下开工条件时,由总监理工程师签发,并报建设单位:

(1)施工许可证已获政府主管部门批准。

(2)征地拆迁工作能满足工程进度的需要。

(3)施工组织设计已获总监理工程师批准。

(4)承包单位现场管理人员已到位,机具、施工人员已进场,主要工程材料已落实。

(5)进场道路及水、电、通信等已满足开工要求。

(八)做好对施工单位管理体系的审核确认

工程项目开工前,总监理工程师应审查承包单位现场项目管理机构的质量管理体系和质量保证体系,对质量管理体系和质量保证体系应审核以下内容:

(1)质量管理、技术管理和质量保证的组织机构。

(2)质量管理、技术管理制度。

(3)专职管理人员和特种作业人员的资格证、上岗证。

(九)监理组织内部的监控准备工作

建立并完善项目监理机构的质量监控体系,做好监控准备工作,使之能适应工程项目质量监控的需要,这是监理工程师做好质量控制的基础工作之一。例如,针对分部分项工程的施工特点拟定监理实施细则,配备相应人员,明确分工及职责,配备所需的检测仪器设备并使之处于良好的可用状态,熟悉有关的检测方法和规程等。

项目监理机构的组织形式和规模,应根据委托监理合同规定的服务内容、服务期限、工程类别、规模、技术复杂程度、工程环境等因素确定。项目监理机构的组成应符合精干、高效的原则。

第三节　建筑工程施工过程的质量控制

施工过程体现在一系列的作业活动中,作业活动的效果将直接影响到施工过程的施工质量。因此,监理工程师质量控制工作应体现在对作业活动的控制上。

监理工程师要对施工过程进行全过程和全方位的质量监督、控制与检查。就整个施工过程而言,可按事前、事中、事后进行控制。

一、作业技术准备状态的控制

所谓作业技术准备状态,是指各项施工准备工作在正式开展作业技术活动前,是否按预先计划的安排落实到位的状况,包括配置的人员、材料、机具、场所环境、通风、照明、安全设施等。作好作业技术准备状况的检查,有利于实际施工条件的落实,避免计划与实际脱节,承诺与行动相脱离,在准备工作不到位的情况下贸然施工。

作业技术准备状态的控制,应着重抓好以下环节的工作。

(一)质量控制点的设置

1. 质量控制点的概念

质量控制点是指为了保证作业过程质量而确定的重点控制对象、关键部位或薄弱环节。设置质量控制点是保证达到施工质量要求的必要前提,监理工程师在拟定质量控制工作计划时,应予以详细地考虑,并以制度来保证落实。对于质量控制点,一般要事先分析可能造成质量问题的原因,再针对原因制定对策和措施进行预控。

承包单位在工程施工前应根据施工过程质量控制的要求,并经监理工程师审查批准后,在此基础上实施质量预控。

2. 质量控制点选择的一般原则

应当选择那些施工质量难度大、对质量影响大或者是发生质量问题时危害大的对象作为质量控制点。

(1)施工过程中的关键工序或环节及隐蔽工程,如预应力结构的张拉工序、钢筋混凝土结构中的钢筋架立。

(2)施工中的薄弱环节或质量不稳定的工序、部位及对象,如地下防水层的施工。

(3)对后续工程施工或对后续工序质量或安全有重大影响的工序、部位或对象,如预应力结构中的预应力钢筋质量、模板的支撑与固定等。

(4)采用新技术、新工艺、新材料的部位或环节。

(5)施工上无足够把握、施工条件困难或技术难度大的工序或环节,模板的放样等。

3. 质量控制点重点控制的对象

(1)人的行为。某些工序或操作重点应控制人的行为,避免人的失误造成的质量问题。如水下作业、危险作业、易燃易爆作业,重型构件吊装或多机抬吊,动作复杂而快速运转的机械操作,精密度和操作要求高的工序,技术难度大的工序等,都应从人的生理缺陷、心理活动、技术能力、思想素质等方面对操作者进行全面考核。事前还必须反复交底,提醒注意事项,以免产生错误行为和违纪违章现象。

(2)物的状态。在某些工序或操作中,则应以物的状态作为控制的重点。如加工精度与施工机具有关;计量不准与计量设备、仪表有关;危险源与失稳、倾覆、腐蚀、毒气、振动、空击、火花、爆炸等有关,也与立体交叉、多工种密集作业场所有关等。也就是说,根据不同工序的特点,有的应以控制机具设备为重点,有的应以防止失稳、倾覆、腐蚀等危险源为重点,有的则应以作业场所作为控制的重点。

(3)材料的质量与性能。材料的质量与性能是直接影响工程质量的主要因素,尤其是某些工序,更应将材料的质量与性能作为控制的重点。如预应力筋加工,就要求钢筋匀质、弹性模量一致,含硫(S)量和含磷(P)量不能过大,以免产生热脆和冷脆;Ⅳ级钢筋可焊性差,易热脆,用做预应力筋时,应尽量避免对焊接头,焊后要进行通电热处理。

(4)关键的操作。如预应力筋张拉,在张拉程序为 $0 \rightarrow 1.05\,\sigma_{con}$(持荷 2 min)$\rightarrow \sigma$ 中,要超张拉且持荷 2 min。超张拉的目的是减少混凝土弹性压缩和徐变,减少钢筋的松弛、孔道摩阻力、锚具变形等原因所引起的应力损失;持荷 2 min 的目的是加速钢筋松弛的早期发展,减少钢筋松弛的应力损失。在操作中,如果不进行超张拉和持荷 2 min,就不能可靠地建立预应力值;若张拉应力控制不准,过大或过小,亦不能可靠地建立预应力值,这均会严重影响预应力构件的质量。

(5)施工技术参数。有些技术参数与质量密切相关,亦必须严格控制。如外加剂的掺量,混凝土的水灰比,沥青胶的耐热度,回填土、三合土的最佳含水量,灰缝的饱满度,防水混凝土的抗渗等级等,都直接影响强度、密实度、抗渗性和耐冻性,亦应作为工序质量控制点。

(6)施工顺序。有些工序或操作,必须严格控制相互之间的先后顺序。如冷拉钢筋,一定要先对焊后冷拉,否则就会失去冷拉强度。屋架的固定一定要采取对角同时施焊,以免焊接应力使已校正好的屋架发生倾斜。

(7)技术间歇。有些作业之间需要有必要的技术间歇时间,如砖墙砌筑后与抹灰工序之间,以及抹灰与粉刷或喷涂之间,均应保证有足够的间歇时间;混凝土浇筑后至拆模之间也应保持一定的间歇时间;混凝土大坝坝体分块浇筑时,相邻浇筑块之间也必须保持足够的间歇时间等。

(8)新工艺、新技术、新材料的应用。由于缺乏经验,施工时可作为重点进行严格控制。

(9)产品质量不稳定、不合格率较高及易发生质量通病的工序。应把这些工序列为重点,并仔细分析、严格控制。例如,防水层的铺设,供水管道接头的防渗漏等。

(10)易对工程质量产生重大影响的施工方法。例如,液压滑模施工中的支承杆失稳问题、升板法施工中提升差的控制等,都是一旦施工不当或控制不严,即可能引发重大质量事故的问题,也应作为质量控制的重点。

(11)特殊地基或特种结构。如大孔湿陷性黄土、膨胀土等特殊土地基的处理,大跨度和超高结构等难度大的施工环节和重要部位等都应予以特别重视。

(12)常见的质量通病。如渗水、渗漏、起壳、起砂、裂缝等,都与工序操作有关,均应事先研究对策,提出预防措施。

总之,质量控制点的选择要准确、有效。一方面,需要有经验的工程技术人员进行选择;另一方面,也要集思广益,集中群体智慧,由有关人员充分讨论,在此基础上进行选择。

4. 质量预控对策的检查

所谓工程质量预控,就是针对所设置的质量控制点或分部分项工程,事先分析施工中可能发生的质量问题和隐患,分析引发的原因,并提出相应的对策,采取有效的措施进行预先控制,以防在施工中发生质量问题。

质量预控及对策的表达方式主要有以下几种。

(1)文字表达。列出可能产生的质量问题,以及拟定的质量预控措施,如模板的质量预控。可能出现的质量问题如下:①轴线、标高偏差;②模板断面、尺寸偏差;③模板刚度不够、支撑不牢或沉陷;④预留孔中心线位移、尺寸不准;⑤预埋件中心线位移。

质量预控措施如下:①绘制关键性轴线控制图,每层复查轴线标高一次,垂直度用经纬仪检查控制;②绘制预留、预埋图,在自检基础上进行抽查,检查预留是否符合要求;③回填土分层夯实,支撑下面应根据荷载大小进行地基验算、加设垫块;④重要模板要经设计计算,保证有足够的强度和刚度;⑤模板尺寸偏差按规范要求检查验收。

(2)用表格形式表达。用简表形式分析其在施工中可能发生的主要质量问题和隐患,并针对各种可能发生的质量问题,提出相应的预控。例如,混凝土灌注桩质量预控,如表4-5所示。

表4-5 混凝土灌注桩质量预控

可能发生的质量问题	质量预控措施
孔斜	督促承包单位在钻孔前对钻机认真整平
混凝土强度达不到要求	随时抽查原料质量,混凝土配合比经监理工程师审批确认,评定混凝土强度,按月向监理报送评定结果
缩颈、堵管	督促承包单位每桩测定混凝土坍落度2次,每30~50 cm测定一次混凝土浇筑高度,随时处理
断桩	准备足够数量的混凝土供应机械(拌和机等),保证连续不断地灌注
钢筋笼上浮	掌握泥浆密度和灌注前做好钢筋笼固定

(3)用解析图的形式表示。该法用两份图表示质量预控及措施对策。

①工程质量预控图。在该图中间按该分部工程的施工各阶段划分,即从准备工作至完工后质量验收与中间检查以及最后的资料整理;右侧列出各阶段所需进行的与质量控制有关的技术工作,用框架的方式分别与工作阶段相连接;左侧列出各阶段所需进行的与质量控制有关的管理工作要求,如图4-4~图4-6。

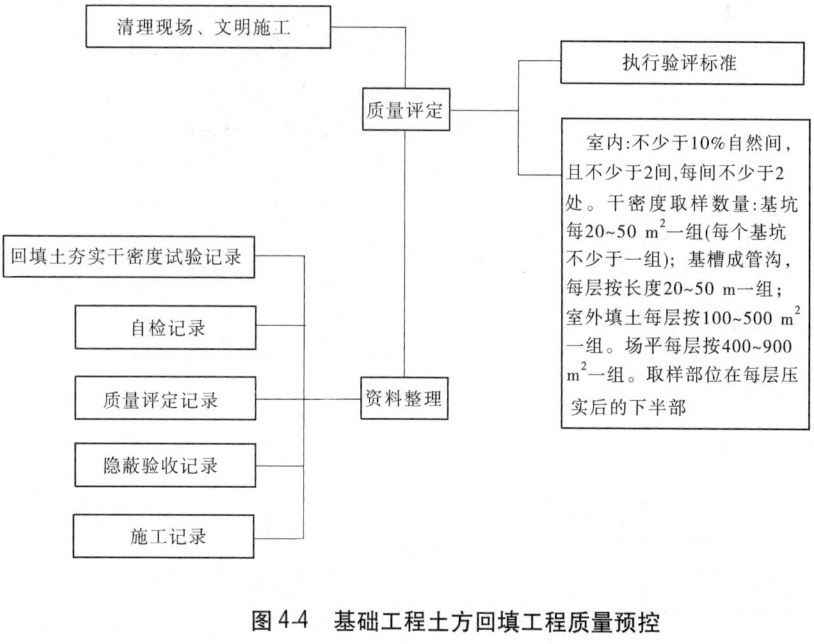

图4-4 基础工程土方回填工程质量预控

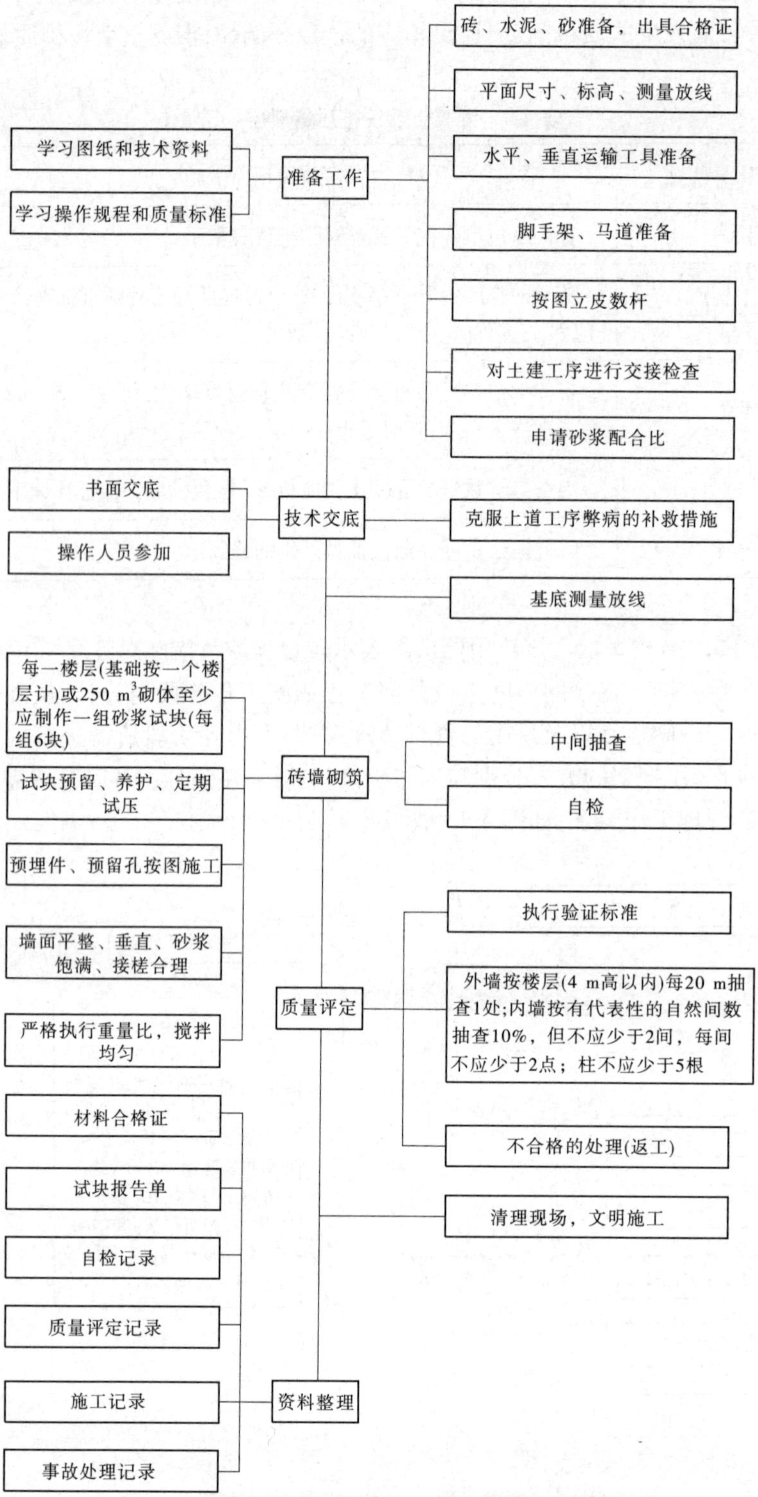

图 4-5　砖墙砌筑工程质量预控

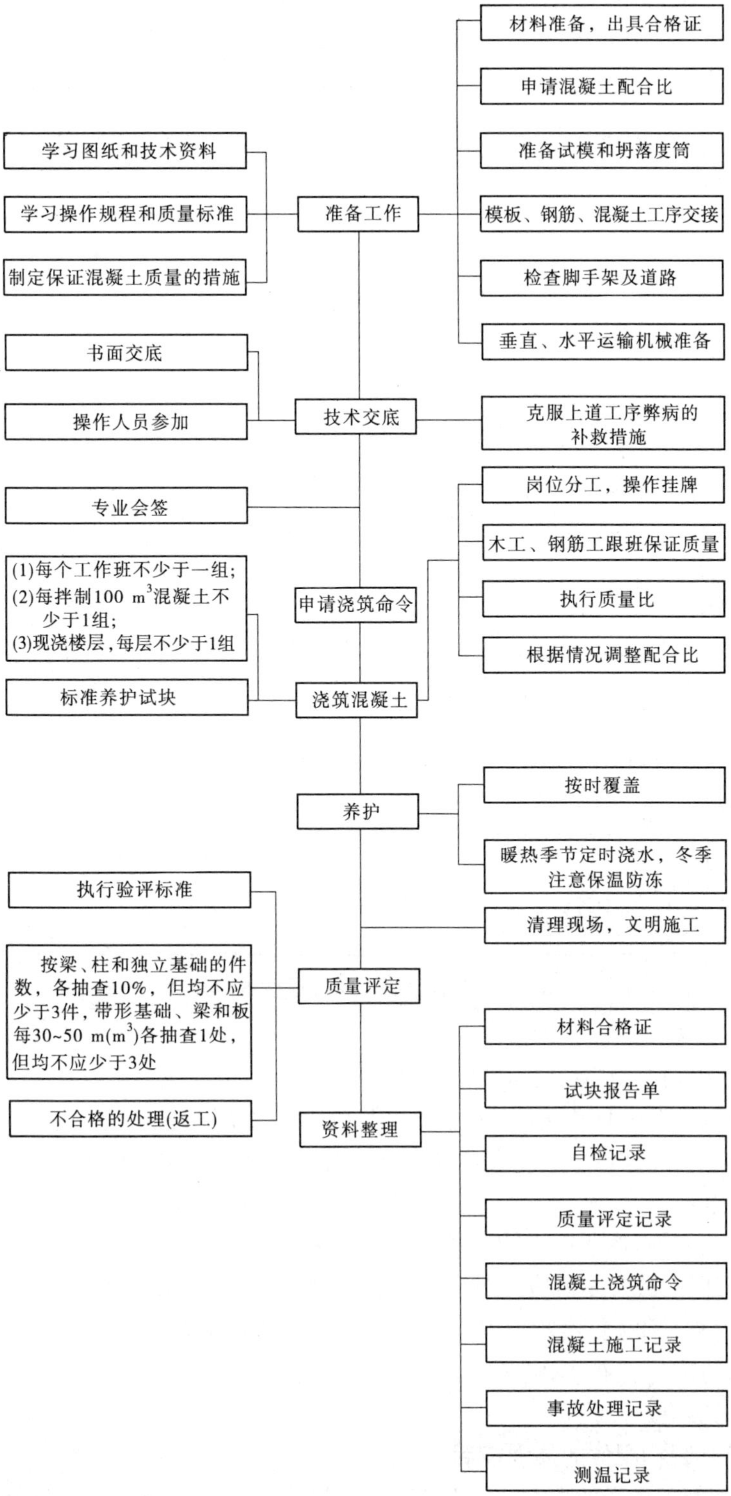

图 4-6　混凝土工程质量预控

②质量控制对策图。该图分为两部分:一部分是列出某一分部分项工程中各种影响质量的因素;另一部分是列出对应于各种质量问题影响因素所采取的对策或措施,如图4-7~图4-10。

图4-7　基础土方回填工程质量对策

(二)作业技术交底的控制

承包单位做好技术交底,是取得好的施工质量的条件之一。作业技术交底是对施工组织设计或施工方案的具体化,是更细致、明确、具体的技术实施方案,是工序施工或分项工程施工的具体指导文件。技术交底要紧紧围绕与具体施工有关的操作者、机械设备、使用的材料、构配件、工艺、施工方法、施工环境、具体管理措施等方面进行,交底中要明确做什么、谁来做、如何做、作业标准和要求、什么时间完成等。

对于关键部位,或技术难度大、施工复杂的检验批,在分项工程施工前,承包单位的技术交底书(作业指导书)要报监理工程师审批。经监理工程师审查后,如技术交底书不能保证作业活动的质量要求,承包单位要进行修改补充。没有做好技术交底的工序或分项工程,不得正式实施。

(三)进场材料构配件的质量控制

(1)凡运到施工现场的原材料、半成品或构配件,进场前应向项目监理机构提交“工程材料/构配件/设备报审表”(见表4-6),同时附上产品出厂合格证及技术说明书，由施

砖墙砌筑质量对策		影响砖墙砌筑质量因素		对策
施工人员	操作工人	技术水平低	新工人多	加强技术培训，大搞技术练兵，师带徒，传、帮、带
			不安心本工种	做好思想工作，解决实际困难
		实行计件承包	工作时间长	确保工人有足够的休息时间
			夜晚工作照明差	夜晚电工值班，保证照明亮度
			忽视质量	加强质量检查和计件承包管理，进行“质量第一”教育
	技术人员	技术交底不清		书面交底，发现问题及时处理
		施工中采取措施不得力		不符合质量标准，下道工序不施工
	专检人员	专检不认真		认真学习图纸，一丝不苟检查
		对工作不负责任		认真执行岗位责任制
材料	砖	尺寸不规格		供应部门要按质量标准买砖
		进场后未检验		进场后砖要检验
	砂浆	砂子颗粒过细		调整砂浆配合比
		和易性不好		采用混合砂浆，掺微沫剂
		配合比控制不准		严格执行重量比
		试块制作、养护、试压不符合要求		专人负责，标准养护，定期试压
		水灰比控制不好		机械搅拌，按规定加水
工具	质量自检工具	靠尺极少		每人一个，个人保管
		吊线极少		每人一个，个人保管
	施工机具	没有水勺子		保证每个操作工人有一个水勺子
		脚手架高度不适宜		每步架不超过1.2 m高
施工方法	违章作业	大铲使用不当		执行“一铲灰、一块砖、一揉压”的砌筑方法
		干砖上墙或浇水不足		指定专人负责浇砖
		未坚持“三检制”		制定制度，认真执行
		砌砖不选面		清水墙要选砖
		墙身位移		拉线找正墙的轴线及边线，保持墙面垂直
		墙面不平		一砖半厚的墙必须双面挂线
		水平灰缝高低不平		每层砖要与皮数杆对平，拉线要穿平
		砌砖留直槎		按规范执行
		皮数杆不平		抄平弹线要认真，立杆后进行水平标高复核

图 4-8　砖墙砌筑工程质量对策

图 4-9　混凝土工程质量对策(一)

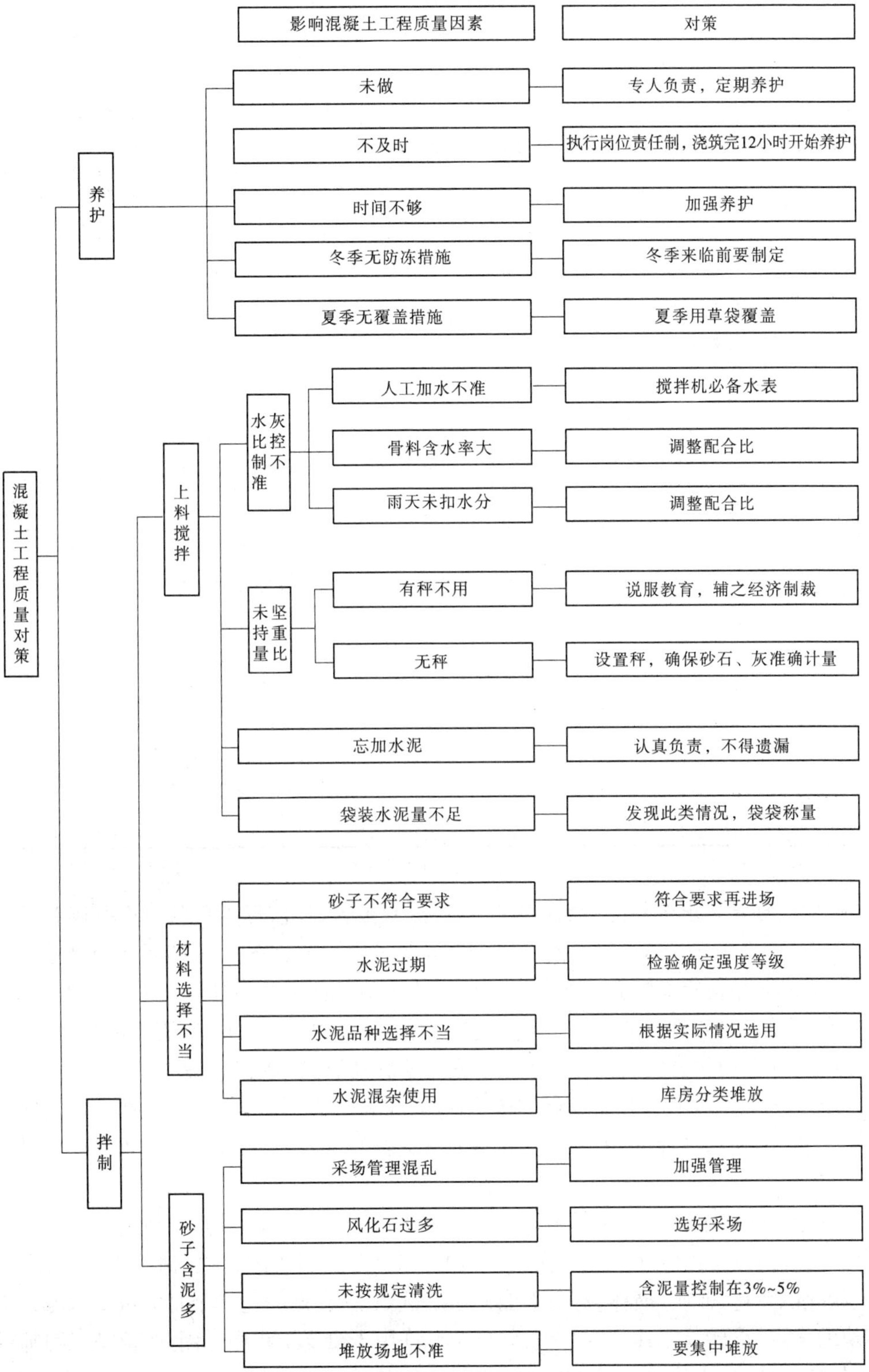

图4-10 混凝土工程质量对策(二)

表 4-6 工程材料/构配件/设备报审表

致：　　　　　　　（监理单位） 我方于________年________月________日进场的工程材料/构配件/设备数量如下（见附件）。现将质量证明文件及自检结果报上，拟用于下述部位： ____ ____ 请予以审核。 附：1. 数量清单 2. 质量证明文件 3. 自检结果 承包单位（章）________ 项目经理________ 日　期________
审查意见： 经检查上述工程材料/构配件/设备，符合/不符合设计文件和规范的要求，准许/不准许进场，同意/不同意使用于拟定部位。 项目监理机构________ 总/专业监理工程师________ 日　期________

工承包单位按规定要求进行检验的检验报告或试验报告，经监理工程师审查并确认其质量合格后，方准进场。凡是没有产品出厂合格证明及检验不合格者，不得进场。如果监理工程师认为承包单位提交的有关产品合格证明的文件以及施工承包单位提交的检验和试验报告，仍不足以说明到场产品的质量符合要求，监理工程师可以再进行组织复检或见证取样试验，确认其质量合格后方允许进场。常用材料现场取样施工方法见表 4-7。

（2）进口材料的检查、验收，应会同国家商检部门进行。如在检验中发现质量问题或数量不符合规定要求，应取得供货方及商检人员签署的商务记录，在规定的索赔期内进行索赔。

（3）材料构配件存放条件的控制。质量合格的材料、构配件进场后，到其使用或安装时通常都要经过一定的时间间隔。在此时间内，如果对材料等的存放、保管不良，可能导致质量状况的恶化、变质、损坏，甚至不能使用。例如，储存期超过三个月的过期水泥或受潮、结块的水泥，重新检定其强度等级，并且不允许用于重要工程中。因此，监理工程师对承包单位在材料、半成品、构配件的存放、保管条件及时间方面也应实行监控。

如果存放、保管条件不良，监理工程师有权要求施工承包单位加以改善并达到要求。

表 4-7　常用材料现场取样施工方法

序号	材料名称		取样单位	取样数量	取样方法
01	通用水泥		同生产厂、同品种、同强度等级、同编号水泥。散装水泥≤500 t/批，袋装水泥≤200 t/批。存放期超过3个月必须复试	≥12 kg	1. 散装水泥：在卸料处或输送机上随机取样。当所取水泥深度不超过2 m时，采用散水泥取样管，在适当位置插入水泥一定深度取样。 2. 袋装水泥：在袋装水泥堆场取样。用袋装水泥取样管，随机选择20个以上不同部位，插入水泥适当深度取样
02	钢筋混凝土用钢筋	热轧带肋钢筋	钢筋、钢丝、钢绞线均按批检查，每批由同一厂别、同一炉罐号、同一规格、同一交货状态、同一进场（厂）时间组成，≤60t/批	拉伸2根 冷弯2根	1. 试件切取时，应在钢筋或盘条的任意一端截去500 mm； 2. 凡规定取2个试件的（低碳钢热轧圆盘条冷弯试件除外）均从任意2根（或两盘中）分别切取，每根钢筋上切取1个拉伸试件、1个冷弯试件； 3. 低碳钢热轧圆盘条冷弯试件应取自同盘的两端； 4. 试件长度：拉力（伸）试件 $L\geqslant 5d/10d+200$ mm，冷弯试件 $L\geqslant 5d+150$ mm（d 为钢筋直径）； 5. 化学分析试件可利用力学试验的余料钻取，如单项化学分析可取 $L=150$ mm（1~5条亦适用于其他类型钢筋）
		热轧光圆钢筋		拉伸2根 冷弯2根	
		低碳钢热轧圆盘条		拉伸1根 冷弯2根	
		余热处理钢筋		拉伸2根 冷弯2根	
03	冷轧带肋钢筋		按批检验，每批由同一牌号、同一外形、同一规格、同一生产工艺和同一交货状态组成，≤60 t/批	拉伸逐盘1个，冷弯每批2个	
04	冷拉钢筋		同一级别、同一直径的冷拉钢筋组成一批，≤20 t/批	拉伸2根 冷弯2根	从任意2根分别切取，每根钢筋上切取1个拉伸试件、1个冷弯试件
05	钢筋焊接接头	闪光对焊	在同一台班内，由同一焊工完成的300个同级别、同直径钢筋焊接接头应作为一批。如果一台班内焊接接头数量较少，可在一周内累计计算；累计仍不足300个接头的，应按一批计算	拉伸3个 弯曲3个	力学性能试验时，应从每批接头中随机切取；焊接等长的预应力钢筋（包括螺丝端杆与钢筋）时，可按生产时同等条件制作模拟试件，螺丝端杆接头可只做拉伸试验，模拟试件的试验结果不符合要求时，应从成品中再切取试件进行复试，其数量和要求应与初始试验时相同
		电渣压力焊	在一般构筑物中，应以300个同级别钢筋接头作为一批；在现浇钢筋混凝土多层结构中，应以每一楼层或施工区段中300个同级别钢筋接头作为一批；不足300个接头仍应作为一批	拉伸3个	应从每批接头中随机切取

续表 4-7

序号	材料名称		取样单位	取样数量	取样方法
06	钢筋连接接头	带肋钢筋套筒挤压连接、钢筋锥螺纹连接	同一施工条件下采用同一批材料的同等级、同型式、同规格接头≤500 个/批；若连续 10 批拉伸试验一次抽样合格，验收批数量可≥1 000 个	拉伸不小于 3 根	随机抽取不小于 3 个试件做单向拉伸试验，接头试件的钢筋母材应进行抗拉强度试验
07	砖砌块	烧结普通砖	同一产地、同一规格（其他砖和砌块亦同），≤15 万块/批	强度 10 块	预先确定抽样方案，在成品堆（垛）中随机抽取，不允许替换
		烧结多孔砖			
		粉煤灰砖（蒸养）	≤10 万块/批		
		煤渣砖	≤10 万块/批		
		灰砂砖	≤10 万块/批		
		烧结空心砖和空心砌块	≤3 万块/批		
		粉煤灰砌块	≤200 m^3/批	抗压强度 3 块	
		普通混凝土小型空心砖块	≤1 万块/批	强度 5 块	预先确定抽样方案，在成品堆（垛）中随机抽取，不允许替换（抗冻 10 块，相对含水率、抗渗、空心率各 3 块）
		轻骨料混凝土小型空心砌块			
08	砂		同分类、规格、适用等级及日产量，≤600 t/批，日产量超过 2 000 t 时，≤1 000 t/批	略	略
09	碎（卵）石		同分类、规格、适用等级及日产量，≤600 t/批，日产量超过 2 000 t 时，≤1 000 t/批，日产量超过 5 000 t 时，≤2 000 t/批	略	略
10	建筑石油沥青、道路石油沥青		同一厂家、同一品种、同一标号，≤20 t/批	1 kg	从均匀分布（不少于 5 处）的部位，取洁净的等量试样，共 1 kg
11	防水涂料	聚氨酯防水涂料	同一厂家、同一品种、同一进场时间（其他涂料亦同），甲组分≤5 t/批，乙组分按产品重量配比组批	2 kg	随机抽取桶数不低于$\sqrt{\frac{n}{2}}$的整桶样品（n 是交货产品的桶数），逐桶检查外观，然后从初检后的桶内不同部位取相同量的样品，混合均匀
		溶剂型橡胶沥青防水涂料	≤5 t/批	2 kg	同聚氨酯防水涂料
		聚氯乙烯弹性防水涂料	≤20 t/批	2 kg	同聚氨酯防水涂料
		水性沥青基防水涂料	以每班的生产量为一批	2 kg	同聚氨酯防水涂料

续表 4-7

序号	材料名称		取样单位	取样数量	取样方法
12	防水卷材	石油沥青油毡	同一厂家、同一品种、同一标号、同一等级(其他卷材亦同),≤150 卷/批	500 mm 长 2 块	任抽一卷切除距外层卷头 2 500 mm后,顺纵向截取长为 500 mm 的全幅卷材 2 块,一块做物理试验,另一块备用
		改性沥青聚乙烯胎防水卷材	≤1 000 m^2/批	1 000 mm 长 2 块	任抽 3 卷,在 15~30 ℃室温下至少放 4 h。从中抽 1 卷,在距端部 2 000 mm 处顺纵向截取长 1 000 mm的全幅 2 块
13	普通混凝土		同一强度等级、同一配合比、同一生产工艺的混凝土,应在浇筑地点随机取样。强度试件(每组 3 块)的取样与留置规定如下: 1. 每拌制 100 盘且不超过 100 m^3 的同配合比的混凝土,取样不得少于一次; 2. 每工作班拌制的同配合比的混凝土不足 100 盘时,取样不得少于一次; 3. 当一次连续浇筑超过 1 000 m^3 时,同一配合比的混凝土每 200 m^3 取样不得少于一次; 4. 每一现浇楼层同配合比的混凝土,其取样不得少于一次; 5. 每次取样应至少留置一组标准养护试件,同条件养护试件的留置组数应根据实际需要确定。 对于有抗渗要求的混凝土结构(抗渗试件每组 6 个),GB 50204—2002 规定:同一工程、同一配合比的混凝土,取样不应少于一次,留置组数可根据实际需要确定;GB 50208—2002 规定:连续浇筑混凝土每 500 m^3 应留置一组抗渗试件,且每项工程不得小于两组。采用预拌混凝土的抗渗试件,留置组数应视结构的规模和要求而定		
14	砌筑砂浆		同一强度等级、同一配合比的砂浆,应在搅拌机出料口随机抽取,强度试件每组 6 个立方体试样。 每一检验批且不超过 250 m^3 砌体的各种类型及强度等级的砌筑砂浆,每台搅拌机应至少抽检一次		

对于按要求存放的材料,监理工程师在存入后可每隔一定时间(如一个月)检查一次,以便随时掌握它们的存放质量情况。此外,在材料、器材等使用前,也应经监理工程师对其质量再次检查确认后,方允许使用;经检查质量不符合要求者(如水泥存放时间超过规定期限或受潮结块、强度等级降低),则不准使用或降低等级使用。

(4)对于某些当地材料及现场配制的制品,一般要求承包单位事先进行试验,达到要求的标准后方准施工。这是保证材料合格的主要措施之一。

(四)环境状态的控制

1. 施工作业环境的控制

所谓作业环境条件,主要是指诸如水、电或动力供应、施工照明、空间条件和通道及交通运输和道路条件等。这些条件是否良好,直接影响到施工能否顺利进行以及施工质量。所以,监理工程师应事先检查承包单位对施工作业环境条件方面的有关准备工作是否已到位,当确认其准备可靠、有效后,方准许其进行施工。

2. 施工质量管理环境的控制

施工质量管理环境主要是指,施工承包单位的质量管理体系和质量控制自检系统是否处于良好的状态；系统的组织结构、管理制度、检测制度、检测标准、人员配备等方面是否完善和明确；质量责任制是否落实，监理工程师作好承包单位施工质量管理环境的检查，并督促其落实，是保证作业效果的重要前提。

3. 现场自然环境条件的控制

监理工程师应检查施工承包单位，对于在未来的施工期间，自然环境条件可能会出现对施工作业质量有不利影响时，是否事先已有充分的认识并已做好充足的准备和采取了有效措施与对策以保证工程质量。

（五）进场施工机械设备性能及工作状态的控制

为了保证施工现场作业机械设备的技术性能及工作状态，监理工程师要做好现场控制工作。

1. 施工机械设备的进场检查对施工质量有重要的影响

机械设备进场前，承包单位应向项目监理机构报送进场设备清单。现场进场机械设备的型号、规格、数量、技术性能（技术参数）、设备状况、进场时间，在机械设备进场后，根据承包单位报送的清单，监理工程师进行现场核对，检查是否和施工组织设计中所列的内容相符。

2. 机械设备工作状态的检查

监理工程师应审查作业机械的使用、保养记录，检查其工作状况；重要的工程机械，如大马力推土机、大型凿岩设备、路基碾压设备等，应在现场实际复验（如开动、行走等），以保证投入作业的机械设备状态良好。

监理工程师还应了解施工作业中机械设备的工作状况，指令承包单位及时修理，以保持良好的作业状态。

3. 特殊设备安全运行的审核，防止带病运行

对于现场使用的塔吊及有特殊安全要求的设备，进入现场后在使用前，必须经当地劳动安全部门鉴定，符合要求并办好相关手续后，方允许承包单位投入使用。

4. 大型临时设备的检查

在跨越大江大河的桥梁施工中，经常会涉及承包单位在现场组装大型临时设备，如轨道式龙门吊机、悬灌施工中的挂篮、架梁吊机、吊索塔架、缆索吊机等，这些设备在使用前，承包单位必须取得本单位上级安全主管部门的审查批准，办好相关手续后，监理工程师方可批准投入使用。

（六）施工测量及计量器具性能、精度的控制

1. 实验室

工程项目中，承包单位应建立实验室。如确因条件限制，不能建立实验室的，则应委托具有相应资质的专门实验室作为实验室。

如是新建的实验室，应按国家有关规定，经计量主管部门认证，取得相应资质；如是本单位中心实验室的分支部分，则应有中心实验室的正式委托书。

2. 监理工程师对工地实验室的检查

（1）工程作业开始前，承包单位应向项目监理机构报送工地实验室（或外委实验室）的资质证明文件，列出本实验室所开展的试验、检测项目、主要仪器、设备，法定计量部门

对计量器具的标定证明文件,试验检测人员上岗资质证明,实验室管理制度等。

(2)监理工程师的实地检查。专业监理工程师应从以下五个方面对承包单位的实验室进行考核:实验室的资质等级及其试验范围,法定计量部门对试验设备出具的计量检定证明,实验室的管理制度,试验人员的资格证书,本工程的试验项目及其要求。

3. 工地测量仪器的检查

施工测量开始前,承包单位应向项目监理机构提交测量仪器的型号、技术指标、精度等级、法定计量部门的标定证明,测量工的上岗证明,监理工程师审核确认后,方可进行正式测量作业。在作业过程中,监理工程师也应经常检查了解计量仪器、测量设备的性能、精度状况,使其处于良好的状态之中。

(七)施工现场劳动组织及作业人员上岗资格的控制

1. 现场劳动组织的控制

劳动组织涉及从事作业活动的操作者及管理者,以及相应的各种管理制度。

(1)操作人员:从事作业活动的操作者数量必须满足作业活动的需要,相应工程配置能保证作业有序持续进行,不能因人员数量及工种配置不合理而造成停顿。

(2)管理人员到位:作业活动的直接负责人(包括技术负责人),专职质检人员,安全员与作业活动有关的测量人员、材料员、试验员必须在岗。

(3)相关制度要健全:如管理层及作业层各类人员的岗位职责,作业活动现场的安全、消防规定,作业活动中环保规定,实验室及现场试验检测的有关规定,紧急情况的应急处理方案;同时要保证制度、规定的落实执行。

2. 作业人员上岗资格

从事特殊作业的人员(如电焊工、电工、起重工、架子工、爆破工)必须持证上岗。

二、作业技术活动运行过程的控制

工程施工质量是在施工过程中形成的,而不是最后检验出来的;施工过程由一系列相互联系与制约的作业活动构成,因此保证作业活动的效果与质量是施工过程质量控制的基础。

(一)承包单位自检与专检工作的监控

1. 承包单位的自检体系

承包单位是施工质量的直接实施者和责任者。监理工程师的质量监督与控制就是使承包单位建立起完善的质量自检体系并有效运转。

承包单位的自检体系表现在以下几点:

(1)作业活动的作业者在作业结束后必须自检;

(2)不同工序交接、转换必须由相关人员交接检查;

(3)承包单位专职质检员的专检。

为实现上述三点,承包单位必须有整套的制度及工作程序,仪器配备数量应满足专职质检人员及试验检测人员的需要。

2. 监理工程师的检查

监理工程师的质量检查与验收,决不能代替承包单位的自检,而且监理工程师的检查必须是在承包单位自检并确定合格的基础上进行的。专职质检员没有检查或检查不合格不能报监理工程师，不符合上述规定的，监理工程师一律拒绝检查。

(二)技术复核工作监控

凡涉及施工作业技术活动标准和依据的技术工作，都应该严格进行专人负责的复核性检查，以避免基准失误给整个工程质量带来难以补救的或全局性的危害。技术复核是承包单位应履行的技术工作责任，其复核结果报送监理工程师复验确认后，才能进行后续相关的施工。

常见的施工测量复核如下：

(1)民用建筑的测量复核。如建筑物定位测量线检测、楼层间高层传递检测、基础施工测量、墙体皮数杆检测及楼层轴检测。

(2)工业建筑测量复核。如厂房控制网测量、桩基施工测量、柱模轴线与高程检测、厂房结构安装定位检测、动力设备基础与预埋螺栓检测。

(3)高层建筑测量复核。如建筑场地控制测量、基础以上的平面与高程控制检测、建筑物施工过程中沉降变形观测等。

(4)管线工程测量复核。如管网或输配电线路定位测量、地下管线施工检测工检测、多管线交汇点高程检测等。

(三)见证取样送检工作的监控

见证是指由监理工程师现场监督承包单位某工序全过程完成情况的活动。见证取样则是指对工程项目使用的材料、半成品、构配件的现场取样及工序活动效果的检查实施见证。

为确保工程质量，住房和城乡建设部规定：在市政工程及房屋建筑工程项目中，对工程材料、承重结构的混凝土试块、承重墙体的砂浆试块、结构工程的受力钢筋(包括接头)实行见证取样。

1. 见证取样的工作程序

(1)工程项目施工开始前，项目监理机构要督促承包单位尽快落实见证取样的送检实验室。对于承包单位提出的实验室，监理工程师要进行实地考察。实验室一般是与承包单位没有行政隶属关系的第三方。实验室要具有相应的资质，试验项目满足工程需要，实验室出具的报告对外具有法定效果。

(2)项目监理机构要将选定的实验室到负责本项目的质量监督机构备案并得到认可，同时要将项目监理机构中负责见证取样的监理工程师在该质量监督机构备案。

(3)承包单位在对进场材料、试块、试件、钢筋接头等实施见证取样前要通知负责见证取样的监理工程师，在该监理工程师现场监督下，承包单位按相关规范的要求，完成材料、试块、试件等的取样过程。

(4)完成取样后，承包单位将送检样品装入木箱，试件(如钢筋样品、钢筋接头)则贴上专用加封标志。

2. 实施见证取样的要求

(1)实验室要具有相应的资质并进行备案、认可。

(2)负责见证取样的监理工程师要具有材料、试验等方面的专业知识，且要取得从事监理工作的上岗资格(一般由专业监理工程师负责从事此项工作)。

(3)承包单位从事取样的人员一般应是实验室人员,或由专职质检人员担任。

(4)送往实验室的样品,要填写送验单,送验单要盖有“见证取样”专用章,并有见证取样监理工程师的签字。

(5)实验室出具的报告一式两份,分别由承包单位和项目监理机构保存,并作为归档材料,它是工序产品质量评定的重要依据。

(6)见证取样的频率,国家或地方主管部门有规定的,执行相关规定;施工承包合同中如有明确规定的,执行施工承包合同的规定。见证取样的频率和数量,包括在承包单位自检范围内,一般所占比例为30%。

(7)见证取样的试验费用由承包单位支付。

(8)实行见证取样,绝不能替代承包单位应对材料、构配件进场时必须进行的自检。自检频率和数量要按相关规范要求执行。常用原材料及半成品见证取样办法见表4-8。

表4-8 常用原材料及半成品见证取样办法

材料名称		取样单位	取样数量	取样方法
水泥		同品种强度等级的袋装水泥每200 t为一批,散装水泥不超过500 t为一批,不足者也按一批论	从一批水泥中选取平均试样10 ~ 12 kg	从20个不同部位集取
钢筋混凝土用热轧带肋钢筋、热轧光圆钢筋、余热处理钢筋		以60 t为一批,不足60 t者也为一批	4根	任意抽取,每组拉伸、冷弯试件各送2根,截取时先将每根端头弃去10 cm
砂、卵石、碎石		采用小型工具运输(如拖拉机等),每200 m^3 或300 t作为一批,不满200 m^3 或300 t时也按一批论	作品质鉴定时,砂子30 ~ 50 kg,石子约30 kg;作混凝土配合比检验时,砂子100 kg,石子200 kg	分别在砂、石堆的上、中、下三个部位抽取大致相等的砂8份、石子16份
砖	烧结普通砖	每批不多于3.5万块	每组不少于20块	从尺寸、外观合格的砖样中随机抽样
	蒸压灰砂砖	每批不多于10万块	每组不少于15块	从尺寸、外观合格的砖样中随机抽样
	烧结多孔砖	每批不多于3.5万块	每组不少于20块	从尺寸、外观合格的砖样中随机抽样
	混凝土普通砖和装饰砖	每批不多于3.5万块	每组不少于20块	从尺寸、外观合格的砖样中随机抽样
	粉煤灰砖	每批不多于10万块	每组不少于10块	从尺寸、外观合格的砖样中随机抽样

续表 4-8

材料名称		取样单位	取样数量	取样方法
砖	烧结空心砖空心砌块	每批不多于 3 万块	每组不少于 10 块	从尺寸、外观合格的砖样中随机抽样
	普通混凝土空心砌块	每批不多于 1 万块	每组不少于 5 块	从尺寸、外观合格的砖样中随机抽样
	蒸压加气混凝土砌块	每批不多于 1 万块	每组不少于 9 块	从尺寸、外观合格的砖样中随机抽样
	轻骨料混凝土小型空心砌块	每批不多于 1 万块	每组不少于 8 块	从尺寸、外观合格的砖样中随机抽样
石灰	建筑生石灰	每批不大于 100 t	不少于 4 kg	从 25 个以上不同部位集取，每个点的取样数量不少于 2 kg
	建筑生石灰粉		不少于 3 kg	随机取样
	建筑消石灰粉		不少于 1 kg	抽取 10 袋样品，从每袋不同位置取 100 g 样品
防水卷材	SBS	每批不大于 1 万 m^3	0.5 m 长全幅卷材 2 块	切除距外层卷头 2.5 m 后顺纵向截取
	活沥青复合胎卷材	每批不多于 1 000 卷		
	油毡	每批不多于 1 500 卷		
沥青		同一生产厂、同标号的为一取样单位	不少于 2 kg	从堆料上 8 个不同部位集取
焊接接头	电弧焊	每批不大于 300 件	不少于 3 根	成品中随机切取
	闪光对焊	每批不大于 300 件	不少于 6 根	成品中随机切取
	电渣压力焊	每批不大于 300 件	不少于 3 根	成品中胡机切取
	T 形接头	每批不大于 300 件	不少于 3 根	成品中随机切取
	气压焊	每批不大于 300 件	不少于 6 根	成品中随机切取，梁、板的水平钢筋连接中随机切取
	钢筋焊接骨架和焊接网	每批不大于 300 件	不少于 6 根	成品中随机切取，纵横向钢筋各 1 个
平瓦	烧结瓦	以 1 万块为一批，不足者也为一批	不少于 13 块	从尺寸、外观合格的试件中随机抽样
	混凝土瓦	以 5 万块为一批，不足者也为一批		
砌筑砂浆		同类型、同一强度等级按每一楼层 250 m^3 砌体取样	每种强度等级的砂浆做一组强度试块，每组 6 块	从施工现场抽样
混凝土		同一强度等级每 100 m^3 且不超过 100 盘	每种强度等级的混凝土做一组强度试块，每组 3 块	在浇筑地点随机抽样

(四)工程变更的监控

工程变更的要求可能来自建设单位、设计单位或施工承包单位。工程变更的实施、设计图纸的澄清、修改,具有不同的工作程序。

1. 施工承包单位的要求及处理不同

在施工过程中承包单位提出的工程变更要求可能是:要求作某些技术修改,要求作设计变更。

(1)对技术修改要求的处理。指承包单位根据施工现场具体条件和自身的技术、经验和施工设备等条件,在不改变原设计图纸和技术文件的原则前提下,提出的对设计图纸和技术文件的某些技术上的修改要求。例如,对某种规格的钢筋采用替代规格的钢筋、对基坑开挖边坡的修改等。

承包单位提出技术修改的要求时,应向项目监理机构提交“工程变更单”(见表4-9),在该表中应说明要求修改的内容及原因或理由,并附图和有关文件。

技术修改问题一般可以由专业监理工程师组织承包单位和现场设计代表参加,经各方同意后签字并形成纪要,作为工程变更单附件,经总监理工程师批准后实施。

(2)工程变更的要求。这种变更是指在施工期间,对于设计单位在设计图纸和设计文件中所表达的设计标准状态的改变和修改。

表4-9　工程变更文件

工程名称:　　　　　　　　　　　　　　　　　　　　　　　　　　编号:

<table>
<tr><td>致:　　　　　　　　　　　　(监理单位)
由于____________________原因,兹提出工程变更(内容见附件),请予以审批。

附:

提出单位__________
代表人__________
日　期__________</td></tr>
<tr><td>一致意见:
建设单位代表　　设计单位代表　　项目监理机构
签字:　　签字:　　签字:
日期:______　　日期:______　　日期:______</td></tr>
</table>

首先,承包单位应就要求变更的问题填写“工程变更单”,送交项目监理机构。总监理工程师根据承包单位的申请,经与设计单位、建设单位、承包单位研究并作出变更的决定后,签发“工程变更单”,并应附有设计单位提出的变更设计图纸。承包单位签收后按变更后的图纸施工。

总监理工程师在签发“工程变更单”之前，应就工程变更引起的工期改变及费用的增减分别与建设单位和承包单位进行协商，力求达成双方均能同意的结果。

这种变更一般均会涉及设计单位重新出图的问题。如果变更涉及结构主体及安全的问题，该工程变更还要按有关规定报送施工图原审查单位进行审批，否则变更不能实施。

2. 设计单位提出变更的处理

(1)设计单位首先将“设计变更通知”及有关附件报送建设单位。

(2)建设单位会同监理单位、施工承包单位对设计单位提交的“设计变更通知”进行研究，必要时设计单位尚需提供进一步的资料，以便对变更作出决定。

(3)总监理工程师签发“工程变更单”，并将设计单位发出的“设计变更通知”作为该“工程变更单”的附件，施工承包单位按新的变更图实施。

3. 建设单位(监理工程师)要求变更的处理

(1)建设单位(监理工程师)将变更的要求通知设计单位，如果在要求中包括有相应的方案或建议，则应一并报送设计单位；否则，变更要求由设计单位研究解决。在提供审查的变更要求中，应列出所有受该变更影响的图纸、文件清单。

(2)设计单位对“工程变更单”进行研究。如果在“变更要求”中附有建议或解决方案，设计单位应对建议或解决方案的所有技术方面进行审查，并确定它们是否符合设计要求和实际情况，然后书面通知建设单位，说明设计单位对该解决方案的意见，并将与该修改变更有关的图纸、文件清单返回给建设单位，说明自己的意见。

如果该“工程变更单”末附有建议的解决方案，则设计单位应对该要求进行详细的研究，并准备出自己对该变更的建议方案，提交建设单位。

(3)根据建设单位授权的监理工程师研究设计单位所提交的建议设计变更方案或其对变更要求所附方案的意见，必要时会同有关的承包单位和设计单位一起进行研究，也可进一步提供资料，以便对变更作出决定。

(4)建设单位作出变更的决定后由总监理工程师签发“工程变更单”，指示承包单位按变更的决定组织施工。

需注意的是，在工程施工过程中，无论是建设单位或者施工单位及设计单位提出的工程变更或图纸修改，都应通过监理工程师审查并经有关方面研究，确认其必要性后，由总监理工程师发布变更指令方能生效并予以实施。施工阶段设计变更控制程序框图如图 4-11所示。

(五)见证点的实施控制

1. 见证点的概念

见证点监督，也称 W 点监督。凡是列为见证点的质量控制对象，在规定的关键工序施工前，承包单位应提前通知监理人员在约定的时间内到现场进行见证和对其施工实施监督。如果监理人员未能在约定的时间内到现场见证和监督，则承包单位有权进行该 W 点相应的工序操作和施工。

2. 见证点的监理实施程序

(1)承包单位应在某见证点施工之前一定时间(如 24 小时前)，书面通知监理工程

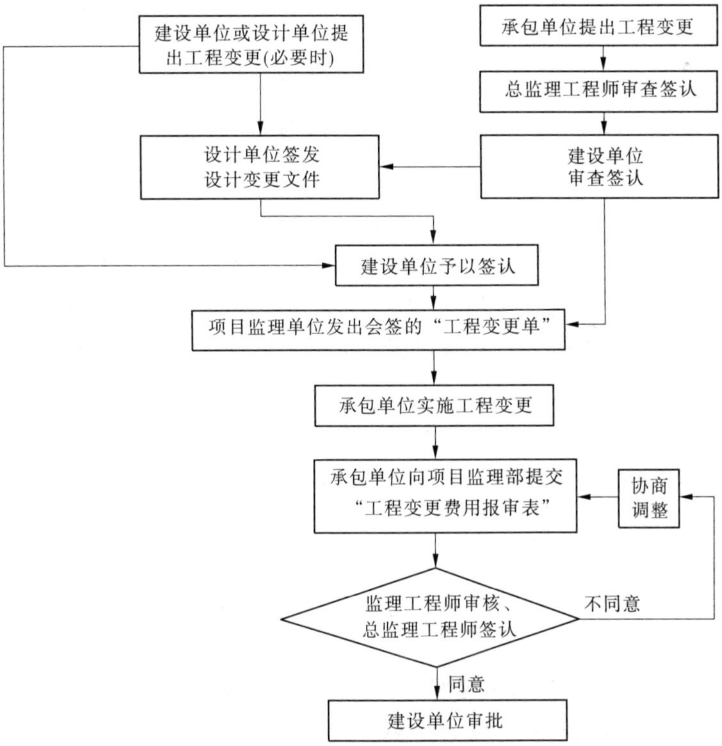

图4-11　施工阶段设计变更控制程序框图

师,说明该见证点准备施工的日期与时间,请监理人员届时到达现场进行见证和监督。

(2)监理工程师收到通知后,应注明收到该通知的日期并签字。

(3)监理工程师应按规定的时间到现场见证。对该见证点的实施过程进行认真的监督、检查,并在见证表上详细记录该项工作所在的建筑物部位、工作内容、数量、质量及工时等后签字,作为凭证。

(4)如果监理人员在规定的时间不能到场见证,承包单位可以认为已获监理工程师默认,可有权进行该项施工。

(5)如果在此之前监理人员已到过现场检查,并将有关意见写在“施工记录”上,则承包单位应在该意见旁写明其根据该意见已采取的改进措施,或者写明某些具体意见。

在实际工程实施质量控制时,通常是由施工承包单位在分项工程施工前制定施工计划时就选定设置质量控制点,并在相应的质量计划中再进一步明确哪些是见证点。承包单位应将该施工计划及质量计划提交监理工程师审批。如监理工程师对上述计划及见证点的设置有不同的意见,应书面通知承包单位,要求予以修改,修改后再上报监理工程师审批后执行。

(六)级配管理质量监控

在建设工程中,均会涉及材料的级配和不同材料的混合拌制。如混凝土工程中,砂、石骨料本身的组成级配,混凝土拌制的配合比;交通工程中路基填料的级配、配合比及拌制;路面工程中沥青摊铺料的级配、配合比。由于不同原材料的级配比、配合比及拌制后的产品对最终工程质量有重要的影响。因此，监理工程师要做好相关的质量控制工作。

1. 拌和原材料的质量控制

使用的原材料除材料本身质量要符合规定要求外，材料本身的级配也必须符合相关规定，如粗骨料的粒径级配、细骨料的级配曲线要在规定的范围内。

2. 材料配合比的审查

根据设计要求，承包单位首先进行理论配合比设计，进行试配试验后，确认2～3个能满足要求的理论配合比提交监理工程师审查。报送的理论配合比必须附有原材料的质量证明资料（现场复检见证取样试验报告）、现场试块抗压强度报告及其他必需的资料。

监理工程师经审查后确认其符合设计及相关规范的要求后，予以批准。

3. 现场作业的质量控制

（1）拌和设备状态及相关拌和料计量装置，称重器具的检查。

（2）投入使用的原材料（如水泥、砂、外加剂、水、粉煤灰、粗骨料）的现场检查，是否与批准的配合比一致。

（3）现场作业实际配合比是否符合理论配合比，作业条件发生变化是否及时进行调整。例如，在混凝土工程中，雨后开盘生产混凝土，砂的含水率发生了变化，对水灰比是否及时进行调整等。

（4）对现场所作的调整应按技术复核的要求和程序执行。

（5）在现场实际投料拌制时，应做好看板管理。

（七）计量工作质量监控

计量是施工作业过程的基础工作之一，计量作业效果对施工质量有重大影响。监理工程师对计量工作的质量监控包括以下内容：

（1）施工过程中使用的计量仪器、检测设备质量控制。

（2）从事计量作业人员技术水平资质的审核。

（3）现场计量操作的质量控制。

作业者的实际作业质量直接影响到作业效果，计量作业现场的质量控制主要是检查其操作方法是否得当。例如，对仪器的使用，数据的判读、处理和整理方法，以及对原始数据的检查，测量司镜手的测量手簿的检查，试验的原始数据的检查，现场检测的原始记录的检查等。在抽样检测中，现场检测取点。检测仪器的布置是否正确、合理；检测部位是否有代表性，能否反映真实的质量状况，也是审核的内容，如路基压实度检查中，如果检查点只在路基中部选取，就不能如实地反映实际，因此必须在路肩、路基中部均有检测点。

（八）质量记录资料的监控

质量记录资料是施工承包单位进行工程施工或安装期间，实施质量控制活动的记录，还包括监理工程师对这些质量控制活动的意见及施工承包单位对这些意见的答复，它详细地记录了工程施工阶段质量控制活动的全过程。因此，它不仅在工程施工期间对工程质量的控制有重要作用，而且在工程竣工和投入运行后，对查询和了解工程建设的质量情况及工程维修和管理也能提供大量有用的资料和信息。

质量记录资料包括以下三方面内容。

1. 施工现场质量管理检查记录资料

施工现场质量管理检查记录资料主要包括：承包单位现场质量管理制度，质量责任制；主要专业工种操作上岗证书；分包单位资质及总包单位的管理制度；施工图审查核对资料（记录），地质勘察资料；施工组织设计、施工方案及审批记录；施工技术标准；工程质量检验制度；混凝土搅拌站（级配填料拌和站）及计量设置；现场材料、设备存放与管理等。

2. 工程材料质量记录

工程材料质量记录主要包括：进场工程材料、半成品、构配件、设备的质量证明资料，各种试验检验报告（如力学性能试验、化学成分试验、材料级配试验等），各种合格证，设备进场维修记录或设备进场运行检验记录。

3. 施工过程作业活动质量记录资料

施工或安装过程可按分项工程、分部工程、单位工程建立相应的质量记录资料。应在工程施工或安装开始前，由监理工程师和承包单位一起，根据建设单位的要求及工种竣工验收资料组卷归档的有关规定，研究列出各施工对象的质量资料清单。在相应质量记录资料中应包含有关图纸的图号、设计要求，质量自检资料，监理工程师验收资料，各工序作业的原始施工记录，检测及试验报告，材料、设备质量资料的编号，存放档案卷号；此外，质量记录资料还应包括不合格项的报告、通知以及处理和检查验收资料等。

当每一阶段（如检验批、一个分项工程或分部工程）施工或安装完成后，相应的质量记录资料也应随之完成，并整理组卷。

施工质量记录资料应真实、齐全、完整，相关各方人员的签字齐备、字迹清楚、结论明确，与施工过程的进展同步。在对作业活动效果的验收中，如缺少资料或资料不全，监理工程师应拒绝验收。

（九）工地例会的管理

工地例会是施工过程中参加建设项目各方沟通情况，解决分歧，形成共识，作出决定的主要渠道，也是监理工程师进行现场质量控制的重要场所。

通过工地例会，监理工程师检查分析施工过程的质量状况，指出存在的问题，承包单位提出整改的措施，并作出相应的保证。

除工地例会外，针对某些专门质量问题，监理工程师还应组织专题会议，集中解决较重大或普遍存在的问题。实践表明，采用这样的方式比较容易解决问题，使质量状况得到改善。

为开好工地例会及质量专题会议，监理工程师要充分了解情况，判断要准确，决策要正确。此外，要讲究方法，协调处理各种矛盾，不断提高会议质量，使工地例会真正起到解决质量问题的作用。

（十）停、复工令的实施

1. 工程暂停指令的下达

为了确保作业质量，根据委托监理合同中建设单位对监理工程师的授权，出现下列情况需要停工处理时，应下达停工指令。

（1）施工作业活动存在重大隐患，可能造成质量事故或已经造成质量事故。

(2)承包单位未经许可擅自施工或拒绝项目监理机构管理。

(3)在出现下列情况下,总监理工程师有权行使质量控制权,下达停工指令,扭转异常情况:

①隐蔽作业未经依法查验确认合格,而擅自封闭者。

②已发生质量问题迟迟未按监理工程师要求进行处理,或者是已发生质量缺陷或问题,如不停工则质量缺陷或问题将继续发展。

③未经监理工程师审查同意,而擅自变更设计或修改图纸进行施工者。

④未经技术资质审查的人员或不合格人员进入现场施工。

⑤使用的原材料、构配件不合格或未经检查确认者,或擅自采用未经审查认可的代用材料者。

⑥擅自使用未经项目监理机构审查认可的分包单位进场施工。

⑦总监理工程师在签发工程暂停令时,应根据停工原因的影响范围和影响程度,确定工程项目停工范围。

2. 恢复施工指令的下达

承包单位经过整改具备恢复施工条件时,承包单位向项目监理机构报送复工申请及有关材料,证明造成停工的原因已消失。经监理工程师现场复查,认为已符合继续施工的条件,造成停工的原因确已消失,总监理工程师应及时签署工程复工报审表,指令承包单位继续施工。

总监理工程师下达停、复工令时,宜事先向建设单位报告。

三、作业技术活动结果的控制

(一)作业技术活动结果的控制内容

作业技术活动结果泛指作业工序的产出品、分部分项工程的已完施工及已完准备交验的单位工程等。

作业技术活动结果的控制是施工过程中间产品及最终产品质量控制的方式,只有作业活动的中间产品的质量都符合要求,才能保证最终产品的质量,主要内容如下。

1. 基槽(基坑)验收

基槽开挖是基础施工中的一项内容,由于其质量状况对后续工程质量影响大,故均作为一个关键工序或一个检验批进行质量验收。基槽开挖质量验收主要涉及地基承载力的检查确认、地质条件的检查确认、开挖边坡的稳定及支护状况的检查确认,由于部位的重要,基槽开挖验收均要有勘察设计单位的有关人员参加,并请当地或主管质量监督部门参加,经现场检查,测试(或平行检测)确认其地基承载力是否达到设计要求,地质条件是否与设计相符。如相符,则共同签署验收资料,如达不到设计要求或与勘察设计资料不相符,则应采取措施进一步处理或工程变更,由原设计单位提出处理方案,经承包单位实施完毕后重新验收。

2. 隐蔽工程验收

(1)隐蔽工程验收是指将被其后工程施工所隐蔽的分项工程、分部工程,在隐蔽前所进行的检查验收。它是对一些已完分项工程、分部工程质量的最后一道检查,由于检查对象就要被其他工程覆盖，给以后的检查整改造成障碍，故显得尤为重要。它是质量控制的一个关键工作程序。

①隐蔽工程施工完毕，承包单位按有关技术规程、规范、施工图纸先进行自检，自检合格后，填写“报验申请表”，附上相应的工程检查证（或隐蔽工程检查记录）及有关材料证明、试验报告、复试报告等，报送项目监理机构。

②监理工程师收到报验申请后首先对质量证明资料进行审查，并在合同规定的时间内到现场检查（检测或核查），承包单位的专职质检员及相关施工人员应到现场。

③经现场检查，如符合质量要求，监理工程师在“报验申请表”及工程检查证（或隐蔽工程检查记录）上签字确认，准予承包单位隐蔽、覆盖，进入下一道工序施工。

如经现场检查发现不合格，监理工程师可签发“监理工程师通知单”（见表4-10）或口头指令承包单位整改，施工单位整改并自检合格后再报监理工程师复查。

表4-10　监理工程师通知单

工程名称：　　　　　　　　　　　　　　　　　　　　编号：

致： 事由： 内容：   项目监理机构_________ 总/专业监理工程师_________ 日　期_________

（2）隐蔽工程检查验收的质量控制要点。下述工程部位进行隐蔽检查时必须重点控制，防止出现质量隐患：

①基础施工前对地基质量的检查，尤其要检测地基承载力；

②基坑回填土前对基础质量的检查；

③混凝土浇筑前对钢筋的检查（包括模板检查）；

④混凝土墙体施工前对敷设在墙内的电线管质量检查；

⑤防水层施工前对基层质量的检查；

⑥建筑幕墙施工挂板前对龙骨系统的检查；

⑦屋面板与屋架（梁）埋件的焊接检查；

⑧避雷引下线及接地引下线的连接检查；

⑨覆盖前对直埋于楼地面的电缆的检查，封闭前对敷设于暗井道管道的检查；

⑩易出现质量通病的部位、吊顶、楼板垫层内的设备。

（3）作为示例，以下介绍钢筋隐蔽工程验收要点。

①按施工图核查绑扎成型的钢筋骨架，检查钢筋品种、直径、数量、间距、形状。

②骨架外形尺寸，其偏差是否超过规定；检查保护层厚度，构造筋是否符合构造要求。

③锚固长度，箍筋加密区及加密间距。

④检查钢筋接头。如是绑扎搭接，要检查搭接长度、接头位置和数量（错开长度、接头百分率）；焊接连接或机械连接，要检查外观质量，取样试件力学性能试验是否达到要求，以及接头位置（相互错开）和数量（接头百分率）。

3. 工序交接验收

工序是指作业活动中一种必要的技术停顿，以及作业方式的转换和作业活动效果的中间确认。上道工序应满足下道工序的施工条件和要求，对相关专业工序之间也是如此。通过工序间的交接验收，使各工序之间和相关专业工程之间形成一个有机整体。

4. 检验批、分项工程、分部工程的验收

检验批的质量按主控项目和一般项目验收。

某检验批（分项工程、分部工程）完成后，承包单位应首先自行检查验收，确认符合设计文件及相关验收规范的规定，然后向监理工程师提交申请，由监理工程师予以检查、确认。监理工程师按合同文件的要求，根据施工图纸及有关文件、规范、标准等，从外观、几何尺寸、质量控制资料及内在质量等方面进行处理与审核。如确认其质量符合要求，则予以确认验收；如有质量问题则指令承包单位进行处理，待质量合乎要求后再予以检查验收。对涉及结构安全和使用功能的重要分部工程应进行抽样检测。

5. 设备的试压和试运转

设备安装经检验合格后，还必须进行试压和试运转，这是确保配套设备投产正常运转的重要环节。

1）试压

承压设备（如受压容器、真空设备等）在制造完毕后，必须按要求进行压力试验。试压的目的是检验设备的强度（称强度试验），并检查接头、焊缝等是否有泄漏（称密封性或严密性试验），以保证设备的安全生产和正常运行。试压的方法有水压试验、气压试验和气密性试验三种。

（1）水压试验。水压试验是在测试设备内充满水后，再用试压泵继续向内压水，使设备内形成一定的压力，借助水的压强对容器壁进行强度试验。

（2）气压试验。气压试验是用压缩空气打入承压设备内，进行设备的强度试验。气压试验比水压试验灵敏、迅速，但危险性较大，因此气压试验必须具备安全措施才能进行。

（3）气密性试验。气密性试验就是密封性试验。上述的水压试验和气压试验既可作为设备的强度试验，也可作为试验设备的密封性试验，且应使气密性试验尽可能与强度试验一并进行。当试验介质不同时，只能分别进行（先强度试验后密封性试验）。工作介质为液体时，可用水压试验；工作介质为气体时，试验介质用空气或惰性气体。

2）试运转

试运转是设备安装工程的最后施工阶段，是新建厂矿企业的基本建设转入生产的关键环节，是对设备系统能否配套投产、正常运转的检验和考核。其目的是使所有生产工艺设备按照设计要求达到正常的安全运行。同时，还可以发现和消除设备的故障，改善不合理的工艺以及安装施工中的缺陷。

试运转的步骤如下：

(1)无负荷到负荷；

(2)由部件到组件，由组件到单机，由单机到机组；

(3)分系统进行，先主动系统后从动系统；

(4)先低速后逐级增至高速；

(5)先手控后遥控运转，最后进行自控运转。

6. 单位工程或整个工程项目的竣工验收

(1)审核施工承包单位提交的竣工验收所需的文件资料。

(2)审核施工承包单位提交的竣工图，并与已完工程、有关的技术文件对照进行核查(如图纸、工程变更、施工记录等)。

(3)总监理工程师组织专业监理工程师对拟验收工程项目的现场进行检查，如发现质量问题应指令承包单位进行处理。

(4)对拟验收项目初验合格后，总监理工程师对承包单位的“工程竣工报验单”(见表4-11)予以签认，并上报建设单位，同时提出“工程质量评估报告”。“工程质量评估报告”是工程验收中的重要资料，它由项目总监理工程师和监理单位技术负责人签署。主要包括以下内容：

表4-11 工程竣工报验单

工程名称： 编号：

致： (监理单位) 我方已按合同要求完成了____________________工程，经自检合格，请于以检查和验收。 附： 承包单位(章)__________ 项目经理__________ 日 期__________
审查意见： 经初步验收，该工程 1. 符合/不符合我国现行法律、法规要求； 2. 符合/不符合我国现行工程建设标准； 3. 符合/不符合设计文件要求； 4. 符合/不符合施工合同要求。 综上所述，该工程初步验收合格/不合格，可以/不可以组织正式验收。 项目监理机构：__________ 总监理工程师：__________ 日 期：__________

①工程项目建设概况介绍,参加各方的单位名称、负责人。

②工程检验批、分项工程、分部工程、单位工程的划分情况。

③工程质量验收标准,各检验批、分项工程、分部工程质量验收情况。

④地基与基础分部工程中,涉及桩基工程的质量检测结论、基槽承载力检测结论、结构安全及使用功能的检测结论、建筑物沉降观测资料。

⑤施工过程中出现的质量事故及处理情况,验收结论。

⑥结论。本工程项目(单位工程)是否达到合同约定,是否满足设计文件要求,是否符合国家强制性标准及条款的规定。

⑦参加由建设单位组织的正式竣工验收。

7. 不合格的处理

上道工序不合格,不允许进入下道工序施工,不合格的材料、构配件、半成品不准进入施工现场且不允许使用,已经进场的不合格品应及时作出标识、记录,且指定专人看管,避免用错,并限期清除出现场。不合格的工序或工程产品,不予计价。

8. 成品保护

1)成品保护的要求

承包单位必须负责对已完成部分采取妥善措施予以保护,以免因成品缺乏保护或保护不善而造成操作损坏或污染,影响工程整体质量。因此,监理工程师应对承包单位所承担的成品保护的质量与效果进行经常性的检查。对承包单位进行成品保护的基本要求是:在承包单位向建设单位提出其工程竣工验收申请或向监理工程师提出分部工程、分项工程的中间验收时,其提请验收工程的所有组成部分均应符合与达到合同文件规定的或施工图纸等技术文件所要求的质量标准。

2)成品保护的一般措施

(1)防护。就是针对被保护对象的特点采取各种防护措施。例如:对于清水墙的楼梯踏步,可以采用护棱角铁上下连接固定的方法;对于进出口台阶,可采用垫砖或方木搭脚手板供人通过的方法来保护台阶;对于门口易碰部位,可以钉上防护条或槽型盖铁保护等。

(2)包裹。就是将被保护物包裹起来,以防损伤或污染。例如:对镶面大理石柱可用立板包裹捆扎保护,对铝合金门窗可用塑料布包扎保护等。

(3)覆盖。就是用表面覆盖的办法防止堵塞或损伤。例如:地漏、落水口排水管等安装后可以覆盖,以防止异物落入而被堵塞;预制水磨石或大理石楼梯可用木板覆盖加以保护;地面可用锯末、苫布等覆盖以防止喷浆等污染;其他需要防晒、防冻、保温养护等项目也应采取适当的防护措施。

(4)封闭。就是采取局部封闭的办法进行保护。例如:垃圾道完成后,可将其进口封闭起来,以防止建筑垃圾堵塞通道;房间水泥地面或地面砖完成后,可将该房间局部封闭,防止人们随意进入而损伤地面;室内装修完成后,应加锁封闭,防止人们随意进入房间而造成损伤等。

(5)合理安排施工顺序。主要是通过合理安排不同工作间的施工顺序以防止后道工序损坏或污染已完的和部分完成的成品或生产设备。

遵循“先地下后地上”、“先深后浅”的施工顺序，以免破坏地下管网和道路路面。

地下管道与基础工程相配合进行施工，可避免基础完工后再打洞挖槽安装管道，影响质量和进度。

先在房心回填土后再做基础防潮层，则可保护防潮层不致受填土夯实损伤。

装饰工程采取自上而下的流水顺序，可以使房屋主体工程完工后，有一定沉降期；已做好的屋面防水层，可防止雨水渗漏。这些都有利于保护装饰工程质量。

先做地面，后做顶棚、墙面抹灰，可以保护下层顶棚、墙面抹灰不致受渗水污染；但在已做好的屋面防水层地面上施工时，需对地面加以保护。若先做顶棚、墙面抹灰，后做地面，则要求楼板灌缝密实，以免漏水污染墙面。

楼梯间和踏步饰面，宜在整个饰面工程完成后，再自上而下地进行；门窗扇的安装通常在抹灰后进行，一般先油漆，后安装玻璃。这些施工顺序，均有利于成品保护。

当采用单排外脚手架砌墙，由于砖墙上面有脚手洞眼，故一般情况下内墙抹灰需待同一层外粉刷完成，脚手架拆除，洞眼填补后，才能进行，避免影响内墙抹灰的质量。

先喷浆后安装灯具，可避免安装灯具后又修理浆活，从而污染灯具。

当铺贴连续多跨的卷材防水屋面时，应按先高跨后低跨，先远（离交通进出口远）后近，先天窗油漆、玻璃后铺贴卷材屋面的顺序进行。这样可避免在铺好的卷材屋面上行走和堆放材料、工具等物，有利于保护屋面的质量。

（二）作业技术活动结果检验程序与方法

1．质量检验的程序

按一定的程序对作业活动结果进行检查，同时也是加强质量管理的需要，其根本目的是要求作业者对作业活动结果负责。

作业活动结果的质量检查验收主要是对质量性能的特征指标进行检查，即采取一定的检测手段进行检验，根据检验结果分析、判断该作业活动的质量（效果）。

作业活动结束后，应先由承包单位的作业人员按规定进行自检，自检合格后与下一工序的作业人员交检，如满足要求，择优选定承包单位专职质检员进行检查，以上自检、交检、专检均符合要求后则由承包单位向监理工程师提交“报验申请表”，监理工程师接到通知后，应在合同规定的时间内及时对其质量进行检查，确认其质量合格后予以签认验收。

（1）实测。即采用必要的检测手段，对实体进行的几何尺寸测量、测试或对抽取的样品进行检验，测定其质量特性指标（如混凝土的抗压强度）。

（2）分析。即对所得的数据进行整理、分析，找出规律。

（3）判断。根据对数据分析的结果，判断该作业活动效果是否达到预期的各项质量标准；如果未达到，应找出原因。

（4）纠正或认可。如发现作业质量不符合标准规定，应采取措施纠正；如果质量符合要求，则予以确认。

重要的工程部位、工序和专业工程，或监理工程师对承包单位的施工质量状况未能确信者，以及主要材料、半成品、构配件的使用等，还需由监理人员亲自进行现场验收试验或技术复核。例如：路基填土压实的现场抽样检验等；涉及结构安全的试块、试件及有关材料,应按规定进行见证取样检测、抽样检验。

2.质量检验的主要方法

现场所用原材料、半成品、工序过程或工程产品质量进行检验的方法一般可分为三类,即目测法、实测法和试验法。

1)目测法

目测法即凭借感官进行检查,也称观感检验。这类方法主要是根据质量要求,采用看、摸、敲、照等手法对检查对象进行检查。

(1)看,就是根据质量标准进行外观目测。例如,墙纸接糊质量应是:纸面无斑痕、空鼓、气泡、皱;每一墙面纸的颜色、花纹一致;斜视无胶痕,纹理无压平、起光现象;对缝无离缝、搭缝、张嘴;对缝处图案、花纹完整;裁纸的一边不能对缝,只能搭接;墙纸只能在阴角处搭接,阳角应采用包角等。又如,清水墙面是否洁净,喷涂是否密实和颜色是否均匀,内墙抹灰大面及口角是否平直,地面是否光洁平整,施工顺序是否合理,工人操作是否正确等,均是通过目测检查、评价的。

(2)摸,就是手感检查,主要用于装饰工程的某些检查项目。如水刷石、干粘石黏结牢固程度,油漆的光滑度,浆活是否掉粉,地面有无起砂等,均可通过手摸加以鉴别。

(3)敲,是运用工具进行声感检查。对地面工程及装饰工程中的磨石、面砖、锦砖和大理石贴面等,均应进行敲击检查,通过声音的虚实确定有无空鼓,还可根据声音的清脆和沉闷判定是否属于面层空鼓。此外,用手敲玻璃,若发出颤动声响,一般是底灰不满或压条不实。

(4)照,对于难以看到或光线较暗的部位,则可采用镜子反射或灯光照射的方法进行检查。

2)实测法

实测法就是利用测量工具或计量仪表,通过实际测量结果与规定的质量标准或规范的要求相对照,从而判断质量是否符合要求。实测的手法可归纳为靠、吊、量、套四个字。靠,是用直尺或塞尺检查墙面、地面、屋面的平整度。吊,是用托线板、线锤检查垂直度。量,是用测量工具和计量仪表等检查断面尺寸、轴线、标高、温度、湿度等的偏差。套,是以方寸辅以塞尺,检查诸如踏角线的垂直度、预制构件的方正、门窗口及构件的对角线等。

3)试验法

试验法指通过进行现场试验或实验室试验等理化试验手段,取得数据,分析判断质量情况。

(1)理化试验。工程中常用的理化试验包括各种物理力学性能方面的检验和化学成分及含量的测定等方面。

力学性能的检验有各种力学指标的测定,如抗拉强度、抗压强度、抗弯强度、抗折强度、冲击韧性、硬度、承载力等;各种物理性能方面的测定,如密度、含水量、凝结时间、安定性、抗渗、耐磨、耐热等。

各种化学方面的试验,如化学成分及其含量的测定(如钢筋中的磷、硫含量,混凝土粗骨料中的活性氧化硅成分测定等),以及耐酸、耐碱、抗腐蚀等。

此外,必要时还可在现场通过诸如对桩或地基的现场静载试验或打试桩,确定其承载力；对混凝土现场取样，通过实验室的抗压强度试验，确定混凝土达到的强度等级，以及通过管道压水试验判断其耐压及渗漏情况等。

（2）无损测试或检验。借助专门的仪器、仪表等手段探测结构物或材料、设备内部组织结构或受伤状态。这类检测仪器如超声波探伤仪、磁粉探伤仪、γ射线探伤仪、渗透液探伤仪等。它们一般可以在不损伤被探测物的情况下了解探测物的情况。

3. 质量检验程度的种类

1）全数检验

全数检验也叫做普通检验，它主要是用于关键工序部位或隐蔽工程，以及那些在技术规程、质量检验验收标准或设计文件中有明确规定应进行全数检验的对象。诸如：规格、性能指标；对工程的安全性、可靠性起决定作用的施工对象；质量不稳定的工序；质量水平要求高，对后继工序有较大影响的施工对象。不采取全数检验不能保证工程质量时，均需采取全数检验。例如，对安装模板的稳定性、刚度、强度、结构物轮廓尺寸等，对架立的钢筋规格、尺寸、数量、间距、保护层，以及绑扎或焊接质量等。

2）抽样检验

对于主要的建筑材料、半成品或工程产品等，由于数量大，通常大多采取抽样检验。即从一批材料或产品中，随机抽取少量样品进行检验，并根据对其数据统计分析的结果，判断该批产品的质量状况。与全数检验相比，抽样检验具有如下优点：检验数量少，比较经济；适用于需要进行破坏性试验（如混凝土抗压强度的检验）的检验项目；检验所需时间较少。

3）免检

免检就是在某种情况下，可以免去质量检验过程。对于已有足够证据证明有质量保证的一般材料或产品；或实践证明其产品质量长期稳定、质量保证资料齐全者；或是某些施工质量只有通过对施工过程的严格质量监控，而质量检验人员很难对内在质量再作检验的，均可考虑采取免检。

4. 质量检验必须具备的条件

监理单位对承包单位进行有效的质量监督控制是以质量检验为基础的，为了保证质量检验的工作质量，监理单位必须具备一定的条件：

（1）监理单位要具有一定的检验技术力量，配备所需的具有相应水平和资格的质量检验人员。必要时，还应建立可靠的对外委托检验关系。

（2）监理单位应建立一套完善的管理制度，包括建立质量检验人员的岗位责任制、检验技术规程与标准实施制度，以及检验资料档案管理等制度。

（3）配备一定数量且符合标准及满足检验工作需要的检验及测试手段。

（4）质量检验所需的技术标准，如国际标准、国家标准、行业及地方标准等。

5. 质量检验计划

工程项目的质量检验工作具有流动性、分散性及复杂性的特点。监理单位应当制定质量检验计划，通过质量检验计划，可以清楚地向有关人员表明应当检验的对象是什么，应当如何检验，检验的评价标准如何，以及其他要求等。

质量检验计划的内容如下：

（1）分部分项工程名称及检验部位。

(2)检验项目,即应检验的性能特征。

(3)检验程度的抽检方案。

(4)应采用的检验方法和手段,以及其重要性级别。

(5)检验所依据的技术标准和评价标准。

(6)认定合格的评价条件。

(7)质量检验合格与否的处理。

(8)对检验记录及签发检验报告的要求。

(9)检验程序或检验项目实施的顺序。

四、施工过程质量控制手段

(一)审核技术文件、报告和报表

审核技术文件、报告和报表是对工程质量进行全面监督、检查与控制的重要手段。审核的具体内容包括以下几方面:

(1)审查进入施工现场的分包单位的资质证明文件,控制分包单位的质量。

(2)审批施工承包单位的开工申请书,检查、核实及控制其施工准备工作质量。

(3)审批承包单位提交的施工方案、质量计划、施工组织设计或施工计划,控制工程施工质量有可靠的技术措施保障。

(4)审批施工承包单位提交的有关材料、半成品和构配件质量证明文件(出厂合格证、质量检验或试验报告等),确保工程质量有可靠的物质基础。

(5)审核承包单位提交的反映工序施工质量的动态统计资料或管理图表。

(6)审核承包单位提交的有关工序产品质量的证明文件(检验记录及试验报告)、工序交接检查(自检)、隐蔽工程检查、分部分项工程质量检查报告等文件及资料,以确保和控制施工过程的质量。

(7)审批有关工程变更、修改设计图纸等,确保设计图纸及施工图纸的质量。

(8)审核有关应用新技术、新工艺、新材料、新结构等的技术鉴定书,审批其应用申请报告,确保新技术应用的质量。

(9)审批有关工程质量问题或质量问题的处理报告,确保质量问题或质量问题处理的质量。

(10)审核与签署现场有关质量技术签证、文件等。

(二)指令文件与一般管理文书

指令文件是监理工程师运用指令控制权的具体形式。

所谓指令文件,是指表达监理工程师对施工承包单位提出指示或命令的书面文件,属于要求强制性执行的文件。一般情况下,是指监理工程师从全局利益和目标出发,在对某项施工作业或管理问题经过充分调研、沟通和决策之后,要求承包人必须严格按监理工程师的意图和主张实施的工作。对此,承包人负有全面正确执行指令的责任,监理工程师负有监督指令实施效果的责任,因此它是一种非常慎用而严肃的管理手段。

监理工程师的各项指令都应是书面的或有文件记载的方为有效,并作为技术文件资料存档。如因时间紧迫,来不及作出正式的书面指令,也可以用口头指令的方式下达给承包单位,但随时应按合同规定,及时补充书面文件对口头指令予以确认。

一般管理文书,如监理工程师函、备忘录、会议纪要、发布有关信息、通报等,主要是对承包商工作状态和行为提出建议、希望和劝阻等,不属强制性要求执行,仅供承包人自主决策参考。

(三)现场监督和检查

1. 现场监督和检查的内容

(1)开工前的检查。主要是检查开工前准备工作的质量,能否保证正常施工及工程施工质量。

(2)工序施工中的跟踪监督、检查与控制。主要是监督、检查在工序施工过程中,人员、施工机械设备、材料、施工方法及工艺或操作,以及施工环境条件等是否均处于良好的状态,是否符合保证工程质量的要求,若发现问题应及时纠偏和加以控制。

(3)对于重要的和对工程质量有重大影响的工序和工程部位,还应在现场进行施工过程的旁站监督与控制,以确保使用材料及工艺过程质量。

2. 现场监督和检查的方式

1)旁站与巡视

旁站是指在关键部位或关键工序施工过程中由监理人员在现场进行的监督活动。

在施工阶段,很多工种的质量问题是由于现场施工或操作不当或不符合规程、标准所致,有些施工操作不符合要求的工程质量,虽然在表面上似乎影响不大,或外表上看不出来,但却隐藏着潜在的质量隐患与危险,而只凭抽样检验并不一定能完全反映实际情况。此外,抽样方法和取样操作如果不符合规程或标准的要求,违章施工或违章操作,只有通过监理人员的现场旁站监督和检查,才能发现问题并得到控制。

旁站的部位或工序要根据工程特点,也应根据承包单位内部质量管理水平及技术操作水平决定。一般而言,混凝土灌注、预应力张拉过程及压浆、基础工程中的软基处理、复合地基施工(如搅拌桩、粉喷桩)、路面工程的沥青拌和料摊铺、沉井过程、桩基的打桩过程、防水施工、隧道衬砌施工中超挖部分的回填、边坡喷锚及打锚杆等要实施旁站。

巡视是指监理人员对正在施工的部位或工序现场进行的定期或不定期的监督活动。

巡视是一种"面"的活动,它不限于某一部位或过程,而旁站则是"点"的活动,它是针对某一部位或工序。因此,在施工过程中,监理人员必须加强对现场的巡视、旁站监督与检查,及时发现违章操作和不按设计要求、施工图纸或施工规范、规程及质量标准施工的现象,对不符合质量要求的要及时进行纠正和严格控制。

监理人员应经常地、有目的地对承包单位的施工过程进行巡视检查与检测。主要检查内容如下:

(1)是否按照设计文件、施工组织规范和批准的施工方案施工。

(2)是否使用合格的材料、构配件和设备。

(3)施工现场管理人员,尤其是质检人员是否到岗到位。

(4)施工操作人员的技术水平、操作条件是否满足工艺操作要求,特种操作人员是否持证上岗。

(5)施工环境是否对工程质量产生不利影响。

(6)已施工部位是否存在质量缺陷。

对施工过程中出现的较大质量问题或质量隐患，监理工程师宜采用照相、摄影等手段予以记录。

2)平行检验

平行检验是指项目监理机构利用一定的检查或检测手段，在承包单位自检的基础上，按照一定的比例独立进行检查或检测的活动。

(四)规定质量监控工作程序

规定双方必须遵守的质量监控工作程序，按规定的程序进行工作，这也是进行质量监控的必要手段。例如，未提交“开工申请单”并得到监理工程师的审查、批准，不得开工；未经监理工程师签署“质量验收单”并予以质量确认，不得进行下道工序；工程材料未经监理工程师批准，不得在工程上使用等。

此外，还具体规定交桩复验工作程序，设备、半成品、构配件材料进场检验工作程序，隐蔽工程验收、工序交接验收工作程序，检验批、分项工程、分部工程、单位工程质量验收工作程序等。通过程序化管理，使监理工程师的质量控制工作进一步落实，做到科学、规范的管理和控制。

(五)利用支付手段

利用支付手段是国际上较通用的一种重要的控制手段，也是建设单位或合同中赋予监理工程师的支付控制权。所谓支付控制权，就是对施工承包单位支付任何工程款项，均需由总监理工程师审核签认支付证明书。

工程款支付的条件之一就是工程质量要达到规定的要求和标准。如果承包单位的工程质量达不到要求的标准，监理工程师有权采取拒绝签署支付证明书的手段，停止对承包单位支付部分或全部工程款，由此造成的损失由承包单位负责。显然，这是十分有效的控制和约束手段。因此，质量监理是以计量支付控制权为保障手段的。

五、部分工程施工质量控制标准

(一)地基基础工程控制标准

土方开挖和回填工程控制标准见表4-12～表4-14。

表4-12　临时性挖方边坡值

土的类别		边坡值(高:宽)
砂土(不包括细砂、粉砂)		1:1.25～1:1.50
一般性黏土	硬	1:0.75～1:1.00
	硬、塑	1:1.00～1:1.25
	软	1:1.50或更缓
碎石类土	充填坚硬、硬塑黏性土	1:0.50～1:1.00
	充填砂地土	1:1.00～1:1.50

注:1.设计有要求时，应符合设计标准。

2.如采用降水或其他加固措施，可不受本表限制，但应计算复核。

3.开挖深度，对软土不应超过4 cm，对硬土不应超过8 cm。

表 4-13　土方开挖工程质量检验标准　（单位：mm）

项别	序号	项目	允许偏差或允许值					检验方法
			柱基、基坑、基槽	挖方场地平整		管沟	地（路）面基层	
				人工	机械			
主控项目	1	标高	-50	±30	±50	-50	-50	水准仪
	2	长度、宽度（由设计中心线向两边量）	+200 -50	+300 -100	+500 -150	+100		经纬仪，用钢尺量
	3	边坡	设计要求					观察或用坡度尺检查
一般项目	1	表面平整度	20	20	50	20	20	用 2 m 靠尺和楔形塞尺检查
	2	基底土性	设计要求					观察或土样分析

注：地（路）面基层的偏差只适用于直接在挖、填方上做地（路）面的基层。

表 4-14　填方工程质量检验标准　（单位：mm）

项别	序号	项目	允许偏差或允许值					检验方法
			桩基、基坑、基槽	挖方场地平整		管沟	地（路）面基层	
				人工	机械			
主控项目	1	标高	-50	±30	±50	-50	-50	水准仪
	2	分层压实系数	设计要求					按规定方法
一般项目	1	回填土料	设计要求					取样检查或直观鉴别
	2	分层厚度及含水量	设计要求					水准仪及抽样检查
	3	表面平整度	20	20	20	20	20	用靠尺或水准仪

地基与桩基础工程控制标准见表 4-15 ~ 表 4-22。

表 4-15　灰土地基质量检验标准

项别	序号	检验项目	允许偏差或允许值		检验方法
			单位	数值	
主控项目	1	地基承载力	设计要求		按规定方法
	2	配合比	设计要求		按拌和时的体积比
	3	压实系数	设计要求		现场实测
一般项目	1	石灰粒径	mm	≤5	筛选法
	2	土料有机质含量	%	≤5	实验室焙烧法
	3	土颗粒粒径	mm	≤5	筛分法
	4	含水量（与要求的最优含水量比较）	%	±2	烘干法
	5	分层厚度偏差（与设计要求比较）	mm	±50	水准仪

表 4-16　砂及砂石地基质量检验标准

项别	序号	检验项目	允许偏差或允许值		检验方法
			单位	数值	
主控项目	1	地基承载力	设计要求		按规定方法
	2	配合比	设计要求		检查拌和时的体积比或质量比
	3	压实系数	设计要求		现场实测
一般项目	1	砂石料有机质含量	%	≤5	焙烧法
	2	砂石料含泥量	%	≤5	水洗法
	3	石料粒径	mm	≤100	筛分法
	4	含水量(与最优含水量比较)	%	±2	烘干法
	5	分层厚度(与设计要求比较)	mm	±50	水准仪

表 4-17　预制桩(钢桩)桩位的允许偏差　（单位:mm）

项次	项目	允许偏差
1	盖有基础梁的桩: (1)垂直基础梁的中心线 (2)沿基础梁的中心线	 100+0.01H 150+0.01H
2	桩数为 1~3 根桩基中的桩	100
3	桩数为 4~16 根桩基中的桩	1/2 桩径或边长
4	桩数多于 16 根桩基中的桩: (1)最外边的桩 (2)中间桩	 1/3 桩径或边长 1/2 桩径或边长

注:H 为施工现场墙间标高与桩顶设计标高的距离。

表 4-18　灌注桩的平面位置和垂直度的允许偏差

序号	成孔方法		桩径允许偏差(mm)	垂直度允许偏差(%)	桩位允许偏差(mm)	
					1~3 根、单排桩基垂直于中心线方向和群桩基础的边桩	条形桩基沿中心线方向和群桩基础的中间桩
1	泥浆护壁	D≤1 000 mm	±50	<1	D/6,且不大于 100	D/4,且不大于 150
		D>1 000 mm	±50		100+0.01H	150+0.01H
2	套管成孔灌注桩	D≤500 mm	-20	<1	70	150
		D>500 mm			100	150
3	干成孔灌注桩		-20	<1	70	150
4	人工挖孔桩	混凝土护壁	+50	<0.5	50	150
		钢套管护壁	+50	<1	100	200

注:1. 桩径允许偏差的负值是指个别断面。

2. 采用复打、反插法施工的桩,其桩径允许偏差不受本表限制。

3. H 为施工现场地面标高与桩顶设计标高的距离,D 为设计桩径。

表 4-19　静力压桩质量检验标准

<table>
<tr><th rowspan="2">项别</th><th rowspan="2">序号</th><th rowspan="2" colspan="3">检验项目</th><th colspan="2">允许偏差或允许值</th><th rowspan="2">检验方法</th></tr>
<tr><th>单位</th><th>数值</th></tr>
<tr><td rowspan="3">主控项目</td><td>1</td><td colspan="3">桩体质量检验</td><td colspan="2">按基桩检测技术规范</td><td>按基桩检测技术规范</td></tr>
<tr><td>2</td><td colspan="3">桩位偏差</td><td colspan="2">见规范 GB 50202—2002 表 5.1.3</td><td>用钢尺量</td></tr>
<tr><td>3</td><td colspan="3">承载力</td><td colspan="2">按基桩检测技术规范</td><td>按基桩检测技术规范</td></tr>
<tr><td rowspan="12">一般项目</td><td rowspan="3">1</td><td rowspan="3" colspan="2">成品桩质量</td><td>外观</td><td colspan="2">表面平整，颜色均匀，掉角深度 < 10 mm，蜂窝面积小于总面积的 0.5%</td><td>直观</td></tr>
<tr><td>外形尺寸</td><td colspan="2">见规范 GB 50202—2002 表 5.4.5</td><td>见规范 GB 50202—2002 表 5.4.5</td></tr>
<tr><td>强度</td><td colspan="2">满足设计要求</td><td>查产品合格证书或钻芯试压</td></tr>
<tr><td>2</td><td colspan="3">硫磺胶泥质量（半成品）</td><td colspan="2">设计要求</td><td>查产品合格证书或抽样送检</td></tr>
<tr><td rowspan="4">3</td><td rowspan="4">接桩</td><td rowspan="2">电焊接桩</td><td>焊缝质量</td><td colspan="2">见规范 GB 50202—2002 表 5.5.4-2</td><td>见规范 GB 50202—2002 表 5.5.4-2</td></tr>
<tr><td>电焊结束后停歇时间</td><td>min</td><td>> 1.0</td><td>秒表测定</td></tr>
<tr><td rowspan="2">硫磺胶泥接桩</td><td>胶泥浇筑时间</td><td>min</td><td><2</td><td>秒表测定</td></tr>
<tr><td>浇筑后停歇时间</td><td>min</td><td>>7</td><td>秒表测定</td></tr>
<tr><td>4</td><td colspan="3">电焊条质量</td><td colspan="2">设计要求</td><td>查产品合格证书</td></tr>
<tr><td>5</td><td colspan="3">压桩压力（设计有要求时）</td><td>%</td><td>±5</td><td>查压力表读数</td></tr>
<tr><td rowspan="2">6</td><td colspan="3">接桩时上下节平面偏差</td><td>min</td><td><10</td><td>用钢尺量</td></tr>
<tr><td colspan="3">接桩时节点弯曲矢高</td><td colspan="2"><1/1 000L</td><td>用钢尺量，L 为桩长</td></tr>
<tr><td></td><td>7</td><td colspan="3">桩顶标高</td><td>mm</td><td>±50</td><td>水准仪</td></tr>
</table>

表 4-20　先张法预应力管桩质量检验标准

<table>
<tr><th rowspan="2">项别</th><th rowspan="2">序号</th><th rowspan="2">检验项目</th><th colspan="2">允许偏差或允许值</th><th rowspan="2">检验方法</th></tr>
<tr><th>单位</th><th>数值</th></tr>
<tr><td rowspan="3">主控项目</td><td>1</td><td>桩体质量检验</td><td colspan="2">按基桩检测技术规范</td><td>按基桩检测技术规范</td></tr>
<tr><td>2</td><td>桩位偏差</td><td colspan="2">见规范 GB 50202—2002 表 5.1.3</td><td>用钢尺量</td></tr>
<tr><td>3</td><td>承载力</td><td colspan="2">按基桩检测技术规范</td><td>按基桩检测技术规范</td></tr>
</table>

续表 4-20

项别	序号	检验项目		允许偏差或允许值		检验方法
				单位	数值	
一般项目	1	成品桩质量	外观	无蜂窝、露筋、裂缝,色感均匀,桩顶处无孔隙		直观
			桩径	mm	±5	用钢尺量
			管壁厚度	mm	±5	用钢尺量
			桩尖中心线	mm	<2	用钢尺量
			顶面平整度	mm	10	用水平尺量
			桩体弯曲	<1/1 000*L*		用钢尺量,*L* 为桩长
	2	砂料的有机质含量		见规范 GB 50202—2002 表 5.5.4-2		见规范 GB 50202—2002 表 5.5.4-2
				mm	>1.0	秒表测定
				mm	<10	用钢尺量
				<1/1 000*L*		用钢尺量,*L* 为桩长
	3	桩位		设计要求		现场实测或查沉桩记录
	4	砂桩标高		mm	±50	水准仪

表 4-21　混凝土灌注桩钢筋笼质量检验标准　（单位:mm）

项别	序号	检验项目	允许偏差或允许值	检验方法
主控项目	1	主筋间距	±10	用钢尺量
	2	长度	±10	用钢尺量
一般项目	1	钢筋材质检验	设计要求	抽样送检
	2	箍筋间距	±20	用钢尺量
	3	直径	±10	用钢尺量

表 4-22　混凝土灌注桩质量检验标准

项别	序号	检验项目	允许偏差或允许值		检验方法
			单位	数值	
主控项目	1	桩位	见规范 GB 50202—2002 表 5.14		基坑开挖前量护筒,开挖后量桩中心
	2	孔深	mm	+300	只深不浅,用重锤测,或测钻杆、套管长度,嵌岩桩应确保进入设计要求的深度
	3	桩体质量检验	按基桩检测技术规范,如钻芯取样,大直径嵌岩桩应钻至桩尖下 50 mm		按基桩检测技术规范
	4	混凝土强度	设计要求		试件报告或钻芯取样送检
	5	承载力	按基桩检测技术规范		按基桩检测技术规范

续表 4-22

项别	序号	检验项目	允许偏差或允许值		检验方法
			单位	数值	
一般项目	1	垂直度	见规范 GB 50202—2002 表 5.14		测套管或钻杆,或用超声波探测,干施工时吊垂球
	2	桩径	见规范 GB 50202—2002 表 5.14		井径仪或超声波检测,干施工时用钢尺量,人工挖孔桩不包括内衬厚度
	3	泥浆相对密度(黏土或砂性土中)	1.15~1.20		清孔后在距孔底 50 cm 处取样
	4	泥浆面标高(高于地下水位)	m	0.5~1.0	目测
	5	沉渣厚度:端承桩 摩擦桩	mm mm	≤50 ≤150	用沉渣仪或重锤测量
	6	混凝土坍落度:水下灌注 干施工	mm mm	160~220 70~100	坍落度仪
	7	钢筋笼安装深度	mm	±100	用钢尺量
	8	混凝土充盈系数	>1		检查每根桩的实际灌注量
	9	桩顶标高	mm	+30 -50	水准仪,需扣除桩顶浮浆层及劣质桩体

(二)砌体工程质量控制标准

砌体工程质量控制标准见表 4-23、表 4-24。

表 4-23　砖砌体的位置及垂直度允许偏差

项次	项目			允许偏移(mm)	检验方法
1	轴线位置偏移			10	用经纬仪和尺检查或用其他测量仪器检查
2	垂直度	每层		5	用 2 m 托线板检查
		全高	≤10 m	10	用经纬仪、吊线和尺检查,或用其他测量仪器检查
			>10 m	20	

表 4-24　填充墙砌体的砂浆饱满度及检验方法

砌体分类	灰缝	饱满度及要求	检验方法
空心砖砌体	水平	≥80%	采用百格网检查块材底面砂浆的黏结痕迹面积
	垂直	填满砂浆,不得有透明缝、瞎缝、假缝	
蒸压加气混凝土砌块砌体和轻骨料混凝土小型空心砌块砌体	水平	≥80%	
	垂直	≥80%	

（三）混凝土结构工程质量控制

混凝土结构工程质量控制见表4-25～表4-30。

表4-25　预埋件和预留孔洞的允许偏差

项目		允许偏差(mm)
预埋钢板中心线位置		3
预埋管、预留孔中心线位置		3
插筋	中心线位置	5
	外露长度	10
预埋螺栓	中心线位置	2
	外露长度	10
预留洞	中心线位置	10
	尺寸	10

表4-26　现浇结构模板安装的偏差

项目		允许偏差(mm)	检验方法
轴线位置		5	钢尺检查
底模上表面标高		±5	水准仪或拉线、钢尺检查
截面内部尺寸	基础	±10	钢尺检查
	柱、墙、梁	+4，-5	钢尺检查
层高垂直度	≤5 m	6	经纬仪或吊线、钢尺检查
	>5 m	8	经纬仪或吊线、钢尺检查
相邻两板表面高低差		2	钢尺检查
表面平整度		3	2 m靠尺和塞尺检查

表4-27　预制构件模板安装的偏差

项目		允许偏差(mm)	检验方法
长度	板、梁	±5	钢尺量两角边，取其中大值
	薄腹梁、桁架	±10	
	柱	0，-10	
	墙板	0，-5	
宽度	板、墙板	0，-5	钢尺量一端及中部，取其中较大值
	梁、薄腹梁、桁架、柱	+2，-5	
高(厚)度	板	+2，-3	钢尺量一端及中部，取其中较大值
	墙板	0，-5	
	梁、薄腹梁、桁架、柱	+2，-5	

续表 4-27

项目		允许偏差(mm)	检验方法
侧向弯曲	板、梁、柱	L/1 000 且≤15	拉线、钢尺量最大弯曲处
	墙板、薄腹梁、桁架	L/1 000 且≤15	
板的表面平整度		3	2 m 靠尺和塞尺检查
相邻两板表面高低差		1	钢尺检查
对角线差	板	7	钢尺量两个对角线
	墙板	5	
翘曲	板、墙板	L/1 500	调平尺在两端量测
设计起拱	薄腹梁、桁架、梁	±3	拉线、钢尺量跨中

注:L 为构件长度。

表 4-28　现浇结构外观质量缺陷

名称	现象	严格缺陷	一般缺陷
露筋	构件内钢筋未被混凝土包裹而外露	纵向受力钢筋有露筋	其他钢筋有少量露筋
蜂窝	混凝土表面缺少水泥砂浆而形成石子外露	构件主要受力部位有蜂窝	其他部位有少量蜂窝
孔洞	混凝土中孔穴深度和长度均超过保护层厚度	构件主要受力部位有孔洞	其他部位有少量孔洞
夹渣	混凝土中夹有杂物且深度超过保护层厚度	构件主要受力部位有夹渣	其他部位有少量夹渣
疏松	混凝土中局部不密实	构件主要受力部位有疏松	其他部位有少量疏松
裂缝	缝隙从混凝土表面延伸至混凝土内部	构件主要受力部位有影响结构性能或使用功能的裂缝	其他部位有少量不影响结构性能或使用功能的裂缝
连接部位缺陷	构件连接处混凝土缺陷及连接钢筋或连接件松动	连接部位有影响结构传力性能的缺陷	连接部位有基本不影响结构传力性能的缺陷
外形缺陷	缺棱掉角、棱角不直、翘曲不平、飞边凸肋等	清水混凝土构件有影响使用功能或装饰效果的外形缺陷	其他混凝土构件有不影响使用功能的外形缺陷
外形缺陷	构件表面麻面、掉皮、起砂、沾污等	具有重要装饰效果的清水混凝土构件有外表缺陷	其他混凝土构件有不影响使用功能的外表缺陷

表 4-29　现浇结构尺寸偏差和检验方法

项目			允许偏差(mm)	检验方法
轴线位置	基地		15	钢尺检查
	独立基础		10	
	墙、柱、梁		8	
	剪力墙		5	
垂直度	层高	≤5 m	8	经纬仪或吊线、钢尺检查
		>5 m	10	经纬仪或吊线、钢尺检查
	全高(*H*)		*H*/1 000 且≤30	经纬仪、钢尺检查
标高	层高		±10	水准仪或拉线、钢尺检查
	全高		±30	
截面尺寸			+8，-5	钢尺检查
电梯井	井筒长、宽对定位中心线		+25	钢尺检查
	井筒全高(*H*)垂直度		*H*/1 000 且≤30	经纬仪、钢尺检查
表面平整度			8	2 m 靠尺和塞尺检查
预埋设施中心线位置	预埋件		10	钢尺检查
	预埋螺栓		5	
	预埋管		5	
预留洞中心线位置			15	钢尺检查

注:检查轴线、中心线位置时,应沿纵、横两个方向量测,并取其中的较大值。

表 4-30　混凝土设备基础尺寸允许偏差和检验方法

项目		允许偏差(mm)	检验方法
坐标位置		20	钢尺检查
不同平面的标高		0，-20	水准仪或拉线、钢尺检查
平面外形尺寸		±20	钢尺检查
凸台上平面外形尺寸		0，-20	钢尺检查
凹穴尺寸		20,0	钢尺检查
平面水平线	每米	5	水平尺、塞尺检查
	全长	10	水准仪或拉线、钢尺检查
垂直度	每米	5	经纬仪或吊线、钢尺检查
	全高	10	
预埋地脚螺栓	标高(顶部)	20,0	水准仪或拉线、钢尺检查
	中心距	±2	钢尺检查

续表 4-30

项目		允许偏差(mm)	检验方法
预埋地脚螺栓孔	中心线位置	10	钢尺检查
	深度	20,0	钢尺检查
	孔垂直度	10	吊线、钢尺检查
预埋活动地脚螺栓锚板	标高	20,0	水准仪或拉线、钢尺检查
	中心线位置	5	钢尺检查
	带槽锚板平整度	5	钢尺、塞尺检查
	带螺纹孔锚板平整度	2	钢尺、塞尺检查

注：检查坐标、中心线位置时，应沿纵、横两个方向量测，并取其中的较大值。

（四）屋面防水工程质量控制标准

屋面防水工程质量控制标准见表 4-31、表 4-32。

表 4-31　屋面防水等级和设防要求

项目	屋面防水等级			
	Ⅰ	Ⅱ	Ⅲ	Ⅳ
建筑物类型	特别重要或对防水有特殊要求的建筑	重要的建筑和高层建筑	一般的建筑	非永久性建筑
防水层合理使用年限	25 年	15 年	10 年	5 年
防水层选用材料	宜选用合成高分子防水卷材、高聚物改性沥青防水卷材、金属板材、合成高分子防水涂料、细石混凝土等材料	宜选用合成高分子防水卷材、高聚物改性沥青防水卷材、金属板材、合成高分子防水涂料、细石混凝土、平瓦、油毡瓦等材料	宜选用三毡四油沥青防水卷材、合成高分子防水卷材、高聚物改性沥青防水卷材、金属板材、合成高分子防水涂料、高聚物改性沥青防水涂料、细石混凝土、平瓦、油毡瓦	可选用二毡三油沥青防水卷材、高聚物改性沥青防水涂料等材料
设防要求	三道或三道以上防水设防	二道防水设防	一道防水设防	一道防水设防

表 4-32　找平层的厚度和技术要求

类别	基层种类	厚度(mm)	技术要求
水泥砂浆找平层	整体混凝土	15 ~ 20	1∶2.5 ~ 1∶3(水泥∶砂)(体积比)，水泥强度等级不低于 32.5 级
	整体或板状材料保温层	20 ~ 25	
	装配式混凝土板，松散材料保温层	20 ~ 30	
细石混凝土找平层	松散材料保温层	30 ~ 35	混凝土强度等级不低于 C20
沥青砂浆找平层	整体混凝土	15 ~ 20	1∶8(沥青∶砂)(质量比)
	装配式混凝土板，整体或板状材料保温层	20 ~ 25	

(五)建筑装饰装修工程质量标准

建筑装饰装修工程质量标准见表4-33～表4-36。

表4-33　一般抹灰工程质量的允许偏差和检验方法

项次	项目	允许偏差(mm)		检验方法
		普通抹灰	高级抹灰	
1	立面垂直度	4	3	用2 m垂直检测尺检查
2	表面平整度	4	3	用2 m靠尺和塞尺检查
3	阴、阳角方正	4	3	用直角检测尺检查
4	分格条(缝)直线度	4	3	拉5 m线,不足5 m拉通线,用钢直尺检查
5	墙裙、勒脚上口直线度	4	3	拉5 m线,不足5 m拉通线,用钢直尺检查

注:1. 普通抹灰,本表第3项阴角方正可不检查。

2. 顶棚抹灰,本表第2项表面平整度可不检查,但应平顺。

表4-34　铝合金门窗安装的允许偏差和检验方法

项次	项目		允许偏差(mm)	检验方法
1	门窗槽口宽度、高度	≤1 500 mm	1.5	用钢尺检查
		>1 500 mm	2	
2	门窗槽口对角线长度差	≤2 000 mm	3	用钢尺检查
		>2 000 mm	4	
3	门窗框的正、侧面垂直度		2.5	用垂直检测尺检查
4	门窗横框的水平度		2	用1 m水平尺和塞尺检查
5	门窗横框标高		5	用钢尺检查
6	门窗竖向偏离中心		5	用钢尺检查
7	双层门窗室内外框间距		4	用钢尺检查
8	推拉门窗扇与框搭接量		1.5	用钢直尺检查

表4-35　色漆的涂饰质量和检验方法

项次	项目	普通涂饰	高级涂饰	检验方法
1	颜色	均匀一致	均匀一致	观察
2	光泽、光滑	光泽基本均匀,光滑,无挡手感	光泽均匀一致,光滑	观察、手摸检查
3	刷纹	刷纹通顺	无刷纹	观察
4	裹棱、流坠、皱皮	明显处不允许	不允许	观察
5	装饰线、分色线直线度允许偏差	2 mm	1 mm	拉5 mm线,不足5 m拉通线,用钢直尺检查

注:1. 无光色漆不检查光泽。

2. 清漆的涂饰质量和检验符合相关规定。

3. 涂层与其他装修材料和设备衔接处应吻合,界面应清晰。

表 4-36　清漆的涂饰质量和检验方法

项次	项目	普通涂饰	高级涂饰	检验方法
1	颜色	基本一致	均匀一致	观察
2	木纹	棕眼刮平、木纹清楚	棕眼刮平、木纹清楚	观察
3	光泽、光滑	光泽基本均匀，光滑，无挡手感	光泽均匀一致，光滑	观察、手摸检查
4	刷纹	不刷纹	不刷纹	观察
5	裹棱、流坠、皱皮	明显处不允许	不允许	观察

（六）钢结构工程质量控制

钢结构工程一般包括钢结构焊接工程、钢结构紧固件连接工程、钢零件及钢部件加工工程、钢结构组装工程、钢构件预拼装工程、钢结构安装工程、压型金属板工程和钢结构涂装工程等，根据其特点，应从以下几个方面对钢结构工程进行质量控制。

1. 钢结构焊接工程施工过程质量控制

焊工应经考试合格并取得合格证书后方可上岗担任相应合格项目的施焊，焊工停焊时间超过 6 个月的，应重新考试。

组装质量和焊缝区复查：施焊前，焊工应复查钢结构的组装质量和焊缝区的处理情况，如不符合要求，应修整合格后方能施焊。

焊前预热和焊后热处理：对于需要进行焊前预热和焊后热处理的焊缝，其预热温度及后热温度应符合国家现行有关标准的规定或通过工艺试验确定，预热区在焊道两侧，每侧宽度均应大于焊件厚度的 1.5 倍以上，且不应小于 100 mm；后热处理应在焊后立即进行，保温时间根据板厚，按每 25 mm 板厚 1 小时确定。

多层焊接：多层焊接应连续施焊，每一道焊缝焊完后应及时清理，如发现有影响质量的缺陷，必须清除后再焊。

焊缝裂纹：焊缝出现裂纹时，焊工不得擅自处理，应申报焊接技术负责人查清原因，制定出修补措施后，方可施焊。

焊接引弧：严禁在焊缝区以外的母材上打火引弧，在坡口内引弧的局部面积应熔焊一次，不得留下弧坑。

无损检测间隔时间：碳素结构钢应在焊缝冷却到环境温度、低合金钢应在完成焊接 24 小时后进行焊接无损检测检验。

焊工钢印：焊缝施焊后应在工艺规定的焊缝及部位打上焊工钢印。

2. 钢结构紧固件连接工程施工过程质量控制

高强度螺栓连接必须对构件摩擦面进行加工处理。处理后的摩擦系数应符合设计要求，其方法有喷砂、喷（抛）丸；酸洗；砂轮打磨，打磨方向应与构件受力方向垂直。如设计无要求，可不经生锈即进行组装或加涂无机富锌漆；也可在生锈后，安装时用钢丝刷清除浮锈。

处理好摩擦面的构件，应有保护摩擦面的措施，并不得涂油漆或污损。出厂时必须附有三组与所代表钢构件同一材质、同批制作、同一处理方法和相同的表面状态、同一环境下存放的试件，并应用同一性能等级的高强度螺栓连接，以供复验摩擦面抗滑移系数。

摩擦面抗滑移系数复验应由制作单位和安装单位分别以制造批为单位进行见证送样试验。

高强度螺栓板面接触应平整。

当接触面有间隙时应按国家现行有关规范的规定进行处理。

施拧及检验用的扭力扳手在班前应进行校正标定，班后校验，施工扳手扭矩精度误差应不大于5%，检验用扭矩扳手的扭矩精度误差应不大于3%。

安装高强度螺栓必须进行初拧（复拧）和终拧。

高强度大六角螺栓连接副终拧扭矩值按 $T_c = 0.065P_c d$（T_c 为扭矩值，P_c 为扭力，d 为扭力至作用点的距离）计算。

高强度螺栓的紧固顺序应使螺栓群中所有螺栓都均匀受力，从节点中间向边缘施拧，初拧和终拧都应按一定顺序进行。当天安装的螺栓应在当天终拧完毕，其外露丝扣应为2~3扣。

初拧和终拧的高强度螺栓必须用不同颜色的涂料作出标记，以防漏拧、误拧（扭剪型高强度螺栓不需作出标记）。

采用转角法施工检验，初拧结束后，应在螺母与螺杆端面同一处刻划出终拧角的起始线和终止线以待检查，终拧转角偏差在10°以内为合格。

扭矩法施工检验：在螺尾端头和螺母对应位置划线；检查时，应将螺母回退60°左右再拧至原位，测定终拧扭矩值，其偏差在±10%范围内为合格。

扭剪型高强度螺栓尾部梅花头未被拧掉的应按扭矩法或转角法施工及检验。

高强度螺栓接头整个施工过程中，摩擦面和连接副应保持干燥整洁，不应有飞边、毛刺、焊接飞溅物、焊疤、污垢等，除设计要求外，摩擦面不应涂漆，紧固作业完成后应及时用防锈（腐）涂料封闭。

高强度螺栓应自由穿入螺栓孔，不应气割扩孔；其最大扩孔量承压型为 $d+(1\sim1.5)$ mm，磨擦型为 $d+(1\sim2)$ mm（d 为螺栓直径）。

永久型普通螺栓紧固应牢固、可靠，外露丝扣不应少于2扣，对直接承受动力荷载的普通螺栓连接应采取能防止螺母松动的有效措施。

连接薄钢板采用的自攻螺钉、钢拉铆钉、射钉等规格尺寸应与连接板相匹配，其间距、边距等应符合设计要求，连接处应紧固密贴，外观排列整齐。

3. 零件及钢部件加工工程施工过程质量控制

切割前、钢材表面切割区应清除铁锈、油污等杂质。

切割面或剪切面应无裂纹、夹渣、分层和大于1 mm的缺棱，并应清除边缘上的熔瘤、飞溅物、毛刺等。

切割或剪切后的零件宽度、长度偏差应不大于3.0 mm。

切割面平面度不大于钢材厚度的5%，并不大于2.0 mm。

切割零件的表面割纹深度不得大于0.3 mm，局部缺口深度应不大于1.0 mm。

剪切型钢端部垂直度应不大于2.0 mm，并应清除毛刺。

碳素结构钢工作地点温度低于 -16 ℃,低合金钢结构工作地点温度低于 -12 ℃时,不应进行矫正和冷弯曲。

碳素结构钢和低合金高强度结构钢允许加热矫正,其加热温度不应超过 900 ℃。加热矫正后的低合金结构钢应自然冷却。

当零件采用热加工成型时,加热温度应控制在 900 ~ 1 000 ℃,碳素结构钢在温度下降到 700 ℃和低合金高强度结构钢在温度 800 ℃之前应结束加工;低合金结构钢应自然冷却。

矫正后的钢材表面不应有明显的凹面或损伤,边面刻痕深度不得大于 0.5 mm,且不应大于该钢材厚度负允许偏差的 1/2。

冷矫正和冷弯曲的最小曲率半径和最小弯曲矢高应符合有关规范的规定。

钢材矫正后允许偏差应符合有关规范的规定。

边缘加工:边缘加工的零件,其宽度、长度允许偏差为 ±1.0 mm;加工边直线度为 1/3 000,且不应大于 2.0 mm;相邻两边夹角不应大于 ±6′;加工面垂直度不大于钢板厚度的 2.5%,且不应大于 0.5 mm;加工面表面粗糙度不应大于 50 。

经制孔后螺栓孔孔距的偏差应符合规范的规定。当制孔孔距超差补孔时,应采用与母材材质相匹配的焊条补焊。制孔后应清除孔边毛刺。

第四节　建筑工程施工质量控制案例

【案例一】 材料质量控制的要点和方法。

某网球馆工程采用筏形基础,按流水施工方案组织施工,在第一阶段施工过程中,材料已送检,为了在雨期来临之前完成基础工程施工,施工单位负责人未经监理单位许可,在材料送检时擅自施工,待筏形基础浇筑完毕后,发现水泥试验报告中某些检验项目质量不合格,如果返工重做,工期将拖延 15 天,经济损失达 1.32 万元。

案例分析:

(1)施工单位未经监理单位许可即进行混凝土浇筑的做法是错误的。

正确做法:施工单位运进水泥前,应向项目监理机构提交“工程材料申报表”,同时附有水泥出厂合格证书、技术说明书、按规定要求进行送检的检验报告,经监理工程师审查并确认其质量合格后,方准进场。

(2)材料质量控制方法主要是严格检查验收,正确合理的使用,建立管理台账,进行收、发、储、运等环节的技术管理,避免混料和将不合格的原材料使用到工程上。

(3)材料质量控制的内容主要有:材料的质量标准,材料的性能,材料取样、试验方法,材料的适用范围和施工要求等。

【案例二】 施工过程质量控制的内容、方法与手段。

2003 年 8 月某天凌晨两点左右,某市联合大学学生宿舍楼发生一起 6 层悬臂式雨篷根部突然断裂的恶性质量事故,雨篷悬挂在墙面上。幸好是凌晨两点,事故未造成人员伤亡。该工程为 6 层砖混结构宿舍楼,建筑面积 2 784 m^2,经事故调查、原因分析,发现造成该质量事故的主要原因是施工队伍素质差,在施工时将受力钢筋位置放错,使悬臂结构受拉区无钢筋而产生脆性破坏。

案例分析：

(1)如果该工程实施过程中实施了工程监理，则监理单位应对该起质量事故承担责任。

原因：监理单位接受了建设单位委托，并收取了监理费用，具备了承担责任的条件，而在施工过程中，监理未能发现钢筋位置放错的质量问题，因此必须承担相应的责任。

(2)施工现场质量检查的内容主要有：①开工前的检查；②工序交接检查；③隐蔽工程检查；④停工后复工前的检查；⑤分部分项工程完工后，应经检查认可，签署验收记录后，才允许进行下一工程项目施工；⑥成品保护检查。

(3)钢筋隐蔽验收要点有：

①按施工图核查纵向受力钢筋，检查钢筋品种、直径、数量、位置、间距、形状。

②检查混凝土保护层厚度，构造钢筋是否符合构造要求。

③钢筋锚固长度，箍筋加密区及加密间距。

④检查钢筋接头：如绑扎搭接，要检查搭接长度、接头位置和数量(错开长度、接头百分率)；如焊接连接或机械连接，要检查外观质量、取样试件力学性能试验是否达到要求、接头位置(相互错开)、数量(接头百分率)。

【案例三】 为了加强我国与国际上各国的政治、经济交往与合作，研究决定由政府投资在某市修建一个高标准、高质量、供国际高层人员集会活动的国际会议中心。该工程项目位于该市环境幽雅、风景优美的地区。该工程项目已通过招标确定由某承包公司A总承包并签订了施工合同，还与监理公司B签订了委托监理合同。监理机构在该工程项目实施中遇到了以下几种情况：

(1)该地区地质情况不良，且极为复杂多变，施工可能十分困难，为了保证工程质量，总承包商决定将基础工程施工发包给一个专业基础工程公司C。

(2)整个工程质量标准要求极高，建设单位要求监理机构要把好所使用的主要材料、设备进场的质量关。

(3)建设单位要求监理机构对主要的工程，无论是钢筋混凝土主体结构，还是精美的装饰工程，都要严格把好每一道工序施工质量关，要达到合同规定的高标准和高质量保证率。

(4)建设单位要求必须确保所使用的混凝土拌和料、砂浆材料和钢筋混凝土承重结构及承重焊缝的强度达到质量要求的标准。

(5)在修建沟通该会议中心与该市市区和主干高速公路相衔接的高速公路支线的初期，监理工程师发现分包该路基工程的施工队填筑路基的质量没有达到规定的质量要求。监理工程师指令暂停施工，并要求返工重做。但是，承包方对此拖延，拒不进行返工，并通过有关方面“劝说”监理方同意不进行返工，双方僵持很久，影响了工程正常进展。

(6)在进行某层钢筋混凝土楼板浇筑施工过程中，土建监理工程师得悉该层楼板钢筋施工虽已经过监理工程师检查认可签证，但其中设计预埋的电气暗管却未通知电气监理工程师检查签证。此时，混凝土已浇筑了全部工程量的1/5。

问题：

(1)监理工程师进行施工过程质量控制的手段主要有哪几方面？

(2)监理工程师应分别运用什么手段以保证质量？

(3)为了确保作业质量，在什么情况下，总监理工程师有权行使质量控制权、下达停工令，及时进行质量控制？

参考答案：

(1)监理工程师进行施工过程质量控制的手段主要有以下五个方面：

①通过采用审核有关技术文件、报告或报表等手段进行控制；

②通过采用下达指令文件和一般管理文书的手段进行控制(一般是以通知的方式下达)；

③通过进行现场监督和检查的手段进行控制(包括旁站监督、巡视检查和平等检验)；

④通过规定质量监控工作程序，要求按规定的程序工作和活动；

⑤利用支付控制权进行控制。

(2)针对题示所提出的6种情况，监理工程师应采用以下手段进行控制(逐项对应解答)。

①首先，通过审核分包商的资质证明文件控制分包商的资质(审核文件、报告的手段)；其次，通过审查总包商提交的施工方案(实际为分包商提出的基础施工方案)控制基础施工技术，以保证基础施工质量。

②保证进场材料、设备的质量可采用以下手段：一是，通过审查进场材料、设备的出厂合格证、材质化验单、试验报告等文件、报表及报告进行控制；二是，通过平行检验方式进行现场监督检查控制。

③通过规定质量监控程序严把每道工序的施工质量关，通过现场巡视及旁站监督严把施工过程关。

④通过旁站监督和见证取样控制混凝土拌和料、砂浆及承重结构质量。

⑤通过下达暂停施工的指令中止不合格填方继续扩大，通过停止支付工程款的手段促使承包方返工。

⑥通过下达暂停施工的指令，防止质量问题恶化与扩大；通过下达质量通知单进行调查、检查，提出处理意见；通过审查与批准处理方案，下达返工或整改的指令，进行质量控制。

(3)在下列情况下，总监理工程师有权下达停工令，及时进行质量控制：

①施工中出现质量异常，承包方未能扭转异常情况者；

②隐蔽工程未依法检验确认合格，擅自封闭者；

③已发生质量问题迟迟不作处理，或如不停工，质量情况可能继续发展；

④未经监理工程师审查同意，擅自变更设计或修改图纸；

⑤未经合法审查或审查不合格的人员进入现场施工；

⑥使用的材料、半成品未经检查认可，或检查认为不合格的材料、半成品进入现场并使用；

⑦擅自使用未经监理方审查认可或资质不合格的分包单位进场施工。

【案例四】 某监理单位承担了某工程的施工阶段监理任务，该工程由甲施工单位总承包。甲施工单位前段时间选择了经建设单位同意并经监理单位进行资质审查合格的乙施工单位作为分包。施工过程中发生了以下事件：

事件1 专业监理工程师在熟悉图纸时发现，基础工程部分设计内容不符合国家有关工程质量标准和规范的规定。总监理工程师随即致函设计单位，要求改正并提出更改建议方案。设计单位研究后，口头同意了总监理工程师的更改方案，总监理工程师随即将更改的内容写成监理指令通知甲施工单位执行。

事件2 施工过程中，专业监理工程师发现乙施工单位在前段时间施工的分包工程部分存在质量隐患，为此总监理工程师同时向甲、乙两施工单位前段时间的施工发出了整改通知。甲施工单位回函称：乙施工单位施工的工程是经建设单位同意进行分包的，所以本单位不承担该部分工程的质量责任。

事件3 专业监理工程师在巡视时发现，甲施工单位前段时间在施工中使用未经报验的建筑材料，若继续施工，该部位将被隐蔽。因此，专业监理工程师立即向甲施工单位下达了暂停施工的指令（因甲施工单位的工作对乙施工单位有影响，乙施工单位也被迫停工），同时指示甲施工单位对该材料进行检验，并报告了总监理工程师。总监理工程师对该工序停工予以确认，并在合同约定的时间内报告了建设单位。检验报告出来后，证实材料合格，可以使用，总监理工程师随即指令施工单位恢复了正常施工。

事件4 乙施工单位就上述停工自身遭受的损失向甲施工单位提出补偿要求，而甲施工单位称：此次停工是执行监理工程师的指令，乙施工单位应向建设单位提出索赔。

事件5 对上述施工单位的索赔，建设单位称：本次停工是监理工程师失职造成的，且事先未经建设单位同意，因此建设单位不承担任何责任，由于停工造成施工单位的损失应由监理单位承担。

问题：

针对上述各个事件，分别提出的问题如下：

(1)请指出总监理工程师上述行为的不妥之处并说明理由。总监理工程师应如何正确处理？

(2)甲施工单位的回函是否妥当？为什么？总监理工程师签发的整改通知是否妥当？为什么？

(3)专业监理工程师是否有权签发本次暂停令？为什么？下达工程暂停令的程序有无不妥之处？请说明理由。

(4)甲施工单位的说法是否正确？为什么？乙施工单位的损失应由谁承担？

(5)建设单位的说法是否正确？为什么？

参考答案：

(1)总监理工程师不应直接致函设计单位，因为监理人员无权进行设计变更。

正确处理：发现问题应向建设单位报告，由建设单位向设计单位提出变更要求。

(2)甲施工单位回函所称不妥。因为分包单位的任何违约行为导致工程损害或给建设单位造成的损失，总承包单位应承担连带责任。

总监理工程师签发的整改通知不妥，因为整改通知应签发给甲施工单位，而乙施工单位与建设单位没有合同关系。

(3)专业监理工程师无权签发“工程暂停令”。因为这是总监理工程师的权力。

下达工程暂停令的程序有不妥之处。理由是：专业监理工程师应报告总监理工程师，由总监理工程师签发工程暂停令。

(4)甲施工单位的说法不正确。因为乙施工单位与建设单位没有合同关系，乙施工单位的损失应由甲施工单位承担。

(5)建设单位的说法不正确。因为监理工程师是在合同授权内履行职责，施工单位所受的损失不应由监理单位承担。

【案例五】 某实施监理的工程项目，监理工程师对施工单位报送的施工组织设计审核时发现两个问题：一是施工单位为方便施工，将设备管道竖井的位置作了移位处理；二是工程的有关试验主要安排在施工单位实验室进行。总监理工程师分析后认为，管道竖井移位方案不会影响工程使用功能和结构安全，因此签认了该施工组织设计报审表并送达建设单位；同时，指示专业监理工程师对施工单位实验室资质等级及其试验范围等进行考核。

项目监理过程中有如下事件：

事件1 在建设单位主持召开的第一次工地会议上，建设单位介绍工程开工准备工作基本完成，施工许可证正在办理，要求会后就组织开工。总监理工程师认为施工许可证未办理好之前不宜开工。对此，建设单位代表很不满意，会后建设单位起草了会议纪要，纪要中明确边施工边办理施工许可证，并将此会议纪要送发监理单位、施工单位，要求遵照执行。

事件2 设备安装施工要求安装人员有安装资格证书。专业监理工程师检查时发现施工单位安装人员与资格报审名单中的人员不完全相符，其中五名安装人员无安装资格证书，他们已参加并完成了该工程的一项设备安装工作。

事件3 设备调试时，总监理工程师发现施工单位未按技术规程要求进行调试，存在较大的质量和安全隐患，立即签发了工程暂停令，并要求施工单位整改。施工单位用了2天时间整改后被指令复工。对此次停工，施工单位向总监理工程师提交了费用索赔和工程延期的申请，强调设备调试为关键工作，停工2天导致窝工，建设单位应给予工期顺延和费用补偿，理由是虽然施工单位未按技术规程调试但并未出现质量和安全事故，停工2天是监理单位要求的。

问题：

(1)总监理工程师应如何组织审批施工组织设计？总监理工程师对施工单位报送的施工组织设计内容的审批处理是否妥当？说明理由。

(2)专业监理工程师对施工单位实验室除考核资质等级及其试验范围外，还应考核哪些内容？

(3)事件1中，建设单位在第一次工地会议的做法有哪些不妥？写出正确的做法。

(4)监理单位应如何处理事件？

(5)在事件3中，总监理工程师的做法是否妥当？施工单位的费用索赔和工程延期要求是否应该被批准？说明理由。

参考答案：

(1)总监理工程师应在约定的时间内,组织专业监理工程师审查,提出意见后,由总监理工程师审核签认。需要承包单位修改时,由总监理工程师签发书面意见,退回承包单位修改后再报审,总监理工程师重新审查。

对于施工组织设计内容的审批上,第一个问题的处理是不正确的,因总监理工程师无权改变设计;第二个问题的处理妥当,属于施工组织设计审查应处理的问题。

(2)专业监理工程师还应从以下4个方面对承包单位的实验室进行考核:①法定计量部门对试验设备出具的计量鉴定证明;②实验室的管理制度;③试验人员的资格证书;④本工程的试验项目及其要求。

(3)建设单位要求边施工边办理施工许可证的做法不妥。正确的做法是:建设单位应在自领取施工许可证起3个月内开工。

此外,建设单位起草会议纪要不妥,第一次工地会议纪要应由监理机构负责起草,并经与会各方代表会签。

(4)监理单位应要求施工单位将无安装资格证书的人员清除出场,并请有资格的检测单位对已完工的部分进行检查。

(5)监理工程师的做法是正确的。施工单位的费用索赔和工程延期要求不应该被批准,因为暂停施工的原因是施工单位未按技术规程要求操作的,属施工单位的原因。

思考与练习题

1. 在招标投标阶段对承包单位资质审核的内容有哪些？

2. 施工组织设计的审查程序有哪些？

3. 监理工程师对分包单位资质的审核内容有哪些？

4. 什么是质量控制点？选择质量控制点的一般原则有哪些？

5. 施工作业环境的控制内容有哪些？

6. 成品保护的措施有哪些？

7. 质量检验的主要方法有哪些？

8. 施工质量控制的手段有哪些？

9. 某工程在实施过程中发生如下事件：

事件1　由于工程施工工期紧迫,建设单位在未领取施工许可证的情况下,要求项目监理机构签发施工单位报送的“工程开工报审表”。

事件2　在未向项目监理机构报告的情况下,施工单位按照投标书中打桩工程及防水工程的分包计划,安排了打桩工程施工分包单位进场施工,项目监理机构对此作了相应处理后书面报告了建设单位。建设单位以打桩施工分包单位资质未经其认可就进场施工为由,不再允许施工单位将防水工程分包。

事件3　桩基工程施工中,在抽检材料试验未完成的情况下,施工单位已将该批材料用于工程,专业监理工程师发现后予以制止。其后完成的材料试验结果表明,该批材料不合格，经检验，使用该批材料的相应工程部位存在质量问题，需进行返修。

事件4　施工中，由建设单位负责采购的设备在没有通知施工单位共同清点的情况下就存放在施工现场。施工单位安装时，发现该设备的部分部件损坏，对此建设单位要求施工单位承担损坏赔偿责任。

事件5　上述设备安装完毕后进行的单机无负荷试车未通过验收，经检验认定是由设备本身的质量问题造成的。

问题：

(1) 指出事件1和事件2中建设单位做法的不妥之处。说明理由。

(2) 针对事件2，项目监理机构应如何处理打桩工程施工分包单位进场存在的问题？

(3) 针对事件3中的质量问题，项目监理机构应如何处理？

(4) 指出事件4中建设单位做法的不妥之处。说明理由。

(5) 事件5中，单机无负荷试车由谁组织？其费用是否包含在合同价中？因试车验收未通过所增加的各项费用由谁承担？

第五章　设备采购与制造安装的质量控制

【学习目标】

了解设备购置和检验的内容与方法，理解设备安装和调试的要点与步骤。

【学习内容】

设备的购置，设备的检查验收，设备的安装，设备的试压和试运转。

第一节　设备采购的质量控制

生产设备及各种配套附属设备均是建设项目的组成部分，为确保建设项目的整体质量，监理工程师也要做好设备质量的控制工作。

设备的购置是直接影响设备质量的关键环节。设备能否满足生产工艺要求、配套投产、正常运转、充分发挥效能、确保精度和质量，设备是否技术先进、经济适用、操作灵活、安全可靠、维修方便、经久耐用，这些均与设备的购置密切相关。

采购设备，可采取市场采购、向制造厂商订货或招标采购等方式，采购质量控制主要是采购方案的审查及工作计划中明确的质量要求。

一、市场采购设备的质量控制

市场采购这种方式由于局限性大，不易达到设备采购的目的，而且采购的设备质量和花费的设备费用往往受到采购人员的业务经验和工作作风的影响，因而一般用于小型通用设备的采购上。

（一）设备采购方案的质量控制

建设单位直接采购，监理工程师要协助编制设备采购方案；总承包单位或设备安装单位采购，监理工程师要对总承包单位或设备安装单位编制的采购方案进行审查。

1. 设备采购方案的编制

编制设备采购方案，要根据建设项目的总体计划和相关设计文件的要求，采购的设备必须符合设计要求。方案要明确设备采购的原则、范围和内容、程序、方式和方法，采购方案中要包括采购设备的类型、数量、质量要求、周期要求、市场供货情况、价格控制要求等因素。从而使整个设备采购过程符合项目建设的总体计划，设备满足质量要求，设备采购方案最终需获得建设单位的批准。

2. 设备采购的原则

（1）向信誉良好、供货质量稳定合格的供货商采购。

（2）所采购设备的质量是可靠的，满足设计文件所确定的各项技术要求，能保证整个项目生产或运行的稳定性。

(3)所采购设备和配件的价格是合理的,技术相对先进,交货及时,维修和保养能得到充分保障。

(4)符合国家对特定设备采购的政策法规。

3. 设备采购的范围和内容

根据设计文件,对需采购设备编制拟采购的设备表及相应的备品配件表,包括名称、型号、规格、数量、主要技术性能、要求交货期,以及这些设备相应的图纸、数据表、技术规格、说明书、其他技术附件等。

(二)市场采购设备的质量控制要点

(1)为使采购的设备满足要求,负责设备采购质量控制的监理工程师应熟悉和掌握设计文件中设备的各项要求、技术说明和规范标准。这些要求、技术说明和规范标准包括采购设备的名称、型号、规格、数量、技术性能、适用的制造和安装验收标准,要求的交货时间及交货方式与地点,以及其他技术参数、经济指标等各种资料和数据,并对存在的问题通过建设单位向设备设计单位提出意见和建议。

(2)总承包单位或设备安装单位负责设备采购的人员应有设备的专业知识,了解设备的技术要求、市场供货情况,熟悉合同条件及采购程序。

(3)由总承包单位或设备安装单位采购的设备,采购前要向监理工程师提交设备采购方案,经审查同意后方可实施。对设备采购方案的审查,重点应包括采购的基本原则、保证设备质量的具体措施、依据的图纸、规范和标准、质量标准、检查及验收程序、质量文件要求等内容。

二、向生产厂家订购设备的质量控制

选择一个合格的供货厂商,是向厂家订购设备质量控制工作的首要环节。为此,设备订购前要作好厂商的评审与实地考察。

(一)合格供货厂商的评审

按照建设单位、监理单位或设备采购代理单位规定的评审内容,在各同类厂商中进行横向比较,以确定认可的厂商。在评审过程中,对于以往的工程项目中有业务来往且实践表明能充分合作的厂商可优先考虑。

对供货厂商进行评审的内容可包括以下几项:

(1)供货厂商的资质。包括供货厂商的营业执照、生产许可证,经营范围是否涵盖了拟采购设备,注册资金能否满足采购设备的需要。对需要承担设计并制造专用设备的供货厂商或承担制造并安装设备的供货厂商,还应审查设计资格证书或安装资格证书。

(2)设备供货能力。包括企业的生产能力、装备条件、技术水平、工艺水平、人员组成、生产管理、质量的优劣、财务状况的好坏、售后服务的优劣及企业的信誉、检测手段、人员素质、生产计划调度和文明生产的情况、工艺规程执行情况、质量管理体系运转情况、原材料和配套零部件及元器件采购渠道,以前是否生产过这种设备等。

(3)近几年供应、生产、制造类似设备的情况,目前正在生产的设备情况、生产制造设备情况、产品质量状况。

(4)过去若干年的资金平衡表和负债表,下一年度财务预测报告。

(5)要另行分包采购的原材料、配套零部件及元器件的情况。

(6)各种检验检测手段及实验室资质,企业各项生产、质量、技术、管理制度的执行情况。

(二)作出调查结论

在初选确定供货厂商名单后,项目监理机构应和建设单位或采购单位一起对供货厂商作进一步现场实地考察调研,提出监理单位的看法,与建设单位一起作出考察结论。

三、招标采购设备的质量控制

设备招标采购一般用于大型、复杂、关键设备和成套设备及生产线设备的订货。

(1)选择合适的设备供应单位是控制设备质量的重要环节。在设备招标采购阶段,监理单位应该当好建设单位的参谋和帮手,把好设备订货合同中技术标准、质量标准的审查关。审查投标单位的设备供货能力,做好资格预审工作。

(2)参加对设备供货制造厂商或投标单位的考察,提出建议,与建设单位一起作出考察结论。

(3)参加评标、定标会议,帮助建设单位进行综合比较和确定中标单位。评标时,对设备的制造质量、设备的使用寿命和成本、维修的难易及备件的供应、安装调试、投标单位的生产管理、技术管理、质量管理和企业的信誉等几个方面作出评价。

(4)协助建设单位向中标单位或设备供货厂商移交必要的技术文件。

第二节　设备制造的质量控制

设备的制造过程是形成设备实体并使之具备所需要的技术性能和使用价值的过程。设备的监造就是要督促和协调设备制造单位的工作,使制造出来的设备在技术性能和质量上全面符合订货的要求,使设备的交货时间和价格符合合同的规定,并为以后的设备运输储存与安装调试打下良好的基础。

一、设备制造的质量监控方式

对于某些重要的设备,要对设备制造厂生产制造的全过程实行监造。设备监造是指有资质的监理单位依据委托监理合同和设备订货合同对设备制造过程进行的监督活动。监造人员原则上由设备采购单位派出。建设单位直接采购或招标采购,则委托监理工程师实施监控。由总包单位或建筑安装单位采购的,可自己安排监造人员,也可由项目监理机构派出,此时,项目监理机构将设备制造厂作为工程项目总包单位的分包单位实施管理,特别是对主要设备或关键设备,更是如此。

(一)驻厂监控

采取驻厂监控方式实施设备监造,监造人员直接进设备制造厂的制造现场,成立相应的监造小组,编制监造规划,实施设备制造全过程的质量监控。驻厂监造人员及时了解设备制造过程中质量的真实情况,审批设备制造工艺方案,实施过程控制,进行质量检查与控制,对设备最后出厂签署相应的质量文件。

(二)巡回监控

对某些设备(如制造周期长的设备),则可采用巡回监控的方式。质量控制的主要任务是监督管理制造厂商不断完善质量管理体系,监督检查材料进厂使用的质量控制、工艺过程、半成品的质量控制,复核专职质检人员质量检验的准确性、可靠性。监造人员根据设备制造计划及生产工艺安排,当设备制造进入某一特定部位或某一阶段时,监造人员对完成的零件、半成品的质量进行复核性检验,参加整机装配及整机出厂前的检查验收,检查设备包装、运输的质量。在设备制造过程中,监造人员要定期或不定期地到制造现场,检查了解设备制造过程的质量状况,发现问题及时处理。

(三)设置质量控制点监控

针对影响设备制造质量的诸多因素,设置质量控制点,做好预控及技术复核,实现制造质量的控制。

1. 质量控制点的设置

质量控制点应设置在对设备制造质量有明显影响的特殊工序或关键工序处,是针对设备的主要部件、关键部件、加工制造的薄弱环节及易产生质量缺陷的工艺过程。

(1)设备制造图纸的复核。

(2)制造工艺流程安排、加工设备精度的审查。

(3)原材料、外购配件、零部件的进厂及出库,使用前的检查。

(4)零部件及半成品的检查设备、检查方法、采用的标准,试验人员岗位职责及技术水平。

(5)专职质检人员、试验人员、操作人员的上岗资格。

(6)工序交接见证点。

(7)成品零件的标识入库、出库管理。

(8)零部件的现场装配。

(9)出厂前整机性能检测(或预拼装)。

(10)出厂前装箱的检查确认。

2. 质量控制点设置示例

钢结构焊接部件、机械类部件、电气自动化部件均是设备制造中的关键部件,其质量控制点设置如下。

(1)钢结构焊接部件:放样、切割下料尺寸、坡口焊接、部件组装、变形校正、油漆、无损探伤等工序及工艺过程。

(2)机械类部件:质量控制点应设置在调直处理、机械加工精度、组装等工序及工艺过程处。

(3)电气自动化部件:元件、组件、部件组装前的检查,组装过程,仪表安装,线路布线,空载和负荷试验等。

二、设备制造前的质量控制

(一)熟悉图纸、合同,掌握标准、规范、规程,明确质量要求

在总监理工程师的组织和指导下,监理工程师应熟悉和掌握设备制造图纸及有关技

术说明和规范标准，掌握设计意图和各项设备制造的工艺规程要求及采购订货合同中有关设备制造的各项规定。为确保设备质量，对可能存在的问题要通过建设单位向设备设计单位提出意见和建议。

（二）明确设备制造过程的要求及质量标准

参加建设单位组织的设备制造图纸的设计交底或制造图纸会审时，应进一步明确设备制造过程的要求及质量标准。对图纸中存在的差错或问题，通过建设单位向设计单位提出意见或建议。督促制造单位认真进行图纸核对，尤其是尺寸、公差、各种配合精度要及时进行技术澄清。

（三）审查设备制造的工艺方案

设备制造单位必须根据设备制造图纸和技术文件的要求，采用先进合理并适合制造单位实际的工艺技术与流程，运用科学管理的方法，将加工设备、工艺装备、操作技术、检测手段和材料、能源、劳动力等合理地组织起来，为设备制造做好生产技术准备。这种生产技术准备包括工艺设计、工艺装备设计与制造、主要及关键部件检验、工艺设计和专用检测工具设计及制造、试车作业指导书、生产计划、外协作加工计划、原材料和毛坯准备、外购配件及元件准备等。此外，当采用新工艺、新材料和新的工艺装备时，有时还需要先做试验，只有经过试验验证的确是新工艺、新包装的才能运用到正式的生产中去。

（四）对设备制造分包单位的审查

对设备制造过程中的分包单位，总监理工程师应严格审查分包单位的资质情况、分包的范围和内容。分包单位的实际生产能力和质量管理体系、试验、检验手段及资质符合要求后予以确认。

（五）检验计划和检验要求的审查

审查内容包括设备制造各阶段的检验部位、内容、方法、标准及检测手段、检测设备和仪器制造厂的实验室资质、管理制度，符合要求后予以确认。

（六）对生产人员上岗资格的检查

监理工程师对设备制造的生产人员是否具有相应的技术操作证书、技术水平进行检查，符合要求的人员方可上岗，尤其是一些特殊作业工种，如电焊工、模具钳工、装配钳工、专用设备的操作人员（如靠模铣床、仿形铣床、立式车床、数控车床等的操作人员）。

（七）用料的检查

监理工程师应对设备制造过程中使用的原材料、外购配套件、元器件、标准件、坯料的材质证明书和合格证书等质量证明文件及制造厂自检的检验报告进行审查，并对外购器件、外协作加工件和材料进行质量验收，符合规定后予以签认。

三、设备制造过程的质量监控

制造过程的质量控制是设备制造质量控制的重点，制造过程涉及一系列不同的工序工艺作业，以及不同加工制造工艺形成的工序产品、零件、半成品。

（一）制造过程的监督和检验

1. 加工制造作业条件的控制

加工制造作业条件包括：作业开始前编制的工艺卡片、工艺流程、工艺要求，对操作者的技术交底,加工设备的完好情况及精度,加工制造车间的环境,生产调度安排,作业管理等,做好这些方面的控制,就为加工制造打下了好的基础。

2. 工序产品的检查与控制

设备制造涉及诸多工艺过程或不同的工序。一般,任一设备要经过铸造、锻造、机械加工、热处理、焊接、连接及组装等工序。控制零件加工制造中每道工序的加工质量是零件制造的基本要求,也是设备整体质量的保证。所以,在每道工序中都要进行加工质量的检验。检验是对零件制造的质量特性进行测量、检查、试验和计量,并将检验的数据与设计图纸或者工艺流程规定的数据比较,判断质量特性的符合性,从而鉴别零件是否合格,为每道工序把好关。同时,零件检验还要及时汇总和分析质量信息,为采取纠正措施提供依据。

因此,这种监督和检查包括:监督零件加工制造是否按工艺规程的规定进行,零件制造是否经检验合格后才转入下一道工序,主要及关键零件的材质和关键工序以及它的检验是否严格执行图纸和工艺的规定。同时,这种检查还要包括:操作者自检与下道工序操作者的交检,车间或工厂质检科专业质检员的专业检查及监理工程师的抽检、复验或检查。

3. 不合格零件的处置

监理工程师应掌握不合格零件的情况,分析产生的原因并指令设备制造单位消除造成不合格的因素。

监理工程师还应掌握返修零件的情况,检查返修工艺和返修文件的签署,检查返修零件的质量是否符合要求。

当监理工程师认为设备制造单位的制造活动不符合质量要求时,应指令设备制造单位进行整改、返修或返工,当发生质量失控或重大质量事故时,由总监理工程师下达暂停制造指令,提出处理意见,并及时报建设单位。

4. 设计变更

在设备制造过程中,由于设备定货方、原设计单位、监造单位或设备制造单位需要对设备的设计提出修改时,应由原设计单位进行设计变更,并由总监理工程师审核设计变更,以及因变更引起的费用增减和制造工期的变化,尤其要注意设计变更不得降低设备质量,且设计变更应得到建设单位的同意。

5. 零件、半成品、制成品的保护

监督设备制造单位对已合格的零部件做好储存、保管,防止遭受污染、锈蚀及控制系统的失灵,避免配件、备件的遗失,作好零件入库、出库的管理(领用及登记等)。

(二)设备的装配和整机性能检测

设备的试车和整机性能检测是设备制造质量的综合评定,是设备出厂前质量控制的重要检测阶段。

1. 设备装配过程的监督

装配是指将合格的零件和外购配套件、元器件按设计图纸的要求和装配工艺的规定进行配合、定位和连接,将它们装配在一起并调整零件之间的关系,使之形成具有规定的技术性能的设备。

监理工程师应监督整个装配过程，检查配合面的配合质量、零部件的定位质量及连接质量、运动件的运动精度等，当符合装配质量要求时予以签认。

2. 监督设备的调整试车和整机性能检测

按设计要求及合同规定，如设备需进行出厂前的试车或整机性能检测，监理工程师在接到制造厂的申请后，经审查，如认为已达到条件，则应批准制造厂的申请，此时总监理工程师应组织专业监理工程师参加设备的调整试车和整机性能检测，记录数据，验证设备是否达到合同规定的技术质量要求，是否符合设计和设备制造规程的规定，符合要求后予以签认。

（三）设备出厂的质量控制

1. 出厂前的检查

为了防止零件锈蚀和使设备美观协调及为满足其他方面的要求，设备制造单位必须对零件和设备涂防锈油脂或涂装漆，此项工作也常穿插在零件制造和装配中进行。

在设备运往现场前，监理工程师应按设计要求检查设备制造单位对待运设备采取的防护和包装措施，并应检查是否符合运输、装卸、储存、安装的要求，以及相关的随机文件、装箱单和附件是否齐全，符合要求后由总监理工程师签认同意后方可出厂。

2. 设备运输的质量控制

为保证设备的质量，制造单位在设备运输前应做好包装工作和制定合理的运输方案。

监理工程师要对设备包装质量进行检查，并审查设备运输方案。

1）包装的基本要求

（1）设备在运输过程中要经受多次装卸和搬运，为此必须采取良好的防湿、防潮、防尘、防锈和防震等保护措施进行运输和包装，确保设备安全无损地运抵安装现场。

（2）必须按照国家或国际包装标准及订货合同规定的某些特殊运输包装条款进行包装，满足验箱机构的检验。

（3）运输前应对放置形式、装卸起重位置等进行标识。

（4）运输前应核对和检查设备及其配件的相关随机文件、装箱单和附件等资料。

2）运输方案的审查

（1）审查设备运输方案，特别是大型、关键设备的运输，包括运输前的准备工作、运输时间、运输方式、人员安排、起重和加固方案，是整机运输还是分部件拆装运输。

（2）对承运单位的审查，包括考察其承运实力、技术水平、运输条件及服务、信誉等。

（3）审查办理海关、保险业务的情况。

（4）审查运货台账、运输状态报告的准备情况。

（5）运输安全措施。

3. 设备运输中重点环节的控制

（1）检查整个运输过程是否按审批后的运输方案执行，督促运输措施的落实。

（2）监督主要设备和进口设备的装卸工作并作好记录，若发现问题应及时提出并会同有关单位作好文件签署手续。

（3）检查运输过程中设备储存场所的环境和储存条件是否符合要求，督促设备保管部门定期检查和维护储存的设备。

(4)在装卸、运输、储存过程中,检查是否根据包装标志的示意及存放要求处理。

4. 设备交货地点的检查与清点

(1)现场接货准备工作的检查。

(2)设备交货的检查和清点:①审查制定的开箱检验方案,以及检查措施的落实情况。②应在开箱前按合同规定确定是否需要由设备制造单位、订货单位、建设单位、设计单位代表参加。进口设备还需海关、商检等部门共同参加。

(四)质量记录资料的监控

质量记录资料是设备制造过程质量状况的记录,它不但是设备出厂验收的内容,对今后的设备使用及维修也有意义。质量记录资料包括质量管理资料,设备制造依据,制造过程的检查、验收资料,设备制造原材料、构配件的质量资料。

1. 制作单位质量管理检查资料

它包括以下内容:质量管理制度、质量责任制、试验检验制度,试验、检测仪器设备质量证明资料,特殊工种、试验检测人员上岗证书,分包制造单位的资质及总制造单位的管理制度,原材料进场复验检查规定,零件、外购部件进场检查制度。

2. 设备制造依据及工艺资料

它包括以下内容:制造检验技术标准,设计图审查记录、制造图、零件图、装配图、工艺流程图、工艺设备设计及制造资料,主要及关键部件检验工艺设计和专用检测工具设计制造资料。

3. 设备制造材料的质量记录

它包括原材料进厂合格资料,进厂后材料理化性能检测复验报告,外购零部件的质量证明资料。

4. 零部件加工检查验收资料

它包括:工序交接检查验收记录,焊接探伤检测报告,监理工程师检查验收资料,设备试装、试拼记录,整机性能检测资料,设计变更记录,不合格零配件处理返修记录。

5. 监理工程师对质量记录资料的要求

质量资料要真实、齐全,相关人员的签字齐备,结论要准确;质量资料与制造过程要同步;组卷、归档要符合接收及安装单位的规定。

第三节　设备的检查验收

设备质量是设备安装质量的前提,为确保设备质量,监理工程师需作好设备检查验收的质量控制。设备的检查验收包括供货单位出厂前的自查检验及用户或安装单位在进入安装现场后的检查验收。

一、设备检验的要求

设备进场时,要按设备的名称、型号、规格、数量按清单逐一检查验收,其检查的要求如下:

(1)对整机装运的新购设备,应进行运输质量及供货情况的检查。对有包装的设备,应检查包装是否受损；对无包装的设备，则可直接进行设备外观检查及附件、备品的清点。对进口设备，则要进行开箱全面检查。若发现设备有较大损伤，应作好详细记录或照相，并尽快与运输部门或供货厂家交涉处理。

(2)对解体装运的自组装设备，在对总成、部件及随机附件、备品进行外观检查后，应尽快组织工地组装并进行必要的检测试验。因为该类设备在出厂时抽样检查的比例很小，一般不超过3%左右，其余的只做部件及组件的分项检验，而不做总装试验。

关于保修期及索赔期的规定为：一般国产设备从发货日起12~18个月，进口设备从发货日起6~12个月，有合同规定者按合同执行。对进口设备，应力争在索赔期的上半年或迟至9个月内安装调试完毕，以争取3~6个月的时间进行生产检验，发现问题及时提出索赔。

(3)工地交货的机械设备，一般都由制造厂在工地进行组装、调试和生产性试验，自检合格后才提请订货单位复验，待试验合格后，才能签署验收。

(4)调拨的旧设备的测试验收，应基本达到"完好设备"的标准。全部验收工作应在调出单位所在地进行，若测试不合格，则不装车发运。

(5)对于永久性或长期性的设备改造项目，应按原批准方案的性能要求，经一定的生产实践考验并鉴定合格后才予验收。

(6)对于自制设备，在经过6个月的生产考验后，按试验大纲的性能指标测试验收，决不允许擅自降低标准。

二、设备检验的质量控制

设备检验是一项专业性、技术性较强的工作，需要建设、设计、施工、安装、制造、监理等有关部门的参加。重要的关键大型设备，应由建设单位组织鉴定小组进行检验。一切随机的原始材料、自制设备的设计计算资料、图纸、测试记录、验收鉴定结论等应全部清点，整理归档。

(一)制定设备检验计划

(1)设备检查验收前，设备安装单位要提交设备检查验收方案，包括验收方法、质量标准、检查验收的依据，经监理工程师审查同意后进行实施。

(2)监理工程师要作好质量控制计划，质量控制计划要包括：设备检查验收的程序，检查项目、标准、检验、试验要求，设备合格证等质量控制资料的要求，是否应具有权威性的质量认证等。

(二)执行设备检验程序

(1)设备进入安装现场前，总承包单位或安装单位应向项目监理机构提交"工程材料/构配件/设备报审表"，同时附有设备出厂合格证及技术说明书、质量检验证明、有关图纸及技术资料，经监理工程师审查，如符合要求，则予以签认，设备方可进入安装现场。

(2)设备进场后，监理工程师应组织设备安装单位在规定时间内进行检查，此时供货方或设备制造单位应派人参加，按供货方提供的设备清单及技术说明书、相关质量控制资料进行检查验收，经检查确认合格，则验收人员签署验收单。如发现供货方质量控制资料有误，或实物与清单不符，或对质量文件资料的正确有怀疑，或设计文件及验收规程规定必须复验合格后才可安装，应由有关部门进行复验。

(3)如经检验发现设备质量不符合要求，则监理工程师拒绝签认，由供货方或制造单位予以更换或进行处理，合格后再进行检查验收。

(4)工地交货的大型设备，一般由厂方运至工地后组装、调整和试验，经自检合格后再由监理工程师组织复验，复验合格后才予以验收。

(5)进口设备的检查验收，应会同国家商检部门进行。

三、设备检查方法

(一)设备开箱检查

设备出厂时，一般都要进行良好的包装，运到安装现场后，再将包装箱打开予以检查。对设备开箱检查时，建设单位和设计单位应派代表参加。设备开箱应按下列项目进行检查并作好记录：

(1)箱号、箱数及包装情况。

(2)设备的名称、型号和规格。

(3)装箱清单、设备的技术文件、资料及专用工具。

(4)设备有无缺损件，表面有无损坏和锈蚀等。

(5)其他需要记录的情况。

在设备开箱检查中，设备及其零部件和专用工具，均应妥善保管，不得使其变形、损坏、锈蚀、错乱和丢失。

(二)设备的专业检查

设备的开箱检查主要是检查外表，初步了解设备的完整程度，零部件、备品是否齐全；而对设备的性能、参数、运转情况的全面检验则应根据设备类型的不同进行专项的检验和测试，如承压设备的水压试验、气压试验、气密性试验。

(三)单机无负荷试车或联动试车

具体内容详见本章第四节。

四、不合格设备的处理

(一)大型或专用设备

检验及鉴定其是否合格均有相应的规定，一般要经过试运转及一定时间的运行方能进行判断，有的则需要组成专门的验收小组或经权威部门鉴定。

(二)一般通用或小型设备

(1)出厂前装配不合格的设备，不得进行整机检验，应拆卸后找出原因制定相应的方案后再行装配。

(2)整机检验不合格的设备不能出厂。由制造单位的相关部门进行分析研究，找出原因、提出处理方案，如是零部件原因，则应进行拆换，如是装配原因，则应重新进行装配。

(3)进场验收不合格的设备不得安装，由供货单位或制造单位返修处理。

(4)试车不合格的设备不得投入使用，并由建设单位组织相关部门进行研究处理。

第四节　设备安装的质量控制

设备安装要按设计文件实施，要符合有关的技术要求和质量标准。设备安装应从设备开箱起，直至设备的空载试运转，必须带负荷才能试运转的应进行负荷试运转。在安装过程中，监理工程师要作好安装过程的质量监督与控制，对安装过程中的每一个分项工程、分部工程和单位工程进行质量检查验收。

一、设备安装准备阶段的质量控制

(1)审查安装单位提交的设备安装施工组织设计和安装施工方案。

(2)检查作业条件：如运输道路、水、电、气、照明及消防设施；主要材料、机具及劳动力是否落实，土建施工是否已满足设备安装要求；安装工序中有恒温、恒湿、防震、防尘、防辐射要求时，是否有相应的保证措施；当气象条件不利时，是否有相应的措施。

(3)采用建筑结构作为起吊、搬运设备的承力点时，是否对结构的承载力进行了核算，是否征得设计单位的同意。

(4)设备安装中采用的各种计量和检测器具、仪器、仪表及设备是否符合计量规定(精度等级不得低于被检对象的精度等级)。

(5)检查安装单位的质量管理体系是否建立及健全，督促其不断完善。

二、设备安装过程的质量控制

设备安装过程的质量控制主要包括设备基础检验、设备就位、调平与找正、二次灌浆等不同工序的质量控制。

(一)质量控制要点

(1)安装过程中的隐蔽工程，隐蔽前必须进行检查验收，合格后方可进入下道工序。

(2)设备安装中要坚持施工人员自检，下道工序的交检，安装单位专职质检人员的专检及监理工程师的复检(和抽检)，并对每道工序进行检查和记录。

(3)安装过程使用的材料，如各种清洗剂、油脂、润滑剂、紧固件等必须符合设计和产品标准的规定，有出厂合格证明及安装单位自检结果。

(二)设备基础的质量控制

设备在安装就位前，安装单位应对设备基础进行检验，在其自检合格后提请监理工程师进行检查，一般是检查基础的外形、几何尺寸、位置、混凝土强度等项。对大型设备基础，应审核土建部门提供的预压及沉降观测记录，如无沉降记录，应进行基础预压，以免设备在安装后出现基础下沉和倾斜。

监理工程师对设备基础检查验收时还应注意以下几点：

(1)所在基础表面的模板、地脚螺栓、固定架及露出基础外的钢筋等必须拆除；基础表面及地脚螺栓预留孔内油污、碎石、泥土以及杂物、积水等，应全部清除干净；预埋地脚螺栓的螺纹和螺母应保护完好，放置垫铁部位的表面应凿平。

(2)所有预埋件的数量和位置要正确。对不符合要求的质量问题，应指令承包单位立即进行处理，直至检验合格。

（三）设备就位和调平找正

1. 设备就位的质量控制

正确地找出并划定设备安装的基准线，然后根据基准线将设备安放到正确位置上，统称就位。这个“位置”是指平面的纵、横向位置和标高。监理工程师的质量控制就是对安装单位的测量结果进行复核，并检查其测量位置是否符合要求。此外，监理工程师还应注意，设备就位应平稳，防止摇晃位移；对于重心较高的设备，应要求安装单位采取措施预防失稳倾覆。

2. 设备调平找正的质量控制

设备调平找正分为设备找正、设备初平及设备精平三个步骤。

设备找正调平时需要有相应的基准面和测点。安装单位所选择的测点应有足够的代表性（能代表其所在的测面和线），且数量不宜太多，以保证调整的效率；选择的测点数应保证安装的最小误差。一般情况下，对于刚性较大的设备，测点数可较少；对于易变形的设备，测点数应适当增多。监理工程师要对安装单位选择的测点进行检查及确认，对设备调平找正使用的工具、量具的精度进行审核，以保证精度满足质量要求。

对安装单位进行设备初平、精平的方法进行审核或复验（如安装水平度的检测、垂直度的检测、直线度的检测、平面度的检测、平行度的检测、同轴度的检测、跳动的检测、对称度的检测等），以保证设备调平找正达到规范的要求。

（四）设备的复查与二次灌浆

每台设备在安装定位、找正调平以后，安装单位要进行严格的复查工作，使设备的标高、中心和水平及螺栓调整垫铁的紧度完全符合技术要求，并将实测结果记录在质量表格中。安装单位经自检确认符合安装技术标准后，应提请监理工程师进行检验，经监理工程师检查合格后，安装单位方可进行二次灌浆工作。

（五）设备安装质量记录资料的控制

同设备制造类似，设备安装的质量记录资料反映了整个设备的安装过程，对今后的设备运行及维修也具有一定意义。

1. 安装单位质量管理检查资料

安装单位质量管理检查资料包括：安装单位的质量管理制度、质量责任制、安装工程施工组织设计、安装方案，分包单位的资质及总包单位的管理制度，特殊作业人员上岗证书，安装作业安全制度。

2. 安装依据

安装依据包括：设备安装图，图纸审查记录，作业技术标准，安装设备质量文件资料，安装作业交底资料。

3. 设备、材料的质量证明资料

设备、材料的质量证明资料，如原材料及构配件进厂复验资料，试验检测资料，设备的验收资料。

4. 安装设备验收资料

安装设备验收资料包括：安装施工过程隐蔽工程验收记录（如基础、管道等），工序交接验收记录，设备安装后整机性能检测报告，试装、试拼记录，安装过程中设计变更资料，安装过程不合格品处理及返修、返工记录。

5. 监理工程师对资料的要求

(1)安装的质量记录资料要真实、齐全，签字齐备。

(2)所有资料结论要明确。

(3)质量记录资料要与安装过程的各阶段同步。

(4)组卷、归档要符合建设单位及接收使用单位的要求，国际投资的大型项目，资料应符合国际重点工程对验收资料的要求。

三、设备试运行的质量控制

设备安装经检验合格后，还必须进行试运转，这是确保设备配套投产正常运转的重要环节。

(一)设备试运行条件的控制

设备安装单位认为达到试运行条件时，应向项目监理机构提出申请。经现场监理工程师检查并确认满足设备试运行条件时，由总监理工程师批准设备安装承包单位进行设备试运行。试运行时，建设单位及设计单位应有代表参加。

生产设备试运行条件有以下几点：

(1)设备及其附属装置、管路等全部施工安装完毕，施工记录及质量控制资料齐备，并经监理工程师检查符合要求；设备的精平和几何精度检验合格；润滑、液压、冷却、水、气(汽)、电气(仪器)控制等附属装置按系统检验完毕，符合试运行的要求。

(2)需要的能源、介质、材料、工机具、检测仪器、安全防护设施及用具等符合试运行的要求。

(3)大型、复杂、精密仪器，试运行方案或操作规程已由安装单位编制完成，并经总监理工程师及建设单位审查批准。

(4)参加试运行的施工人员熟悉设备的构造、性能、设备技术文件，掌握操作规程及试运行操作，安装单位完成了相关的技术交底。

(5)经现场检查，设备及周围环境已清扫干净，设备附近没有粉尘或噪声较大的作业。

(二)试运行过程的质量控制

监理工程师在设备试运行过程的质量控制主要是监督安装单位按规定的步骤和内容进行试运行。

1. 设备试运行的步骤及内容

一般中小型单体设备(如机械加工设备)可只进行单机试车后即可交付生产。对复杂的、大型的机组及生产作业线等，特别是化工、石油、冶金、化纤、电力等连续生产的企业，必须进行单机、联动、投料等试车阶段。

试运行一般可分为准备工作、单机试车、联动试车、投料试车和试生产四个阶段来进行。前一阶段试车是后一阶段试车的准备，后一阶段试车必须在前一阶段试车完成后才能进行。

大型项目设备试运行的顺序要根据安装施工的情况而定,但一般是公用工程的各个项目先试车,然后对产品生产系统的各个装置进行试车。在试运行中,应坚持下述步骤:

(1)从无负荷到负荷。

(2)由部件到组件,由组件到单机,由单机到机组。

(3)分系统进行,先主动系统后从动系统。

(4)先低速逐级增至高速。

(5)先手控、后遥控运转,最后进行自控运转。

2. *设备试运行过程的质量控制*

监理工程师应参加试运行的全过程,督促安装单位作好各种检查及记录,如传动系统、电气系统、润滑、液压、气动系统的运行状况,试车中如出现异常,应立即进行分析并指令安装单位采取相应措施。

【案例一】 某工程,建设单位将土建工程、安装工程分别发包给甲、乙两家施工单位。在合同履行过程中发生了如下事件:

事件1 专业监理工程师在检查甲施工单位投入的施工机械设备时,发现数量偏少,即向甲施工单位发出了“监理工程师通知单”要求整改;在巡视时,发现乙施工单位已安装的管道存在严重质量隐患,即向乙施工单位签发了“工程暂停令”,要求对该分部工程停工整改。

事件2 甲施工单位施工时不慎将乙施工单位正在安装的一台设备损坏,甲施工单位向乙施工单位作了赔偿。因修复损坏的设备导致工期延误,乙施工单位向项目监理机构提出延长工期申请。

问题:

(1)分别指出事件1中专业监理工程师做法是否妥当。说明理由并指出正确做法。

(2)在施工单位申请工程复工后,监理单位应该进行哪些方面的工作?

(3)乙施工单位向项目监理机构提出延长工期申请是否正确?说明理由。

参考答案:

(1)①发出“监理工程师通知单”妥当。

②不妥之处:签发“工程暂停令”。

理由:专业监理工程师无权签发“工程暂停令”(只有总监理工程师才有权签发“工程暂停令”)。

正确做法:专业监理工程师向总监理工程师报告,总监理工程师在征得建设单位同意后发出“工程暂停令”。

(2)项目监理机构应重新进行复查验收,符合规定要求后,并征得建设单位同意,总监理工程师应及时签署“工程复工报审表”;不符合规定要求,责令乙施工单位继续整改。

(3)正确。

①乙施工单位与建设单位有合同关系。

②甲施工单位与建设单位有合同关系,建设单位应承担连带责任。

思考与练习题

1. 设备采购的方式有哪几种？相应的质量控制工作主要是什么？

2. 设备制造的质量监控方式有哪几种？

3. 设备制造前的质量控制工作有哪些？

4. 如何做好设备制造过程中的质量控制工作？

5. 简述设备检查验收的要求。

6. 试述设备检验的程序和方法。

7. 简述设备安装的质量控制工作。

8. 简述设备试运行的质量控制工作。

9. 分别简述设备制造及安装过程对质量记录资料的监控。

10. 某工程，建设单位委托监理单位承担施工阶段的监理任务，总承包单位按照施工合同约定选择了设备安装分包单位。在合同履行过程中发生如下事件：

事件1 工程开工前，总承包单位在编制施工组织设计时认为修改部分施工图设计可以使施工更方便，质量和安全更易保证，遂向项目监理机构提出了设计变更的要求。

事件2 专业监理工程师检查主体结构施工时，发现总承包单位在未向项目监理机构报审危险性较大的预制构件起重吊装专项方案的情况下已自行施工，且现场没有管理人员。于是，总监理工程师下达了“监理工程师通知单”。

事件3 专业监理工程师在现场巡视时，发现设备安装分包单位违章作业，有可能导致发生重大质量事故。总监理工程师口头要求总承包单位暂停分包单位施工，但总承包单位未予执行。总监理工程师随即向总承包单位下达了“工程暂停令”，总承包单位在向设备安装分包单位转发“工程暂停令”前，发生了设备安装质量事故。

问题：

(1)针对事件1中总承包单位提出的设计变更要求，写出项目监理机构的处理程序。

(2)根据《建设工程安全生产管理条例》规定，事件2中起重吊装专项方案需经哪些人签字后方可实施？

(3)指出事件2中总监理工程师的做法是否妥当？说明理由。

(4)事件3中总监理工程师是否可以口头要求暂停施工？为什么？

(5)就事件3中所发生的质量事故，指出建设单位、监理单位、总承包单位和设备安装分包单位各自应承担的责任，说明理由。

第六章　工程质量评定及竣工验收

【学习目标】

使学生理解工程质量评定的目的、作用和主要内容，了解观感质量和质量保证资料的作用，掌握工程项目竣工验收的条件和主要内容。

【学习内容】

工程质量评定的一般规定，分项工程质量评定，分部工程质量评定，单位工程质量的综合评定，工程项目的竣工验收。

第一节　概　述

工程施工质量验收是工程建设质量控制的一个重要环节，它包括工程施工质量的中间验收和工程的竣工验收两个方面。通过对工程建设中间产品和最终产品的质量验收，从过程控制和终端把关两个方面进行工程项目的质量控制，以确保达到业主所要求的功能和使用价值，实现建设投资的经济效益和社会效益。

工程项目的竣工验收是项目建设程序的最后一个环节，是全面考核项目建设成果、检查设计与施工质量、确认项目能否投入使用的重要步骤。竣工验收的顺利完成标志着项目建设阶段的结束和使用阶段的开始。

一、建筑工程施工质量验收规范体系

为了加强建筑工程质量管理，统一建筑工程施工质量的验收，保证工程质量，2001 年建设部发布了《建筑工程施工质量验收统一标准》（GB 50300—2001），并从 2002 年 1 月 1 日开始实施，这个标准连同 15 个施工质量验收规范组成了一个技术标准体系，并统一了房屋工程质量的验收方法、程序和质量标准。这个技术标准体系是将以前的施工及验收规范和工程质量检验评定标准合并，组成了新的工程质量验收规范体系。

建筑工程施工质量验收规范系列标准框架体系各规范名称如下：

（1）《建筑工程施工质量验收统一标准》（GB 50300—2001）；

（2）《建筑地基基础工程施工质量验收规范》（GB 50202—2002）；

（3）《砌体工程施工质量验收规范》（GB 50203—2002）；

（4）《混凝土结构工程施工质量验收规范》（GB 50204—2002）；

（5）《钢结构工程施工质量验收规范》（GB 50205—2001）；

（6）《木结构工程施工质量验收规范》（GB 50206—2002）；

（7）《屋面工程质量验收规范》（GB 50207—2002）；

（8）《地下防水工程质量验收规范》（GB 50208—2002）；

（9）《建筑地面工程施工质量验收规范》（GB 50209—2002）；

(10)《建筑装饰装修工程质量验收规范》(GB 50210—2001);

(11)《建筑给排水及采暖工程施工质量验收规范》(GB 50242—2002);

(12)《通风与空调工程施工质量验收规范》(GB 50243—2002);

(13)《建筑电气工程施工质量验收规范》(GB 50303—2002);

(14)《电梯工程施工质量验收规范》(GB 50310—2002);

(15)《智能建筑工程施工质量验收规范》(GB 50339—2003);

(16)《建筑节能工程施工质量验收规范》(GB 50411—2007)。

该技术标准体系总结了我国建筑工程施工质量验收的实践经验,坚持了"验评分离、强化验收、完善手段、过程控制"的指导思想。

(1)验评分离。是将以前验评标准中的质量检验与质量评定的内容分开,将以前施工及验收规范中的施工工艺和质量验收的内容分开,将验评标准中的质量检验与施工规范中的质量验收衔接,形成工程质量验收规范。施工及验收规范中的施工工艺部分作为企业标准,或行业推荐性标准;验评标准中的评定部分主要是对企业操作工艺水平进行评价,可作为行业推荐性标准,为社会及企业的创优评价提供依据。

(2)强化验收。是将施工规范中的验收部分与验评标准中的质量检验内容合并起来,形成一个完整的工程质量验收规范,作为强制性标准,是建筑工程必须完成的最低质量标准,是施工单位必须达到的施工质量标准,也是建设单位验收工程质量所必须遵守的规定。

强化验收体现在:①强制性标准;②只设合格一个质量等级;③强化质量指标都必须达到规定的指标;④增加检测项目。

(3)完善手段。一是完善材料、设备的检测;二是改进施工阶段的施工试验;三是开发竣工工程的抽测项目,减少或避免人为因素的干扰和主观评价的影响。

工程质量检测,可分为基本试验、施工试验和竣工工程有关安全及使用功能抽样检测三个部分。

基本试验具有法定性,其质量指标、检测方法都有相应的国家或行业标准,其方法、程序、设备仪器,以及人员素质都应符合有关标准的规定,其试验一定要符合相应标准方法的程序及要求,要有复演性,其数据要有可比性。

施工试验是施工单位进行质量控制的依据,判定质量时,要注意技术条件,试验程序需要第三方见证,以保证其统一性和公正性。

竣工抽样试验是确认施工检测的程序、方法、数据的规范性及有效性,统一施工检测及竣工抽样检测的程序、方法、仪器设备等。

(4)过程控制。一是体现在建立过程控制的各项制度;二是在基本规定中,设置控制的要求,强化中间控制和合格控制,强调施工必须有操作依据,并提出了综合施工质量水平的考核,作为质量验收的要求;三是验收规范的本身,检验批、分项、分部、单位工程的验收。

二、建筑工程施工质量验收术语

《建筑工程施工质量验收统一标准》(GB 50300—2001)中共给出 17 个术语,这些术语对规范有关建筑工程施工质量验收活动中的用语,加深对标准条文的理解,特别是更好地贯彻执行标准是十分必要的。

(一)建筑工程

建筑工程是新建、改建或扩建房屋建筑物和附属构筑物设施所进行的规划、勘察、设计和施工、竣工等各项技术工作和完成的工程实体。

(二)建筑工程质量

建筑工程质量反映建筑工程满足相关标准规定或合同约定的要求,包括其在安全、使用功能及耐久性能、环境保护等方面所有明显和隐含能力的特性总和。

(三)验收

建筑工程是在施工单位自行质量检查评定的基础上,参与建设活动的有关单位共同对检验批、分项工程、分部工程、单位工程的质量进行抽样复验,根据相关标准以书面形式对工程质量达到合格与否作出确认。

(四)进场验收

对进入施工现场的材料、构配件、设备等按相关标准规定的要求进行检验,对产品达到合格与否作出确认。

(五)检验批

检验批指按同一的生产条件或按规定的方式汇总起来供检验用的,由一定数量样本组成的检验体。

(六)检验

检验指对检验项目中的性能进行量测、检查、试验等,并将结果与标准规定要求进行比较,以确定每项性能是否合格所进行的活动。

(七)见证取样检测

见证取样检测指在监理单位或建设单位监督下,由施工单位有关人员现场取样,并送至具备相应资质的检测单位所进行的检测。

(八)交接检验

交接检验指由施工的承接方与完成方经双方检查并对可否继续施工作出确认的活动。

(九)主控项目

主控项目指建筑工程中的对安全、卫生、环境保护和公众利益起决定性作用的检验项目。

(十)一般项目

一般项目指除主控项目外的检验项目。

(十一)抽样检验

抽样检验指按照规定的抽样方案,随机地从进场的材料、构配件、设备或建筑工程检验项目中,按检验批抽取一定数量的样本所进行的检验。

(十二)抽样方案

抽样方案指根据检验项目的特性所确定的抽样数量和方法。

(十三)计数检验

计数检验指在抽样的样本中,记录每一个个体有某种属性或计算每一个个体中的缺陷数目的检查方法。

（十四）计量检验

计量检验指在抽样检验的样本中，对每一个体测量其某个定量特性的检查方法。

（十五）观感质量

观感质量指通过观察和必要的量测所反映的工程外在质量。

（十六）返修

返修指对工程不符合标准规定的部位采取整修等措施。

（十七）返工

返工指对不合格的工程部位采取的重新制作、重新施工等措施。

第二节　建筑工程施工质量验收的基本规定

在建筑工程施工质量验收的过程中，一些基本的规定如下：

（1）施工现场质量管理应有相应的施工技术标准，健全的质量管理体系、施工质量检验制度和综合施工质量水平评定考核制度。

施工现场质量管理检查记录应由施工单位按表6-1填写，总监理工程师（建设单位项目负责人）进行检查，并作出检查结论。

表6-1　施工现场质量管理检查记录

开工时间：

<table>
<tr><td>工程名称</td><td colspan="3"></td><td colspan="2">施工许可证（开工证）</td><td></td></tr>
<tr><td>建设单位</td><td colspan="3"></td><td colspan="2">项目负责人</td><td></td></tr>
<tr><td>设计单位</td><td colspan="3"></td><td colspan="2">项目负责人</td><td></td></tr>
<tr><td>监理单位</td><td colspan="3"></td><td colspan="2">总监理工程师</td><td></td></tr>
<tr><td>施工单位</td><td></td><td>项目经理</td><td></td><td colspan="2">项目技术负责人</td><td></td></tr>
</table>

序号	项目	内容
1	现场质量管理制度	
2	质量责任制	
3	主要专业工种操作上岗证书	
4	分包方资质与对分包单位的管理制度	
5	施工图审查情况	
6	地质勘察资料	
7	施工组织设计、施工方案及审批	
8	施工技术标准	
9	工程质量检验制度	
10	搅拌站及计量设置	
11	现场材料、设备存放与管理	
12		

检查结论：

总监理工程师

（建设单位项目负责人）　　年　　月　　日

(2)建筑工程应按下列规定进行施工质量控制:①建筑工程采用的主要材料、半成品、成品、建筑构配件、器具和设备应进行现场验收。凡涉及安全、功能的有关产品,应按各专业工程质量验收规范的规定进行复验,并应经监理工程师(建设单位技术负责人)检查认可。②各工序应按施工技术标准进行质量控制,每道工序完成后,应进行检查。③相关各专业工种之间,应进行交接检验,并形成记录。未经监理工程师(建设单位技术负责人)检查认可,不得进行下道工序施工。

(3)建设工程施工质量应按下列要求进行验收:①建筑工程施工质量应符合《建筑工程施工质量验收统一标准》(GB 50300—2001)和相关专业验收规范的规定;②建筑工程施工应符合工程勘察、设计文件的要求;③参加工程施工质量验收的各方人员应具备规定的资格;④工程质量的验收均应在施工单位自行检查评定的基础上进行;⑤隐蔽工程在隐蔽前应由施工单位通知有关单位进行验收,并应形成验收文件;⑥涉及结构安全的试块、试件及有关材料,应按规定进行见证取样检测;⑦检验批的质量应按主控项目和一般项目验收;⑧对涉及结构安全和使用功能的重要分部工程应进行抽样检测;⑨承担见证取样检测及有关结构安全检测的单位应具有相应资质;⑩工程的观感质量应由验收人员通过现场检查,并应共同确认。

(4)检验批的质量检验应根据检验项目的特点在下列抽样方案中进行选择:①计量、计数或计量-计数等抽样方案;②一次、二次或多次抽样方案;③根据生产连续性和生产控制稳定性情况,可采用调整型抽样方案;④对重要的检验项目,当可采用简易快速的检验方法时,可选用全数检验方案;⑤经实践检验有效的抽样方案。

(5)在制定检验批的抽样方案时,对生产方风险(或错判概率 α)和使用方风险(或漏判概率 β)可按下列规定采取:①主控项目:对应于合格质量水平的 α 和 β 均不宜超过5%。②一般项目:对应于合格质量水平的 α 不宜超过5%,β 不宜超过10%。

第三节　建筑工程施工质量验收的划分

建筑工程施工质量验收涉及建筑工程施工过程控制和竣工验收控制,合理划分建筑工程施工质量验收层次是非常必要的。特别是不同专业工程的验收批如何确定,将直接影响到质量验收工作的科学性、经济性、实用性及可操作性,通过验收批和中间验收层次及最终验收单位的确定,实施对工程施工质量的过程控制和终端把握,确保工程施工质量达到工程项目决策阶段所确定的质量目标和水平。

(1)建筑工程施工质量验收应划分为单位(子单位)工程、分部(子分部)工程、分项工程和检验批。

(2)单位工程的划分应按下列原则确定:①具备独立施工条件并能形成独立使用功能的建筑物及构筑物的为一个单位工程;②建筑规模较大的单位工程,可将其能形成独立使用功能的部分划分为一个子单位工程。

(3)分部工程的划分应按下列原则确定:①分部工程的划分应按专业性质、建筑部位确定;②当分部工程较大或较复杂时,可按材料种类、施工特点、施工程序、专业系统及类别等划分为若干子分部工程。

(4)分项工程应按主要工种、材料、施工工艺、设备类别等进行划分。

(5)分项工程可由一个或若干检验批组成,检验批可根据施工及质量控制和专业验收需要按楼层、施工段、变形缝等进行划分。

建筑工程的分部(子分部)工程、分项工程可按表6-2划分。

(6)室外工程可根据专业类别和工程规模划分单位(子单位)工程。

室外单位(子单位)工程、分部工程可按表6-3划分。

表6-2　建筑工程的分部(子分部)工程、分项工程划分

序号	分部工程	子分部工程	分项工程
1	地基与基础	无支护土方	土方开挖、土方回填
		有支护土方	排桩,降水、排水、地下连续墙、锚杆、土钉墙、水泥土桩、沉井与沉箱、钢筋混凝土支撑
		地基及基础处理	灰土地基,砂和砂石地基,碎砖三合土地基,土工合成材料地基,粉煤灰地基,重锤夯实地基,强夯地基,振冲地基,砂桩地基,预压地基,高压喷射注浆地基,土和灰土挤密桩地基,注浆地基,水泥粉煤灰碎石桩地基,夯实水泥土桩地基
		桩基	锚杆静压桩及静力压桩,预应力离心管桩,钢筋混凝土预制桩,钢桩,混凝土灌注桩(成孔、钢筋笼、清孔、水下混凝土灌注)
		地下防水	防水混凝土,水泥砂浆防水层,卷材防水层,涂料防水层,金属板防水层,塑料板防水层,细部构造,喷锚支护,复合式衬砌,地下连续墙,盾构法隧道;渗排水、盲沟排水,隧道、坑道排水;预注浆、后注浆,衬砌裂缝注浆
		混凝土基础	模板、钢筋、混凝土,后浇带混凝土,混凝土结构缝处理
		砌体基础	砖砌体,混凝土砌块砌体,配筋砌体,石砌体
		劲钢(管)混凝土	劲钢(管)焊接、劲钢(管)与钢筋的连接,混凝土
		钢结构	焊接钢结构、栓接钢结构,钢结构制作,钢结构安装,钢结构涂装
2	主体结构	混凝土结构	模板、钢筋,混凝土,预应力结构、现浇结构,装配式结构
		劲钢(管)混凝土结构	劲钢(管)焊接、螺栓连接、劲钢(管)与钢筋的连接,劲钢(管)制作、安装,混凝土浇筑
		砌体结构	砖砌体,混凝土小型空心砌块砌体,石砌体,填充墙砌体,配筋砖
		钢结构	钢结构焊接,紧固件连接,钢零部件加工,单层钢结构安装,多层及高层钢结构安装,钢结构涂装、钢构件组装,钢构件预拼装,钢网架结构安装,压型金属板
		木结构	方木和原木结构、胶合木结构、轻型木结构,木构件防护
		网架和索膜结构	网架制作、网架安装、索膜安装、网架防火、防腐涂料

续表 6-2

序号	分部工程	子分部工程	分项工程
3	建筑装饰装修	地面	整体面层:基层、水泥混凝土面层、水泥砂浆面层、水磨石面层、防油渗面层、水泥钢(铁)屑面层、不发火(防爆的)面层;板块面层:基层、砖面层(陶瓷锦砖、缸砖、陶瓷地砖和水泥花砖面层)、大理石面层和花岗岩面层,预制板块面层(预制水泥混凝土、水磨石板块面层)、料石面层(条石、块石面层)、塑料板面层、活动地板面层、地毯面层;木竹面层:基层、实木地板面层(条材、块材面层)、实木复合地板面层(条材、块材面层)、中密度(强化)复合地板面层(条材面层)、竹地板面层
		抹灰	一般抹灰,装饰抹灰,清水砌体勾缝
		门窗	木门窗制作与安装、金属门窗安装、塑料门窗安装、特种门安装、门窗玻璃安装
		吊顶	暗龙骨吊顶、明龙骨吊顶
		轻质隔墙	板材隔墙、骨架隔墙、活动隔墙、玻璃隔墙
		饰面板(砖)	饰面板安装、饰面砖粘贴
		幕墙	玻璃幕墙、金属幕墙、石材幕墙
		涂饰	水性涂料涂饰、溶剂型涂料涂饰、美术涂饰
		裱糊与软包	裱糊、软包
		细部	橱柜制作与安装,窗帘盒、窗台板和暖气罩制作与安装,门窗套制作与安装,护栏和扶手制作与安装,花饰制作与安装
4	建筑屋面	卷材防水屋面	保温层,找平层,卷材防水层,细部构造
		涂膜防水屋面	保温层,找平层,涂膜防水层,细部构造
		刚性防水屋面	细石混凝土防水层,密封材料嵌缝,细部构造
		瓦屋面	平瓦屋面,油毡瓦屋面,金属板屋面,细部构造
		隔热屋面	架空屋面,蓄水屋面,种植屋面
5	建筑给水、排水及采暖	室内给水系统	给水管道及配件安装、室内消火栓系统安装、给水设备安装、管道防腐、绝热
		室内排水系统	排水管道及配件安装、雨水管道及配件安装
		室内热水供应系统	管道及配件安装、辅助设备安装、管道防腐、绝热
		卫生器具安装	卫生器具安装、卫生器具给水配件安装、卫生器具排水管道安装
		室内采暖系统	管道及配件安装、辅助设备及散热器安装、金属辐射板安装、低温热水地板辐射采暖系统安装、系统水压试验及调试、防腐、绝热

续表 6-2

序号	分部工程	子分部工程	分项工程
5	建筑给水、排水及采暖	室外给水管网	给水管道安装、消防水泵接合器及室外消火栓安装、管沟及井室
		室外排水管网	排水管道安装、排水管沟与井池
		室外供热管网	管道及配件安装、系统水压试验及调试、防腐、绝热
		建筑中水系统及游泳池系统	建筑中水系统管道及辅助设备安装、游泳池水系统安装
		供热锅炉及辅助设备安装	锅炉安装、辅助设备及管道安装、安全附件安装、烘炉、煮炉和试运行、换热站安装、防腐、绝热
6	建筑电气	室外电气	架空线路及杆上电气设备安装，变压器、箱式变电所安装，成套配电柜、控制柜(屏、台)和动力、照明配电箱(盘)及控制柜安装，电线、电缆导管和线槽敷设，电线、电缆穿管和线槽敷设，电缆头制作、导线连接和线路电气试验，建筑物外部装饰灯具、航空障碍标志灯和庭院路灯安装，建筑照明通电试运行，接地装置安装
		变配电室	变压器、箱式变电所安装，成套配电柜、控制柜(屏、台)和动力及照明配电箱(盘)安装，裸母线、封闭母线、插接式母线安装，电缆沟内和电缆竖井内电缆敷设，电缆头制作、导线连接和线路电气试验，接地装置安装，避雷引下线和变配电室接地干线敷设
		供电干线	裸母线、封闭母线、插接式母线安装，桥架安装和桥架内电缆敷设，电缆沟内和电缆竖井内电缆敷设，电线、电缆导管和线槽敷设，电线、电缆穿管和线槽敷线，电缆头制作、导线连接和线路电气试验
		电气动力	成套配电柜、控制柜(屏、台)和动力、照明配电箱(盘)安装，低压电动机、电加热器及电动执行机构检查、接线，低压电气动力设备检测、试验和空载试运行，桥架安装和桥架内电缆敷设，电线、电缆导管和线槽敷设，电线、电缆穿管和线槽敷线，电缆头制作、导线连接和线路电气试验，插座、开关、风扇安装
		电气照明安装	成套配电柜、控制柜(屏、台)和动力、照明配电箱(盘)安装，电线、电缆导管和线槽敷设，电线、电缆导管和线槽敷线，槽板配线，钢索配线，电缆头制作、导线连接和线路电气试验，普通灯具安装，专用灯具安装，插座、开关、风扇安装，建筑照明通电试运行

续表 6-2

序号	分部工程	子分部工程	分项工程
6	建筑电气	备用和不间断电源安装	成套配电柜、控制柜(屏、台)和动力、照明配电箱(盘)安装,柴油发电机组安装,不间断电源的其他功能单元安装,裸母线、封闭母线、插接式母线安装,电线、电缆导管和线槽敷设,电线、电缆导管和线槽敷线,电缆头制作、导线连接和线路电气试验,接地装置安装
		防雷及接地安装	接地装置安装,避雷引下线和变配电室接地干线敷设,建筑物等电位连接,接闪器安装
7	智能建筑	通信网络系统	通信系统、卫星及有线电视系统、公共广播系统
		办公自动化系统	计算机网络系统、信息平台及办公自动化应用软件、网络安全系统
		建筑设备监控系统	空调与通风系统、变配电系统、照明系统、给水排水系统、热源和热交换系统、冷冻和冷却系统、电梯和自动扶梯系统、中央管理工作站与操作分站、子系统通信接口
		火灾报警及消防联动系统	火灾和可燃气体探测系统、火灾报警控制系统、消防联动系统
		安全防范系统	电视监控系统、入侵报警系统、巡更系统、出入口控制(门禁)系统、停车管理系统
		综合布线系统	缆线敷设和终接,机柜、机架、配线架的安装,信息插座和光缆芯线终端的安装
		智能化集成系统	集成系统网络、实时数据库、信息安全、功能接口
		电源与接地	智能建筑电源、防雷及接地
		环境	空间环境、室内空调环境、视觉照明环境、电磁环境
		住宅(小区)智能化系统	火灾自动报警及消防联动系统、安全防范系统(含电视监控系统、入侵报警系统、巡更系统、门禁系统、楼宇对讲系统、住户对讲呼救系统、停车管理系统)、物业管理系统(多表现场计量及与远程传输系统、建筑设备监控系统、公共广播系统、小区网络及信息服务系统、物业办公自动化系统)、智能家庭信息平台
8	通风与空调	送排风系统	风管与配件制作,部件制作,风管系统安装,空气处理设备安装,消声设备制作与安装,风管与设备防腐,风机安装,系统调试

续表 6-2

序号	分部工程	子分部工程	分项工程
8	通风与空调	防排烟系统	风管与配件制作，部件制作，风管系统安装，防排烟风口、常闭正压风口与设备安装，风管与设备防腐，风机安装，系统调试
		除尘系统	风管与配件制作，部件制作，风管系统安装，除尘器与排污设备安装，风管与设备防腐，风机安装，系统调试
		空调风系统	风管与配件制作，部件制作，风管系统安装，空气处理设备安装，消声设备制作与安装，风管与设备防腐，风机安装，风管与设备绝热，系统调试
		净化空调系统	风管与配件制作，部件制作，风管系统安装，空气处理设备安装，消声设备制作与安装，风管与设备防腐，风机安装，风管与设备绝热，高效过滤器安装，系统调试
		制冷设备系统	制冷机组安装，制冷剂管道及配件安装，制冷附属设备安装，管道及设备的防腐与绝热，系统调试
		空调水系统	管道冷热（媒）水系统安装，冷却水系统安装，冷凝水系统安装，阀门及部件安装，冷却塔安装，水泵及附属设备安装，管道与设备的防腐与绝热，系统调试
9	电梯	电力驱动的曳引式或强制式电梯安装工程	设备进场验收，土建交接检验，驱动主机，导轨，门系统，轿厢，对重（平衡重），安全部件，悬挂装置，随行电缆，补偿装置，电气装置，整机安装验收
		液压电梯安装工程	设备进场验收，土建交接检验，液压系统，导轨，门系统，轿厢，平衡重，安全部件，悬挂装置，随行电缆，电气装置，整机安装验收
		自动扶梯、自动人行道安装工程	设备进场验收，土建交接检验，整机安装验收

表 6-3　室外单位（子单位）工程、分部工程划分

单位工程	子单位工程	分部（子分部）工程
室外建筑环境	附属建筑	车棚、围墙、大门、挡土墙、垃圾收集站
	室外环境	建筑小品、道路、亭台、连廊、花坛、场坪绿化
室外安装	给水排水与采暖	室外给水系统、室外排水系统、室外供热系统
	电气	室外供电系统、室外照明系统

第四节　建筑工程施工质量验收

一、检验批质量验收

(一)检验批合格质量规定

(1)主控项目和一般项目的质量经抽样检验合格。

(2)具有完整的施工操作依据、质量检查记录。

检验批质量验收记录可按表6-4进行。

表6-4　检验批质量验收记录

工程名称		分项工程名称		验收部位	
施工单位		专业工长		项目经理	
施工执行标准名称及编号					
分包单位		分包项目经理		施工班组长	
主控项目	质量验收规范的规定		施工单位检查评定记录		监理(建设)单位验收记录
	1				
	2				
	3				
	4				
	5				
	6				
	7				
	8				
	9				
一般项目	1				
	2				
	3				
	4				
施工单位检查结果评定	项目专业质量检查员：　年　月　日				
监理(建设)单位验收结论	监理工程师 (建设单位项目专业技术负责人)　年　月　日				

(二)资料检查

质量控制资料反映了检验批从原材料到验收的各施工工序的施工操作依据、检查情况以及保证质量所必需的管理制度等，对其完整性的检查实际上是对过程控制的确认。所要检查的资料主要包括：

(1)图纸会审、设计变更、洽商记录；

(2)建筑材料、成品、半成品、建筑构配件、器具和设备的质量证明及进场检(试)验报告；

(3)工程测量、放线记录；

(4)按专业质量验收规范规定的抽样检验报告；

(5)隐蔽工程检查记录；

(6)施工过程记录和施工过程检查记录；

(7)新材料、新工艺的施工记录；

(8)质量管理资料和施工单位操作依据等。

(三)主控项目和一般项目的检验

1. 主控项目

主控项目的条文是必须达到的要求，是保证工程安全和使用功能的重要检验项目，是对安全、卫生、环境保护和公众利益起决定性作用的检验项目，是确定该检验批主要性能的要求。如果达不到规定的质量指标，降低要求就相当于降低该工程项目的性能指标，就会严重影响工程的安全性能。

主控项目包括的内容主要有：

(1)重要材料、构件及配件、成品及半成品、设备性能及附件的材质、技术性能等。检查出厂证明及试验数据，如水泥、钢材的质量，预制楼板、墙板、门窗等构配件的质量，风机等设备的质量。检查出厂证明，其技术数据、项目应符合有关技术标准的规定。

(2)结构的强度、刚度和稳定性等检验数据及工程性能的检测。如混凝土、砂浆的强度；钢结构的焊缝强度，管道的压力试验，风管的系统测定与调整，电气的绝缘、接地测试；电梯的安全保护、试运转结果等。检查测试记录，其数据及项目要符合设计要求和相关验收规范规定。

(3)一些重要的允许偏差项目，必须控制在允许偏差限值之内。

对一些有龄期的检测项目，在其龄期不到，不能提供数据时，可将其他评价项目先评价，并根据施工现场的质量保证和控制情况，暂时验收该项目，待检测数据出来后，再填入数据。如果数据达不到规定数值，以及对一些材料、构配件质量及工程性能的测试数据有疑问，应进行复试、鉴定及实地检验。

2. 一般项目

一般项目是除主控项目外的检验项目，其质量要求也是应该达到的，只不过对不影响工程安全和使用功能的少数规定可以适当放宽一些，这些规定虽不像主控项目那样重要，但对工程安全、使用功能、建筑美观都是有较大影响的。这些项目在验收时，绝大多数抽查的处(件)，其质量指标都必须达到要求，有的专业质量验收规范规定有20%，虽可以超过一定的指标，也是有限的，与原“验评标准”比通常不得超过规定值的150%。

一般项目包括的内容主要有：

(1)允许有一定偏差的项目,用数据规定的标准,可以有个别偏差范围,最多不超过20%的检查点可以超过允许偏差值,但也不能超过允许值的150%。

(2)对不能确定偏差值而又允许出现一定缺陷的项目,则以缺陷的数量来区分。如砖砌体预埋拉结筋,其留置间距偏差;混凝土钢筋露筋,露出一定长度等。

(3)一些无法定量而采用定性的项目。如碎拼大理石地面颜色协调,无明显裂缝和坑洼;油漆工程中,中级油漆的光亮和光滑项目,卫生器具给水配件安装项目接口严密,启闭部分灵活;管道接口项目无外露油麻等,这些就要靠监理工程师来掌握了。

二、分项工程质量验收

(一)分项工程质量验收合格规定

分项工程质量验收合格应符合下列规定:

(1)分项工程所含的检验批均应符合合格质量的规定;

(2)分项工程所含的检验批的质量验收记录应完整。

分项工程质量验收记录如表6-5所示。

表6-5 ____________分项工程质量验收记录

<table>
<tr><td>工程名称</td><td></td><td>结构类型</td><td></td><td>检验批数</td><td></td></tr>
<tr><td>施工单位</td><td></td><td>项目经理</td><td></td><td>项目技术负责人</td><td></td></tr>
<tr><td>分包单位</td><td></td><td>分包单位
负责人</td><td></td><td>分包项目经理</td><td></td></tr>
<tr><td>序号</td><td>检验批部位、区段</td><td colspan="2">施工单位检查评定结果</td><td colspan="2">监理(建设)单位验收结论</td></tr>
<tr><td>1</td><td></td><td colspan="2"></td><td colspan="2"></td></tr>
<tr><td>2</td><td></td><td colspan="2"></td><td colspan="2"></td></tr>
<tr><td>3</td><td></td><td colspan="2"></td><td colspan="2"></td></tr>
<tr><td>4</td><td></td><td colspan="2"></td><td colspan="2"></td></tr>
<tr><td>5</td><td></td><td colspan="2"></td><td colspan="2"></td></tr>
<tr><td>6</td><td></td><td colspan="2"></td><td colspan="2"></td></tr>
<tr><td>7</td><td></td><td colspan="2"></td><td colspan="2"></td></tr>
<tr><td>8</td><td></td><td colspan="2"></td><td colspan="2"></td></tr>
<tr><td>9</td><td></td><td colspan="2"></td><td colspan="2"></td></tr>
<tr><td>10</td><td></td><td colspan="2"></td><td colspan="2"></td></tr>
<tr><td>11</td><td></td><td colspan="2"></td><td colspan="2"></td></tr>
<tr><td>12</td><td></td><td colspan="2"></td><td colspan="2"></td></tr>
<tr><td>13</td><td></td><td colspan="2"></td><td colspan="2"></td></tr>
<tr><td>14</td><td></td><td colspan="2"></td><td colspan="2"></td></tr>
<tr><td>15</td><td></td><td colspan="2"></td><td colspan="2"></td></tr>
<tr><td></td><td></td><td colspan="2"></td><td colspan="2"></td></tr>
<tr><td></td><td></td><td colspan="2"></td><td colspan="2"></td></tr>
<tr><td>检查结论</td><td colspan="2">项目专业
技术负责人:
年 月 日</td><td>验收
结论</td><td colspan="2">监理工程师
(建设单位项目专业技术负责人)
年 月 日</td></tr>
</table>

(二)分项工程质量验收应注意的问题

分项工程质量验收是在检验批验收的基础上进行的，是一个统计过程，有时也有一些直接的验收内容，所以在验收分项工程时应注意以下几点：

(1)核对检验批的部位、区段是否全部覆盖分项工程的范围，有无缺漏的部位。

(2)一些在检验批中无法检验的项目，在分项工程中直接验收，如砖砌体工程中的全局垂直度、砂浆强度的评定等。

(3)检验批验收记录的内容及签字人是否正确、齐全。

三、分部(子分部)工程质量验收

分部(子分部)工程的验收内容、程序都是一样的，应将各子分部的质量控制资料进行核查，对地基与基础、主体结构和设备安装工程等分部工程中的有关安全及功能的检验和抽样检测结果的资料核查，观感质量评价等。

分部(子分部)工程质量验收合格应符合下列规定：

(1)分部(子分部)工程所含分项工程的质量均应验收合格。在实际验收中，这项内容是项统计工作，做这项工作时应注意三点：①检查每个分项工程验收是否正确；②注意检查有没有漏缺的分项工程未归纳进来，或是没有进行验收；③注意检查分项工程的资料是否完整，每个验收资料的内容是否有缺漏项，以及分项验收人员的签字是否齐全及符合规定。

(2)质量控制资料应完整。这项验收内容实际也是统计、归纳和核查，主要包括三方面的资料：①核查和归纳各检验批的验收记录资料，查对其是否完整；②检验批验收时，应具备的资料准确完整才能验收；③注意核对各种资料的内容、数据及验收人员的签字是否规范等。

在分部(子分部)工程验收时，主要是核查和归纳各检验批的施工操作依据、质量检查记录，查对其是否配套完整，包括有关施工工艺(企业标准)、原材料、构配件出厂合格证及按规定进行的试验资料的完整程度。一个分部(子分部)工程能否具有数量和内容完整的质量控制资料，是验收规范指标能否通过验收的关键。

(3)地基与基础、主体结构和设备安装等分部工程有关安全及功能的检验和抽样检测结果应符合有关规定。这项验收内容包括安全及功能两个方面的检测资料。验收时应注意三个方面的工作：①检查各规范中规定的检测项目是否都进行了验收，不能进行检测的项目应该说明原因；②检查各项检测记录(报告)的内容、数据是否符合要求，所遵循的检测方法、标准、检测结果的数据是否达到规定的标准；③核查资料的检测程序、有关取样人、检测人、审核人、试验负责人及公章签字是否齐全等。

(4)观感质量验收应符合要求。分部(子分部)工程的观感质量检查，是经过现场工程的检查，由检查人员共同确定评价的好、一般、差，在检查和评价时应注意以下几点：

①分部(子分部)工程观感质量评价的目的有两个。一是，现在的工程体量越来越大、越来越复杂，待单位工程全部完工后再检查，有的项目要看的看不见了，看了还应修的修不了，只能是既成事实。另外，竣工后一并检查，由于工程的专业多，而检查人员又不能太多，专业不全，不能将专业工程中的问题看出来。再就是有些项目完工以后，各工种人

员就撤出去了，即使检查出问题来，再让其来修理，用的时间也长。二是，对专业承包企业分包承包的工程，完工以后也应该有个评价，以便于对这些企业的监管。

②在进行检查时，要注意一定要在现场，将工程的各个部位全部看到，能操作的应操作，观察其方便性、灵活性或有效性等；能打开观看的应打开观看，不能只看"外观"，应全面了解分部（子分部）工程的实物质量。

③观感质量没有放在重要位置，只是一个辅助项目，其评价内容只列出了项目，具体标准没有具体化，多数在一般项目内。检查评价人员宏观掌握，如果没有较明显达不到要求的，就可以评一般；如果某些部位质量较好，细部处理到位，就可评好；如果有的部位达不到要求，或有明显的缺陷，但不影响安全或使用功能的，则评为差。评为差的项目能进行返修的应进行返修，不能进行返修的只要不影响结构安全和使用功能的可通过验收。有影响安全或使用功能的项目，不能评价，应修理后再评价。

分部（子分部）工程质量验收应按表6-6进行。

表6-6 ________分部（子分部）工程质量验收记录

<table>
<tr><td colspan="2">工程名称</td><td colspan="2"></td><td>结构类型</td><td></td><td>层数</td><td></td></tr>
<tr><td colspan="2">施工单位</td><td colspan="2"></td><td>质量部门负责人</td><td></td><td>技术部门负责人</td><td></td></tr>
<tr><td colspan="2">分包单位</td><td colspan="2"></td><td>分包技术负责人</td><td></td><td>分包单位负责人</td><td></td></tr>
<tr><td>序号</td><td colspan="2">分项工程名称</td><td>检验批数</td><td colspan="2">施工单位检查评定</td><td colspan="2">验收意见</td></tr>
<tr><td>1</td><td colspan="2"></td><td></td><td colspan="2"></td><td colspan="2" rowspan="6"></td></tr>
<tr><td>2</td><td colspan="2"></td><td></td><td colspan="2"></td></tr>
<tr><td>3</td><td colspan="2"></td><td></td><td colspan="2"></td></tr>
<tr><td>4</td><td colspan="2"></td><td></td><td colspan="2"></td></tr>
<tr><td>5</td><td colspan="2"></td><td></td><td colspan="2"></td></tr>
<tr><td></td><td colspan="2"></td><td></td><td colspan="2"></td></tr>
<tr><td colspan="3">质量控制资料</td><td></td><td colspan="2"></td><td colspan="2"></td></tr>
<tr><td colspan="3">安全和功能检验（检测）报告</td><td></td><td colspan="2"></td><td colspan="2"></td></tr>
<tr><td colspan="3">观感质量验收</td><td></td><td colspan="2"></td><td colspan="2"></td></tr>
<tr><td rowspan="5">验收单位</td><td colspan="2">分包单位</td><td colspan="4">项目经理</td><td>年　月　日</td></tr>
<tr><td colspan="2">施工单位</td><td colspan="4">项目经理</td><td>年　月　日</td></tr>
<tr><td colspan="2">勘察单位</td><td colspan="4">项目负责人</td><td>年　月　日</td></tr>
<tr><td colspan="2">设计单位</td><td colspan="4">项目负责人</td><td>年　月　日</td></tr>
<tr><td colspan="2">监理（建设）单位</td><td colspan="4">总监理工程师
（建设单位项目专业负责人）</td><td>年　月　日</td></tr>
</table>

四、单位（子单位）工程质量验收

单位工程质量验收是对工程交付使用前最后一道工序的把关，是对工程质量的一次总体综合评价，是工程质量管理的一道重要程序。

单位（子单位）工程质量验收合格应符合下列规定：

（1）单位（子单位）工程所含分部（子分部）工程的质量均应验收合格。总承包单位应事前进行认真准备，将所有分部（子分部）工程质量验收的记录表及时进行收集整理，并列出目次表，依序将其装订成册。在核查及整理过程中，应注意以下三点：①核查各分部工程中所含的子分部工程是否齐全；②核查各分部（子部分）工程质量验收记录表的质量评价是否完善，有分部（子分部）工程质量的综合评价，有质量控制资料的评价，地基与基础、主体结构和设备安装分部（子分部）工程规定的有关安全及功能的检测和抽测项目的检测记录，以及分部（子分部）观感质量的评价等；③核查分部（子分部）工程质量验收记录表的验收人员是否是规定的有相应资质的技术人员，并进行了评价和签认。

单位（子单位）工程质量竣工验收记录按表6-7进行。

表6-7 单位（子单位）工程质量竣工验收记录

<table>
<tr><td>工程名称</td><td colspan="2"></td><td>结构类型</td><td></td><td>层数/建筑面积</td><td></td></tr>
<tr><td>施工单位</td><td colspan="2"></td><td>技术负责人</td><td></td><td>开工日期</td><td></td></tr>
<tr><td>项目经理</td><td colspan="2"></td><td>项目技术负责人</td><td></td><td>竣工日期</td><td></td></tr>
<tr><td>序号</td><td colspan="2">项目</td><td colspan="2">验收记录</td><td colspan="2">验收结论</td></tr>
<tr><td>1</td><td colspan="2">分部工程</td><td colspan="2">共　分部，经查　分部符合标准及设计要求　分部</td><td colspan="2"></td></tr>
<tr><td>2</td><td colspan="2">质量控制资料核查</td><td colspan="2">共　项，经审查符合要求　项，经核定符合规范要求　项</td><td colspan="2"></td></tr>
<tr><td>3</td><td colspan="2">安全和主要使用功能核查及抽查结果</td><td colspan="2">共核查　项，符合要求　项，共抽查　项，符合要求　项，经返工处理符合要求　项</td><td colspan="2"></td></tr>
<tr><td>4</td><td colspan="2">观感质量验收</td><td colspan="2">共抽查　项，符合要求　项，不符合要求　项</td><td colspan="2"></td></tr>
<tr><td>5</td><td colspan="2">综合验收结论</td><td colspan="2"></td><td colspan="2"></td></tr>
<tr><td rowspan="2">参加验收单位</td><td colspan="2">建设单位</td><td>监理单位</td><td colspan="2">施工单位</td><td>设计单位</td></tr>
<tr><td colspan="2">（公章）
单位（项目）负责人
年　月　日</td><td>（公章）
总监理工程师
年　月　日</td><td colspan="2">（公章）
单位负责人
年　月　日</td><td>（公章）
单位（项目）负责人
年　月　日</td></tr>
</table>

（2）质量控制资料应完整。总承包单位应将各分部（子分部）工程应有的质量控制资料进行核查，具体有：图纸会审及变更记录，定位测量放线记录，施工操作依据，原材料、构配件等质量证书，按规定进行检验的检测报告，隐蔽工程验收记录，施工中有关施工试验、

测试及检验等,以及抽样检测项目的检测报告等。

总监理工程师进行核查确认时,可按单位工程所包含的分部(子分部)工程分别核查,也可综合抽查。其目的是强调建筑结构、设备性能、使用功能方面主要技术性能的检验。每个检验批规定了主控项目,并提出了主要技术性能的要求,检查单位工程的质量控制资料,对主要技术性能进行系统的核查。

质量控制资料是整个技术资料的核心。从工程质量管理出发,可将技术资料分为工程质量验收资料、工程质量记录资料、施工技术管理资料和竣工图等。

建筑工程质量控制资料是反映建筑工程施工过程中各个环节工程质量状况的基本数据和原始记录,反映完工项目的测试结果和记录。这些资料是反映工程质量的客观见证,是评价工程质量的主要依据。

工程质量资料是工程的"合格证"和技术证明书。由于工程的安全性能要求高,所以工程质量资料比产品的合格证更重要。从广义质量来说,工程质量资料就是工程质量的一部分,同时,工程质量资料是工程技术资料的核心,是企业经营管理的重要组成部分,更是质量管理的重要方面,是反映一个企业管理水平高低的重要见证。

在验收一个分部(子分部)工程的质量时,为了系统核查工程的结构安全和重要使用功能,虽然在分项工程验收时已核查了规定提供的技术资料,但仍有必要再进行复核,只是不再像验收检验批、分项工程质量那样进行微观检查,而是从总体上通过核查质量控制资料来评价分部(子分部)工程的结构安全与使用功能控制情况和质量水平。

单位(子单位)工程质量控制资料核查记录按表6-8进行。

表6-8　单位(子单位)工程质量控制资料核查记录

<table>
<tr><td colspan="2">工程名称</td><td></td><td>施工单位</td><td colspan="3"></td></tr>
<tr><td>序号</td><td>项目</td><td colspan="2">资料名称</td><td>份数</td><td>核查意见</td><td>核查人</td></tr>
<tr><td>1</td><td rowspan="12">建筑与结构</td><td colspan="2">图纸会审,设计变更,洽商记录</td><td></td><td></td><td rowspan="12"></td></tr>
<tr><td>2</td><td colspan="2">工程定位测量,放线记录</td><td></td><td></td></tr>
<tr><td>3</td><td colspan="2">原材料出厂合格证书及进场检(试)验报告</td><td></td><td></td></tr>
<tr><td>4</td><td colspan="2">施工试验报告及见证检测报告</td><td></td><td></td></tr>
<tr><td>5</td><td colspan="2">隐蔽工程验收记录</td><td></td><td></td></tr>
<tr><td>6</td><td colspan="2">施工记录</td><td></td><td></td></tr>
<tr><td>7</td><td colspan="2">预制构件、预拌混凝土合格证</td><td></td><td></td></tr>
<tr><td>8</td><td colspan="2">地基基础、主体结构检验及抽样检测资料</td><td></td><td></td></tr>
<tr><td>9</td><td colspan="2">分项、分部工程质量验收记录</td><td></td><td></td></tr>
<tr><td>10</td><td colspan="2">工程质量事故及事故调查处理资料</td><td></td><td></td></tr>
<tr><td>11</td><td colspan="2">新材料、新工艺施工记录</td><td></td><td></td></tr>
<tr><td>12</td><td colspan="2"></td><td></td><td></td></tr>
</table>

续表 6-8

工程名称			施工单位			
序号	项目	资料名称		份数	核查意见	核查人
1	给水排水与采暖	图纸会审,设计变更,洽商记录				
2		材料、配件出厂合格证书及进场检(试)验报告				
3		管道、设备强度试验、严密性试验记录				
4		隐蔽工程验收记录				
5		系统清洗、灌水、通水、通球试验记录				
6		施工记录				
7		分项、分部工程质量验收记录				
8						
1	建筑电气	图纸会审,设计变更,洽商记录				
2		材料、设备出厂合格证书及进场检(试)验报告				
3		设备调试记录				
4		接地、绝缘电阻测试记录				
5		隐蔽工程验收记录				
6		施工记录				
7		分项、分部工程质量验收记录				
8						
1	通风与空调	图纸会审,设计变更,洽商记录				
2		材料、设备出厂合格证书及进场检(试)验报告				
3		制冷、空调、水管道强度试验、严密性试验记录				
4		隐蔽工程验收记录				
5		制冷设备运行调试记录				
6		通风、空调系统调试记录				
7		施工记录				
8		分项、分部工程质量验收记录				
9						

续表 6-8

工程名称			施工单位			
序号	项目	资料名称		份数	核查意见	核查人
1	电梯	土建布置图纸会审,设计变更,洽商记录				
2		设备出厂合格证书及开箱检验记录				
3		隐蔽工程验收记录				
4		施工记录				
5		接地、绝缘电阻测试记录				
6		负荷试验、安全装置检查记录				
7		分项、分部工程质量验收记录				
8						
1	建筑智能化	图纸会审,设计变更,洽商记录、竣工图及设计说明				
2		材料、设备出厂合格证及技术文件及进场检(试)验报告				
3		隐蔽工程验收记录				
4		系统功能测定及设备调试记录				
5		系统技术、操作和维护手册				
6		系统管理、操作人员培训记录				
7		系统检测报告				
8		分项、分部工程质量验收记录				

结论:

总监理工程师

施工单位项目经理　　　　　　　　　　(建设单位项目负责人)

年　月　日　　　　　　　　　　年　月　日

(3)单位(子单位)工程所含分部工程有关安全和功能的检测资料应完整。在分部(子分部)工程检查和验收时,应进行检测来保证和验证工程的综合质量及最终质量。该检测(检验)应由施工单位来进行,检测过程中可请监理工程师或建设单位有关负责人参加监督检测工作,达到要求后,并形成检测记录签字认可。在单位(子单位)工程验收时,监理工程师应对各分部(子分部)工程应检测的项目进行核对,对检测资料的数量、数据及使用的检测方法标准、检测程序进行核查,以及核查有关人员的签认情况等。

单位(子单位)工程安全和功能检验资料核查及主要功能抽查记录应按表 6-9 进行。

表 6-9 单位(子单位)工程安全和功能检验
资料核查及主要功能抽查记录

工程名称			施工单位			
序号	项目	安全和功能检查项目	份数	核查意见	抽查结果	核查(抽查)人
1	建筑与结构	屋面淋水试验记录				
2		地下室防水效果检查记录				
3		有防水要求的地面蓄水试验记录				
4		建筑物垂直度、标高、全高测量记录				
5		抽气(风)道检查记录				
6		幕墙及外窗气密性、水密性、耐风压检测报告				
7		建筑物沉降观测测量记录				
8		节能、保温测试记录				
9		室外环境检测报告				
10						
1	给水排水与采暖	给水管道通水试验记录				
2		暖气管道、散热器压力试验记录				
3		卫生器具满水试验记录				
4		消防管道、燃气管道压力试验记录				
5		排水干管通球试验记录				
6						
1	电气	照明全负荷试验记录				
2		大型灯具牢固性试验记录				
3		避雷接地电阻测试记录				
4		线路、插座、开关接地检验记录				
5						
1	通风与空调	通风、空调系统试运行记录				
2		风量、温度测试记录				
3		洁净室洁净度测试记录				
4		制冷机组试运行调试记录				
5						
1	电梯	电梯运行记录				
2		电梯安全装置检测报告				
1	建筑智能化	系统试运行记录				
2		系统电源及接地检测报告				
3						

结论：

施工单位项目经理　　　　　　　　　　总监理工程师（建设单位项目负责人）

年　月　日　　　　　　　　　　年　月　日

(4)主要功能项目的抽查结果应符合相关专业质量验收规范的规定。主要功能抽查的目的主要是综合检验工程质量能否保证工程的功能,满足使用要求。这项抽查检测多数还是复查性的和验证性的。

主要功能抽查项目已在各分部(子分部)工程中列出,有的是在分部(子分部)工程完成后进行检测,有的还要待相关分部(子分部)工程完成后才能检测,有的则需要待单位工程全部完成后进行检测。这些检测项目应在单位工程完工,施工单位向建设单位提交工程验收报告之前,全部进行完毕,并将检测报告写好。

(5)观感质量验收应符合要求。观感质量的验收方法和内容与分部(子分部)工程的观感质量评价一样,只是分部(子分部)工程的范围小一些而已,一些分部(子分部)工程的观感质量,可能在单位工程检查时已经看不到了。所以,单位工程的观感质量更宏观一些。

单位(子单位)工程观感质量检查应按表6-10进行。

表6-10 单位(子单位)工程观感质量检查记录

工程名称			施工单位												
序号	项目		抽查质量状况										质量评价		
													好	一般	差
1	建筑与结构	室外墙面													
2		变形缝													
3		水落管,屋面													
4		室内墙面													
5		室内顶棚													
6		室内地面													
7		楼梯、踏步、护栏													
8		门窗													
1	给水排水与采暖	管道接口、坡度、支架													
2		卫生器具、支架、阀门													
3		检查口、扫除口、地漏													
4		散热器、支架													
1	建筑电气	配电箱、盘、板、接线盒													
2		设备器具、开关、插座													
3		防雷、接地													

续表 6-10

工程名称			施工单位												
序号	项目		抽查质量状况										质量评价		
													好	一般	差
1	通风与空调	风管、支架													
2		风口、风阀													
3		风机、空调设备													
4		阀门、支架													
5		水泵、冷却塔													
6		绝热													
1	电梯	运行、平层、开关门													
2		层门、信号系统													
3		机房													
1	智能建筑	机房设备安装及布局													
2		现场设备安装													
3															
观感质量综合评价															
检查结论	施工单位项目经理 年 月 日							总监理工程师（建设单位项目负责人） 年 月 日							

注：质量评价为差的项目，应进行返修。

五、验收不合格的处理

一般情况下，不合格现象在检验批的验收时就应发现并及时处理，所有质量隐患必须尽快消灭在萌芽状态，否则将影响后续检验批和相关的分项工程、分部工程的验收。非正常情况的处理分以下五种：

（1）经返工重做或更换器具、设备的检验批，应重新进行验收。

重新验收质量时，要对该项目工程按规定，重新抽样、选点、检查和验收，重新填“检验批质量验收记录表”。

(2)经有资质的检测单位检测鉴定能够达到设计要求的检验批,应予以验收。

这种情况是指个别检验批发现试块强度等不满足要求等问题,难以确定是否足够验收时,应请有资质的法定检测单位检测。当鉴定结果能够达到设计要求时,该检验批应允许通过验收。

(3)经有资质的检测单位检测鉴定达不到设计要求,但经原设计单位核算认可能够满足结构安全和使用功能的检验批,可予以验收。

这种情况与第(2)种情况一样,多是某项质量指标达不到设计的要求,多数也是指留置的试块失去代表性,或是因故缺少试块的情况,以及试块试验报告有缺陷,不能有效证明该项工程的质量情况,或是对该试验报告有怀疑时,要求对工程实体质量进行检测。经有资质的检测单位检测鉴定达不到设计要求,但这种数据距达到设计要求的差距有限,不是差距太大,经过原设计单位进行验算,认为仍可满足结构安全和使用功能,可不进行加固补强。

如规范中规定的能够满足结构安全和使用功能的混凝土强度最低为 27 MPa,而设计时选用了 C30 级混凝土,经检测的结果是 29 MPa ,虽未达到设计的 C30 级的要求,但仍能大于 27 MPa,是安全的。又如某五层砖混结构,一、二、三层用 M10 砂浆砌筑,四、五层用 M5 砂浆砌筑。在施工过程中,由于管理不善等,其三层砂浆强度仅达到 7.4 MPa ,没达到设计要求,按规定不能验收,但经过原设计单位验算,砌体强度尚可满足结构安全和使用功能,可不返工和加固。由设计单位出具正式的认可证明,由注册结构工程师签字,并加盖单位公章,由设计单位承担质量责任。

以上三种情况都应视为是符合规范规定的质量合格的工程,只是管理上出现了一些不正常的情况,使资料证明不了工程实体质量,经过补办一定的检测手续,证明质量达到了设计要求,给予通过验收是符合规范规定的。

(4)经返修或加固处理的分项工程、分部工程,虽然改变外形尺寸但仍能满足安全使用要求,可按技术处理方案和协商文件进行验收。

这种情况是指更为严重的缺陷或者范围超过检验批的更大范围内的缺陷,可能影响结构的安全性和使用功能。

如经法定检测单位检测鉴定后认为达不到规范标准的相应要求,即不能满足最低限度的安全性要求,则必须按照一定的技术方案进行加固处理,使之能保证其满足安全使用的基本要求。这样会造成一些永久性的缺陷,如改变结构的外形尺寸,影响一些次要的使用功能等。为了避免社会财富更大的损失,在不影响安全和主要使用功能条件下可以按处理技术方案和协定文件进行验收,但不能作为轻视质量而回避责任的一种出路,这是应该特别注意的。

(5)通过返修或加固处理仍不能满足安全使用要求的分部工程、单位(子单位)工程,严禁验收。

这种情况通常是在制定加固技术方案之前,就知道加固补强措施效果不会太好,或是加固费用太高不值得加固处理,或是加固后仍达不到保证安全、功能的情况,这时应该坚决拆掉,不要再花大的代价来加固补强。这条是规范中的强制性条文,必须贯彻执行。

第五节 建筑工程质量验收的程序与组织

一、检验批及分项工程的验收程序与组织

检验批及分项工程应由监理工程师（建设单位项目技术负责人）组织施工单位项目专业质量（技术）负责人等进行验收。

验收前，施工单位先填好检验批和分项工程验收记录表（有关监理记录和结论不填），并由项目专业质量检验员和项目专业技术负责人分别在检验批和分项工程质量检验记录相关栏目中签字，然后由监理工程师组织严格按规定程序进行验收。

二、分部工程的验收程序与组织

分部工程应由总监理工程师（建设单位项目负责人）组织施工单位项目负责人和技术、质量负责人等进行验收。由于地基基础、主体结构技术性能要求严格，技术性强，关系到整个工程的安全，因此地基与基础、主体结构分部工程的验收由勘察、设计单位工程项目负责人和施工单位技术、质量部门负责人参加相关分部工程的验收。

三、单位（子单位）工程的验收程序与组织

（一）竣工初验收的程序

当单位工程达到竣工验收条件后，施工单位应在自查、自评工作完成后填写工程竣工报验单，并将全部竣工资料报送项目监理机构，申请竣工验收。

总监理工程师应组织各专业监理工程师对竣工资料及各专业工程的质量情况进行全面检查，对检查出的问题，应督促施工单位及时整改。对需要进行功能试验的项目（包括单机试车和无负荷试车），监理工程师应督促施工单位进行试验，并对重要项目进行监督、检查，必要时请建设单位和设计单位参加，应认真审查试验报告单并督促施工单位搞好成品保护和现场清理。

经项目监理机构对竣工资料及实物全面检查、验收合格后，由总监理工程师签署工程竣工报验单，并向建设单位提出质量评估报告。

（二）正式验收

建设单位收到工程验收报告后，应由建设单位（含分包单位）（项目）负责人组织施工，设计、监理等单位（项目）负责人进行单位（子单位）工程验收。

单位工程有分包单位施工时，分包单位对所承包的工程项目应按规定的程序检查评定，总包单位应派人参加。分包工程完成后，应将工程有关资料交总包单位。

《建设工程质量管理条例》第十六条规定，建设工程竣工验收应当具备下列条件：①完成建设工程设计和合同约定的各项内容；②有完整的技术档案和施工管理资料；③有工程使用的主要建筑材料、构配件和设备的进场试验报告；④有勘察、设计、施工、工程监理等单位分别签署的质量合格文件；⑤有施工单位签署的工程保修书。

当参加验收各方对工程质量验收意见不一致时，可请当地建设行政主管部门或工程

质量监督机构协调处理。

(三)单位工程竣工验收备案

单位工程质量验收合格后,建设的单位应在规定时间内将工程竣工验收报告和有关文件报建设行政管理部门备案。

1. 房屋建筑工程竣工验收备案的范围

凡在我国境内新建、扩建、改建的各类房屋建筑工程和市政基础设施工程,都应按照有关规定进行备案。抢险救灾工程、临时性房屋建筑工程和农民自建底层住宅工程,不适用于此规定。军用房屋建筑工程竣工验收备案,按照中央军事委员会有关规定执行。

2. 房屋建筑工程竣工验收备案的期限

建设单位应当自工程竣工验收合格之日起 15 日内,依照规定,向工程所在地的县级以上地方人民政府建设行政主管部门备案。

备案机关收到建设单位报送的竣工验收备案文件,验证文件齐全后,应当在工程竣工验收备案表上签署文件收讫。工程竣工验收备案表一式两份,一份由建设单位保存,一份留备案机关存档。

工程质量监督机构应当在工程竣工验收之日起 5 日内,向备案机关提交工程质量监督报告。备案机关发现建设单位在竣工验收过程中有违犯国家有关建设工程质量管理规定行为的,应当在收到竣工验收备案文件 15 日内,责令停止使用,重新组织竣工验收。

3. 房屋建筑工程竣工验收备案时应提交的文件

建设单位办理工程竣工验收备案时应提交下列文件:①工程竣工验收备案表。②工程竣工验收报告。竣工验收报告应当包括工程报建日期,施工许可证号,施工图设计文件审查意见,勘察、设计、施工、工程监理等单位分别签署的质量合格文件及验收人员签署的竣工验收原始文件,市政基础设施的有关质量检测和功能性试验资料以及备案机关认为需要提供的有关资料。③法律、行政法规规定应当由规划、公安消防、环保等部门出具的认可文件或者准许使用的文件。④施工单位签署的工程质量保修书。⑤法规、规章规定必须提供的其他文件。

商品住宅还应当提交《住宅质量保证书》和《住宅使用说明书》。

思考与练习题

1. 建筑工程施工质量验收的指导思想是什么?如何理解?
2. 建筑工程施工质量验收如何划分?
3. 监理工程师在质量评定和竣工验收中有何作用?
4. 工程项目竣工验收的条件和主要内容是什么?
5. 简述建筑工程质量验收的程序。

第七章　工程质量控制的统计分析方法

【学习目标】

了解质量数据收集方法及其特征值,质量数据的波动原因,抽样检验的基本概念,抽样检验的两类错误。熟悉控制图的原理,常用的抽样检验方案。掌握排列图、因果分析图、直方图、控制图的用途和观察与分析。

【学习内容】

质量数据的收集方法。质量数据波动的原因及分布的统计规律性。排列图、因果分析图、直方图、相关图的用途、绘制方法、观察与分析。控制图的用途、原理、观察与分析。常用的抽样检验方案及其参数的确定。

第一节　质量统计基本知识

一、总体、样本及统计推断工作过程

(一)总体

总体也称母体,是所研究对象的全体。个体是组成总体的基本元素。总体中含有个体的数目通常用 N 表示。实践中,一般把每件产品检测得到的某一质量数据(几何尺寸、强度、质量等)即质量特性值视为个体,产品的全部质量数据的集合即为总体。

(二)样本

样本也称子样,是从总体中随机抽取出来,并根据对其研究结果推断总体质量特征的那部分个体。被抽中的个体称为样品,样品的数目称为样本容量,用 n 表示。

(三)统计推断工作过程

质量统计推断工作是运用质量统计方法在生产过程中或一批产品中,随机抽取样本,通过对样品进行检测和整理加工,从中获得样本质量数据信息,并以此为依据,以概率数理统计为理论基础,对总体的质量状况作出分析和判断。质量统计推断工作过程见图 7-1。

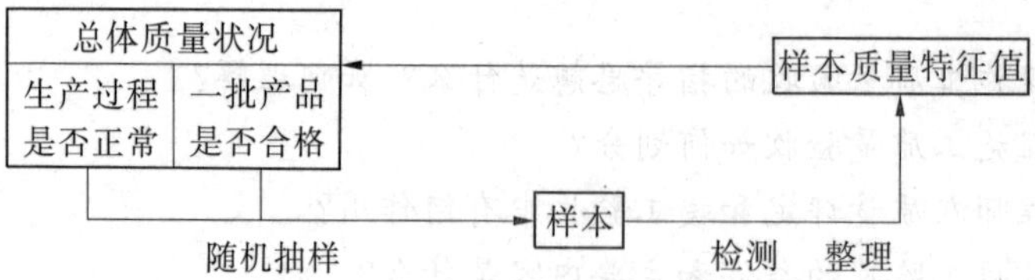

图 7-1　质量统计推断工作过程

二、质量数据的收集方法

(一)全数检验

全数检验是对总体中的全部个体逐一观察、测量、计数、登记,从而获得对总体质量水

平评价结论的方法。

(二)随机抽样检验

随机抽样检验是按照随机抽样的原则,从总体中抽取部分个体组成样本,根据对样品进行检测的结果,推断总体质量水平的方法。

抽样的具体方法有以下几种。

1. 简单随机抽样

简单随机抽样又称纯随机抽样,也称完全随机抽样,是对总体不进行任何加工,直接进行随机抽样获取样本的方法。

2. 分层抽样

分层抽样又称分类或分组抽样,是将总体按与研究目的有关的某一特性分为若干组,然后在每组内随机抽取样品组成样本的方法。

3. 等距抽样

等距抽样又称机械抽样、系统抽样,是将个体按某一特性排队编号后均匀分为 n 组,这时每组有 $K = N/n$ 个个体,然后在第一组内随机抽取第一件样品,以后每隔一定距离(K 值)抽选出其余样品组成样本的方法。如在流水作业线上每生产 100 件产品抽出一件产品做样品,直到抽出 n 件产品组成样本。

4. 整群抽样

整群抽样一般是将总体按自然存在的状态分为若干群,并从中抽取样品群组成样本,然后在中选群内进行全数检验的方法。如对原材料质量进行检测,可按原包装的箱、盒为群随机抽取,对中选箱、盒作全数检验,每隔一定时间抽取一批产品进行全数检验等。

5. 多阶段抽样

上述抽样方法的共同特点是整个过程中只有一次随机抽样,因而统称为单阶段抽样。但是当总体很大时,很难一次抽样完成预定的目标。多阶段抽样是将各种单阶段抽样方法结合使用,通过多次随机抽样来实现的抽样方法,又称多级抽样。当检验钢材、水泥等质量时,可以对总体按不同批次分为 R 群,从中随机抽取 r 群,然后在中选的 r 群中的 M 个个体中随机抽取 m 个个体,这就是整群抽样与分层抽样相结合的二阶段抽样,它的随机性表现在群间和群内有两次。

三、质量数据的分类

质量数据是指由个体产品质量特性值组成的样本(总体)的质量数据集,在统计上称为变量,个体产品质量特性值称变量值。根据质量数据的特点,可以将其分为计量值数据和计数值数据。

(一)计量值数据

计量值数据是可以连续取值的数据,属于连续型变量。其特点是在任意两个数值之间都可以取精度较高一级的数值。它通常由测量得到,如质量、强度、几何尺寸、标高、位移等。此外,一些属于定性的质量特性,可由专家主观评分、划分等级而使之数量化,得到的数据也属于计量值数据。

(二)计数值数据

计数值数据是只能按0,1,2…数列取值计数的数据,属于离散型变量。它一般由计数得到。计数值数据又可分为计件值数据和计点值数据。

(1)计件值数据表示具有某一质量标准的产品个数,如总体中合格品数、一级品数。

(2)计点值数据表示个体(单件产品、单位长度、单位面积、单位体积等)上的缺陷数、质量问题点数等。如检验钢结构构件涂料的涂装质量,构件表面的焊渣、焊疤、油污、毛刺数量等。

四、质量数据的特征值

样本数据特征值是由样本数据计算的描述样本质量数据波动规律的指标。统计推断就是根据样本数据特征值来分析、判断总体的质量状况。常用的有描述数据分布集中趋势的算术平均数、样本中位数和描述数据分布离中趋势的极差、标准偏差、变异系数等。

(一)描述数据集中趋势的特征值

1. 算术平均数

算术平均数又称均值,是消除了个体之间个别偶然的差异,显示出所有个体共性和数据一般水平的统计指标,它由所有数据计算得到,是数据的分布中心,对数据的代表性好。其计算公式如下。

1)总体算术平均数 μ

$$\mu = \frac{1}{N}(X_1 + X_2 + \cdots + X_N) = \frac{1}{N}\sum_{i=1}^{N} X_i \tag{7-1}$$

式中 N——总体中个体数;

X_i——总体中第 i 个个体的质量特性值。

2)样本算术平均数 $\bar{x}$

$$\bar{x} = \frac{1}{n}(x_1 + x_2 + \cdots + x_n) = \frac{1}{n}\sum_{i=1}^{n} x_i \tag{7-2}$$

式中 n——样本容量;

x_i——样本中第 i 个样品的质量特性值。

2. 样本中位数 $\tilde{x}$

样本中位数是将样本数据按数值大小有序排列后,位置居中的数值。当样本数 n 为奇数时,数列居中的数值即为中位数;当样本数 n 为偶数时,取居中两个数的平均值作为中位数。

(二)描述数据离中趋势的特征值

1. 极差 R

极差是数据中最大值与最小值之差,是用数据变动的幅度来反映其分散状况的特征值。极差计算简单、使用方便,但较粗略,数值仅受两个极端值的影响,损失的质量信息多,不能反映中间数据的分布和波动规律,仅适用于小样本。其计算公式如下

$$R = x_{\max} - x_{\min} \tag{7-3}$$

2. 标准偏差

标准偏差简称标准差或均方差，是个体数据与均值之差平方和的算术平均数的算术根，是大于0的正数。总体的标准差用 σ 表示，样本的标准差用 S 表示。标准差的值小说明分布集中程度高，离散程度小，均值对总体（样本）的代表性好。标准差的平方是方差，有鲜明的数理统计特征，能确切说明数据分布的离散程度和波动规律，是最常用的反映数据变异程度的特征值。

1）总体的标准差 σ

$$\sigma = \sqrt{\frac{\sum_{i=1}^{N}(X_i - \mu)^2}{N}} \tag{7-4}$$

2）样本的标准差 S

$$S = \sqrt{\frac{\sum_{i=1}^{n}(x_i - \bar{x})^2}{n-1}} \tag{7-5}$$

样本的标准差 S 是总体的标准差 σ 的无偏估计。在样本容量较大（$n \geqslant 50$）时，式(7-5)中的分母（$n-1$）可简化为 n。

3. 变异系数

变异系数又称离散系数，是用标准差除以算术平均数得到的相对数。它表示数据的相对离散波动程度。变异系数小，说明分布集中程度高、离散程度小，均值对总体（样本）的代表性好。由于消除了数据平均水平不同的影响，变异系数适用于均值有较大差异的总体（样本）之间离散程度的比较，应用更为广泛。其计算公式如下。

1）总体的变异系数 C_v

$$C_v = \sigma/\mu \tag{7-6}$$

2）样本的变异系数 C_v

$$C_v = S/\bar{x} \tag{7-7}$$

五、质量数据的分布特征

（一）质量数据的特性

质量数据具有个体数值的波动性和总体（样本）分布的规律性。

在实际质量检测中，同一总体（样本）的个体产品的质量特性值是互不相同的。这种个体间表现形式上的差异性，反映在质量数据上即为个体数值的波动性、随机性。然而，当运用统计方法对这些丰富的个体质量数值进行加工、整理和分析后，人们又会发现这些产品质量特性值（以计量值数据为例）大多都分布在数值变动范围的中部区域，即有向分布中心靠拢的倾向，表现为数值的集中趋势；还有一部分质量特性值在中心的两侧分布，随着逐渐远离中心，数值的个数变少，表现为数值的离中趋势。

质量数据的集中趋势和离中趋势反映了总体（样本）质量变化的内在规律性。

（二）质量数据波动的原因

影响产品质量的因素主要有五个方面，即人、材料、机械设备、方法、环境，同时这些因素自身也在不断的变化。个体产品质量表现形式的千差万别就是这些因素综合作用的结果，质量数据也因此具有了波动性。

质量特性值的变化在质量标准允许范围内的波动称为正常波动，是由偶然性原因引起的；超越了质量标准允许范围的波动则称为异常波动，是由系统性原因引起的。

1. 偶然性原因

在实际生产中，影响因素的微小变化具有随机发生的特点，是不可避免、难以测量和控制的，或者是在经济上不值得消除，它们大量存在但对质量的影响较小，属于允许误差、允许位移范畴，引起的是正常波动，一般不会因此造成废品，生产过程正常稳定。通常，把4M1E因素的这类微小变化归为影响质量的偶然性原因、不可避免原因或正常原因。

2. 系统性原因

当影响质量的4M1E因素发生了较大变化，如工人未遵守操作规程、机械设备发生故障或过度磨损、原材料质量规格有显著差异等情况发生，如没有及时排除，生产过程则不正常，产品质量数据就会离散过大或与质量标准有较大偏离，表现为异常波动及次品、废品产生。这就是产生质量问题的系统性原因或异常原因。由于异常波动特征明显，容易识别和避免，特别是对质量的负面影响不可忽视，生产中应该随时监控，及时识别和处理。

（三）质量数据分布的规律性

对于每件产品来说，在产品质量形成的过程中，单个影响因素对其影响的程度和方向是不同的，也是在不断改变的。众多因素交织在一起，共同起作用的结果使各因素引起的差异大多互相抵消，最终表现出来的误差具有随机性。

对于在正常生产条件下的大量产品，误差接近零的产品数目要更多些，具有较大正负误差的产品要相对少些，偏离很大的产品就更少了，同时正负误差绝对值相等的产品数目非常接近。于是就形成了一个能反映质量数据规律性的分布，即以质量标准为中心的质量数据分布，它可用一个中间高、两端低、左右对称的几何图形表示，即一般服从正态分布。

在实践中，只要是受许多起微小作用的因素影响的质量数据，都可认为是近似服从正态分布的，如构件的几何尺寸、混凝土强度等；如果是随机抽取的样本，无论它来自的总体是何种分布，在样本容量较大时，其样本均值也将服从或近似服从正态分布。因而，正态分布是最重要、最常见、应用最广泛的一种分布。正态分布概率密度曲线如图7-2所示。

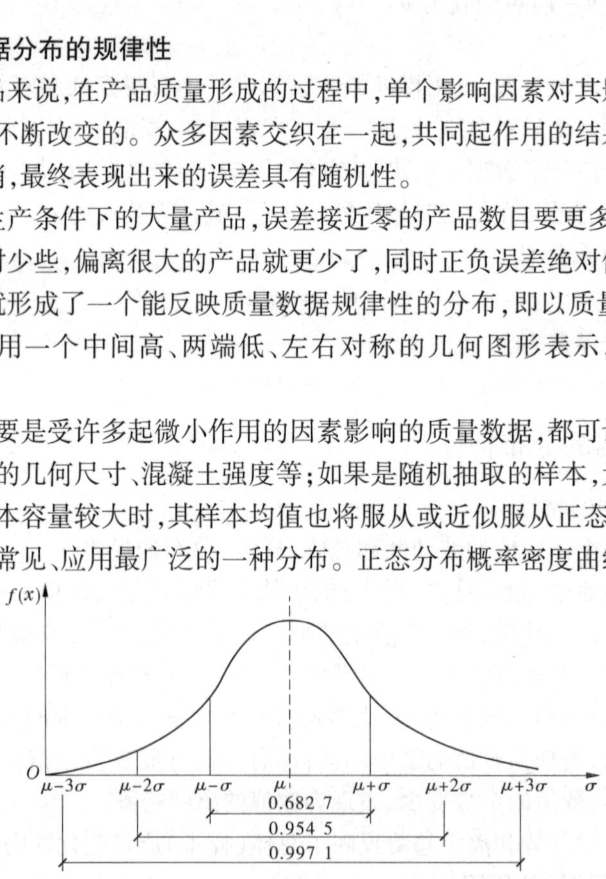

图7-2　正态分布概率密度曲线

第二节　工程质量控制的统计分析

一、统计调查表法

统计调查表法又称统计调查分析法，是利用专门设计的统计表对质量数据进行收集、整理和粗略分析质量状态的一种方法。

在质量控制活动中，利用统计调查表收集数据，具有简便灵活、便于整理、实用有效的特点。统计调查表没有固定格式，常用的有如下几种：

(1)分项工程作业质量分布调查表。

(2)不合格项目调查表。

(3)不合格原因调查表。

(4)施工质量检查评定用调查表等。

【例 7-1】 混凝土空心板外观质量问题调查见表 7-1。

表 7-1　混凝土空心板外观质量问题调查

<table>
<tr><td>产品名称</td><td colspan="2">混凝土空心板</td><td>生产班组</td><td colspan="2"></td></tr>
<tr><td>日生产总数</td><td>400 块</td><td>生产时间</td><td>年　月　日</td><td>检查时间</td><td>年　月　日</td></tr>
<tr><td>检查方式</td><td colspan="2">全数检查</td><td>检查员</td><td colspan="2"></td></tr>
<tr><td colspan="2">项目名称</td><td colspan="2">检查记录</td><td colspan="2">合计</td></tr>
<tr><td colspan="2">露筋
蜂窝
孔洞
夹渣
裂缝
其他</td><td colspan="2">正 正
正 正 一
丅
丅
一
下</td><td colspan="2">10
11
2
2
1
3</td></tr>
<tr><td colspan="2">合计</td><td colspan="4">29</td></tr>
</table>

应当指出，统计调查表往往同分层法结合起来应用，这样可以更好、更快地找出问题的原因，以便采取改进措施。

二、分层法

分层法又称分类法，是将调查收集的原始数据，根据不同的目的和要求，按某一性质进行分组、整理的分析方法。分层的结果使数据各层间的差异突出地显示出来，层内的数据差异减少了，在此基础上再进行层间、层内的比较分析，可以更深入地发现和认识质量问题的原因。

常用的分层标志有：

(1)按操作班组或操作者分层。

(2)按使用机械设备型号分层。

(3)按操作方法分层。

(4)按原材料供应单位、供应时间或等级分层。

(5)按施工时间分层。

(6)按检查手段、工作环境等分层。

【例 7-2】 某工程钢筋焊接质量的调查分析,共检查了 50 个焊接点,其中不合格 19 个,不合格率为 38%,存在严重的质量问题。试用分层法分析质量问题的原因。

现已查明,这批钢筋的焊接是由 A、B、C 三个师傅操作的,而焊条是由甲、乙两个厂家生产的。因此,分别按操作者和焊条生产厂家进行分层分析,即考虑一种因素单独的影响,见表 7-2 和表 7-3。

表 7-2 按操作者分层分析

操作者	不合格	合格	不合格率(%)
A	6	13	32
B	3	9	25
C	10	9	53
合计	19	31	38

表 7-3 按焊条生产厂家分层分析

焊条生产厂家	不合格	合格	不合格率(%)
甲厂	9	14	39
乙厂	10	17	37
合计	19	31	38

由表 7-2 和表 7-3 分层分析可见,操作者 B 的质量较好,不合格率 25%;而不论是采用甲厂还是采用乙厂的焊条,不合格率都很高且相差不大。为了找出问题所在,再进一步采用综合分层法进行分析,即考虑两种因素共同影响的结果,如表 7-4 所示。

表 7-4 综合分层法分析焊接质量

<table>
<tr><th rowspan="2">操作者</th><th rowspan="2">焊接质量</th><th colspan="2">甲厂</th><th colspan="2">乙厂</th><th colspan="2">合计</th></tr>
<tr><th>焊接点</th><th>不合格率(%)</th><th>焊接点</th><th>不合格率(%)</th><th>焊接点</th><th>不合格率(%)</th></tr>
<tr><td rowspan="2">A</td><td>不合格</td><td>6</td><td rowspan="2">75</td><td>0</td><td rowspan="2">0</td><td>6</td><td rowspan="2">32</td></tr>
<tr><td>合格</td><td>2</td><td>11</td><td>13</td></tr>
<tr><td rowspan="2">B</td><td>不合格</td><td>0</td><td rowspan="2">0</td><td>3</td><td rowspan="2">43</td><td>3</td><td rowspan="2">25</td></tr>
<tr><td>合格</td><td>5</td><td>4</td><td>9</td></tr>
<tr><td rowspan="2">C</td><td>不合格</td><td>3</td><td rowspan="2">30</td><td>7</td><td rowspan="2">78</td><td>10</td><td rowspan="2">53</td></tr>
<tr><td>合格</td><td>7</td><td>2</td><td>9</td></tr>
<tr><td rowspan="2">合计</td><td>不合格</td><td>9</td><td rowspan="2">39</td><td>10</td><td rowspan="2">37</td><td>19</td><td rowspan="2">38</td></tr>
<tr><td>合格</td><td>14</td><td>17</td><td>31</td></tr>
</table>

从表 7-4 的综合分层法分析可知，在使用甲厂的焊条时，应采用 B 师傅的操作方法为好；在使用乙厂的焊条时，应采用 A 师傅的操作方法为好，这样会使合格率大大提高。

分层法是质量控制统计分析方法中最基本的一种方法。其他统计方法，如排列图法、直方图法、控制图法、相关图法等，一般都要与分层法配合使用，常常是首先利用分层法将原始数据分门别类，然后进行统计分析。

三、排列图法

排列图法是利用排列图寻找影响质量主次因素的一种有效方法。排列图又叫帕累托图或主次因素分析图，它由两个纵坐标、一个横坐标、几个连起来的直方形和一条曲线所组成，如图 7-3 所示。左侧的纵坐标表示频数，右侧的纵坐标表示累计频率，横坐标表示影响质量的各个影响因素（项目），按影响程度大小从左至右排列，直方形的高度表示某个因素的影响大小。

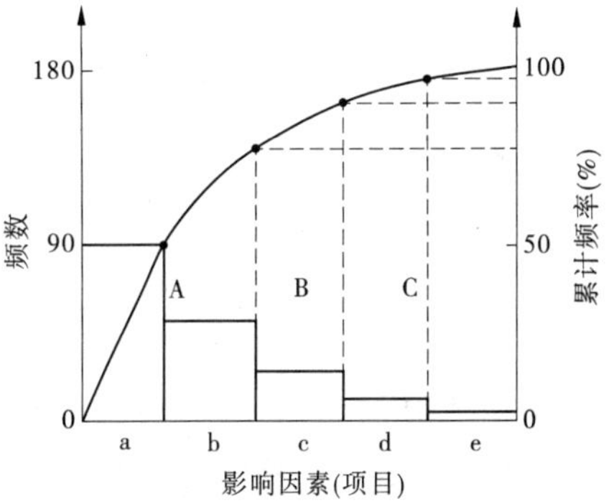

图 7-3　排列图

在实际应用中，通常按累计频率划分为 0～80%、80%～90%、90%～100% 三部分，与其对应的影响因素分别为 A、B、C 三类。A 类为主要因素，B 类为次要因素，C 类为一般因素。

（一）排列图的做法

下面结合实例加以说明。

例：某工地现浇混凝土结构尺寸质量检查结果是：在全部检查的 8 个项目中不合格点（超偏差限值）有 150 个，为改进并保证质量，应对这些不合格点进行分析，以便找出混凝土结构尺寸质量的薄弱环节。

1. 收集整理数据

首先，收集混凝土结构尺寸各项目不合格点的数据资料（见表 7-5），各项目不合格点出现的次数即频数。其次，对数据资料进行整理，将不合格点较少的轴线位置、预埋设施中心位置、预留孔洞中心位置三项合并为“其他”项。按不合格点的频数由大到小顺序排列各检查项目，“其他”项排在最后。以全部不合格点数为总数，计算各项的频率和累计频率，结果见表 7-6。

表 7-5　不合格点统计

序号	检查项目	不合格点数	序号	检查项目	不合格点数
1	轴线位置	1	5	平面水平度	15
2	垂直度	8	6	表面平整度	75
3	标高	4	7	预埋设施中心位置	1
4	截面尺寸	45	8	预留孔洞中心位置	1

表 7-6　不合格点项目

序号	项目	频数	频率(%)	累计频率(%)
1	表面平整度	75	50.0	50.0
2	截面尺寸	45	30.0	80.0
3	平面水平度	15	10.0	90.0
4	垂直度	8	5.3	95.3
5	标高	4	2.7	98.0
6	其他	3	2.0	100.0
合计		150	100	

2. 排列图的绘制

(1)画横坐标。将横坐标按项目数等分,并按项目频数由大到小的顺序从左至右排列,该例中横坐标分为六等份。

(2)画纵坐标。左侧的纵坐标表示项目不合格点数即频数,右侧的纵坐标表示累计频率。要求总频数对应累计频率为100%。该例中150应与100%在一条水平线上。

(3)画频数直方形。以频数为高画出各项目的直方形。

(4)画累计频率曲线。从横坐标左端点开始,依次连接各项目直方形右边线与所对应的累计频率值的交点,所得的曲线即为累计频率曲线。

(5)记录必要的事项。如标题、收集数据的方法和时间等。

图 7-4 为本例混凝土结构尺寸不合格点排列图。

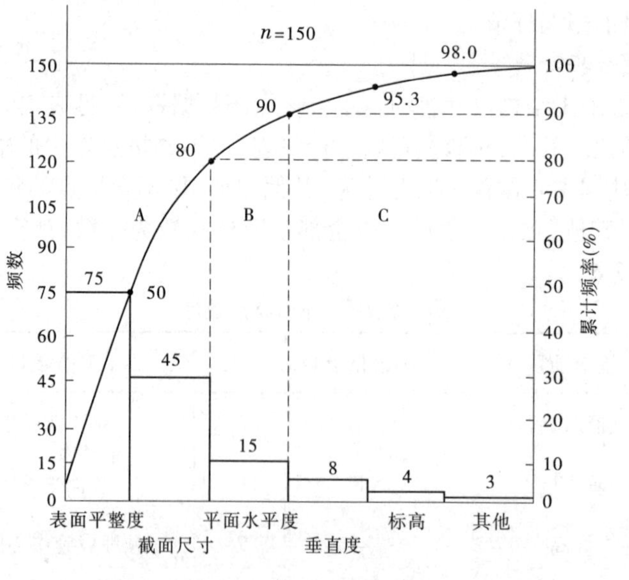

图 7-4　混凝土结构尺寸不合格点排列图

(二)排列图的观察与分析

(1)观察直方形,大致可看出各项目的影响程度。排列图中的每个直方形都表示一个质量问题或影响因素。影响程度与各直方形的高度成正比。

(2)利用 ABC 分类法,确定主次因素。将累计频率曲线按 0 ~80%、80% ~90%、90% ~100%分为三部分,各曲线下面所对应的影响因素分别为 A、B、C 三类因素,本例中 A 类即主要因素(包括表面平整度(2 m 长度)、截面尺寸(梁、柱、墙板、其他构件)),B 类即次要因素(包括平面水平度),C 类即一般因素(包括垂直度、标高和其他项目)。综上分析结果,下一步应重点解决 A 类等质量问题。

(三)排列图的应用

排列图可以形象、直观地反映主次因素。其主要应用有:

(1)按不合格点的缺陷形式分类,可以分析出造成质量问题的薄弱环节。

(2)按生产作业分类,可以找出生产不合格品最多的关键过程。

(3)按生产班组或单位分类,可以分析比较各单位技术水平和质量管理水平。

(4)将采取提高质量措施前后的排列图对比,可以分析措施是否有效。

(5)此外,排列图还可以用于成本费用分析、安全问题分析等。

四、因果分析图法

(一)因果分析图法的概念

因果分析图法是利用因果分析图来系统整理分析某个质量问题(结果)与其产生原因之间关系的有效工具。因果分析图也称特性要因图,又因其形状常被称为树枝图或鱼刺图。

因果分析图基本形式如图 7-5 所示。因果分析图由质量特性(即质量结果,指某个质量问题)、要因(产生质量问题的主要原因)、枝干(指表示不同层次的原因的一系列箭线)、主干(指较粗的直接指向质量结果的水平箭线)等组成。

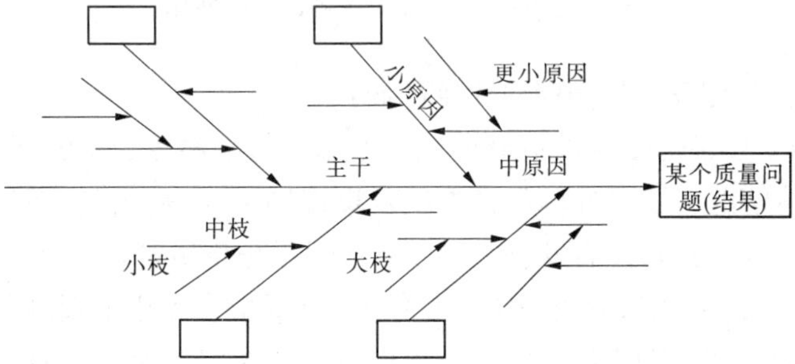

图 7-5　因果分析图的基本形式

(二)因果分析图的绘制

下面结合实例加以说明。

例:绘制混凝土强度不足的因果分析图。

因果分析图的绘制步骤与图中箭头方向相反，是从结果开始将原因逐层分解的，具体步骤如下：

(1)明确质量问题及结果。该例分析的质量问题是混凝土强度不足，作图时首先由左至右画出一条水平主干线，箭头指向一个矩形框，框内注明研究的问题，即结果。

(2)分析确定影响质量特性大的原因。一般来说，影响质量因素有五大方面，即人、机械、材料、方法、环境等。另外，还可以按产品的生产过程进行分析。

(3)将每种大原因进一步分解为中原因、小原因，直至分解的原因可以采取具体措施加以解决。

(4)检查图中所列原因是否齐全，可以对初步分析结果广泛征求意见，并作必要的补充及修改。

(5)选择影响大的关键因素，作出标记“△”，以便重点采取措施。

图 7-6 是混凝土强度不足的因果分析图。

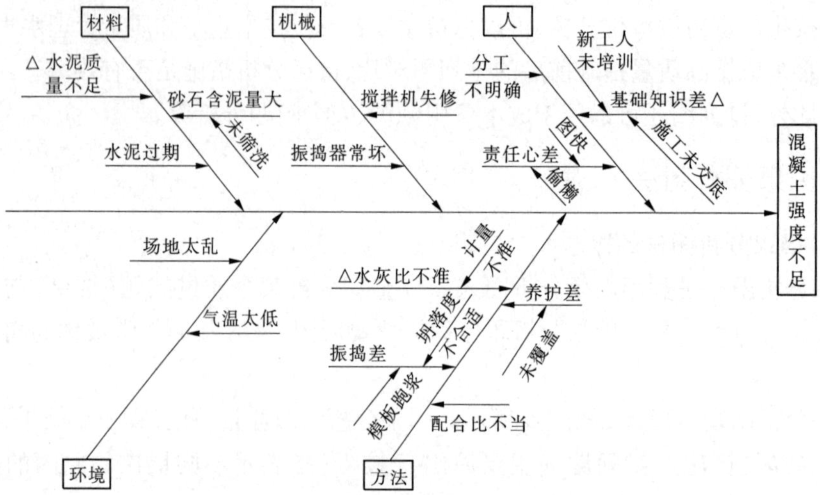

图 7-6　混凝土强度不足的因果分析图

(三)绘制和使用因果分析图时应注意的问题

(1)集思广益。绘制时要求绘制者熟悉专业施工方法技术，调查、了解施工现场实际条件和操作的具体情况。要以各种形式广泛收集现场工人、班组长、质量检查员、工程技术人员的意见，集思广益，相互启发、相互补充，使因果分析更符合实际。

(2)制定对策。绘制因果分析图不是目的，而是要根据图中所反映的主要原因，制定改进的措施和对策，限期解决问题，保证产品质量。具体实施时，一般应编制一个对策计划表。表 7-7 是混凝土强度不足的对策计划表。

五、直方图法

(一)直方图法的用途

直方图法即频数分布直方图法，它是将收集到的质量数据进行分组整理，绘制成频数

表 7-7 混凝土强度不足的对策计划表

项目	序号	产生问题原因	采取的对策	执行人	完成时间
人	1	分工不明确	根据个人特长，确定每项作业的负责人及各操作人员职责，挂牌示出		
	2	基础知识差	(1)组织学习操作规程 (2)作好技术交底		
方法	3	配合比不当	(1)根据数理统计结果，按施工实际水平进行配合比计算 (2)进行试验		
	4	水灰比不准	(1)制作试块 (2)施工时每工作班测砂石含水率一次		
材料	5	水泥质量不足	进行水泥质量统计		
	6	原材料不合格	对砂、石、水泥各项指标进行试验		
	7	砂、石含泥量大	冲洗		
机械	8	振捣器常坏	(1)使用前检修一次 (2)施工时配备电工 (3)备用振捣器		
	9	搅拌机失修	(1)使用前检修一次 (2)施工时配备检修人员		
环境	10	场地乱	认真清理，搞好平面布置，现场实行分片制		
	11	气温低	准备草包，养护落实到人		

分布直方图，用以描述质量分布状态的一种分析方法，又称质量分布图法。

通过直方图的观察与分析，可了解产品质量的波动情况，掌握质量特性的分布规律，以便对质量状况进行分析判断。同时，可通过质量数据特征值的计算，估算施工生产过程总体的不合格品率、评价过程能力等。

（二）直方图的绘制方法

1. 收集整理数据

用随机抽样的方法抽取数据，一般要求数据在 50 个以上。下面结合实例说明。

例：某建筑施工工地浇筑 C30 混凝土，为对其抗压强度进行质量分析，共收集了 50 份抗压强度试验报告单，经整理如表 7-8 所示。

表 7-8 质量数据(混凝土强度)整理

序号	抗压强度(N/mm^2)					最小值	最大值
1	39.8	37.7	33.8	31.5	36.1	31.5*	39.8
2	37.2	38.0	33.1	39.0	36.0	33.1	39.0
3	35.8	35.2	31.8	37.1	34.0	31.8	37.1
4	39.9	34.3	33.2	40.4	41.2	33.2	41.2
5	39.2	35.4	34.4	38.1	40.3	34.4	40.3
6	42.3	37.5	35.5	39.3	37.3	35.5	42.3
7	35.9	42.4	41.8	36.3	36.2	35.9	42.4
8	46.2	37.6	38.3	39.7	38.0	37.6	46.2*
9	36.4	38.3	43.4	38.2	38.0	36.4	43.4
10	44.4	42.0	37.9	38.4	39.5	37.9	44.4

2. 计算极差 R

极差 R 是数据中最大值和最小值之差,本例中:$x_{max} = 46.2\ N/mm^2$,$x_{min} = 31.5\ N/mm^2$,则 $R = x_{max} - x_{min} = 46.2 - 31.5 = 14.7(N/mm^2)$。

3. 对数据分组

对数据分组包括确定组数、组距和组限。

(1)确定组数 k。确定组数的原则是分组的结果能正确反映数据的分布规律。组数应根据数据多少来确定。组数过少,会掩盖数据的分布规律;组数过多,会使数据过于零乱分散,也不能显示出质量分布状况。一般可参考表 7-9 的经验数值确定。本例中取 $k = 8$。

表 7-9 数据分组参考值

数据总数 n	50 ~ 100	100 ~ 250	250 以上
分组数 k	6 ~ 10	7 ~ 12	10 ~ 20

(2)确定组距 h。组距是组与组之间的间隔,也即一个组的范围。各组距应相等,于是有:极差≈组距×组数,即 $R \approx hk$。因而组数、组距的确定应结合极差综合考虑,适当调整,还要注意数值尽量取整,使分组结果能包括全部变量值,同时也便于以后的计算分析。

本例中:$h = R/k = 14.7/8 = 1.8(N/mm^2) \approx 2\ N/mm^2$。

(3)确定组限。每组的最大值为上限,最小值为下限,上限、下限统称为组限。确定组限时,应注意使各组之间连续,即较低组上限应为相邻较高组下限,这样才不致使有的数据被遗漏。

对恰恰处于组限值上的数据，其解决的办法有两个：一是规定每组上（或下）组限不计在该组内，而应计入相邻较高（或较低）组内；二是将组限值较原始数据精度提高半个最小测量单位。

本例采取第一种办法划分组限，即每组上限不计入该组内。

首先，确定第一组下限：

$$x_{min} - h/2 = 31.5 - 2.0/2 = 30.5$$

第一组上限：

$$30.5 + h = 30.5 + 2 = 32.5$$

$$第二组下限 = 第一组上限 = 32.5$$

第二组上限：

$$32.5 + h = 32.5 + 2 = 34.5$$

以下依此类推，最高组限为 44.5 ~ 46.5，分组结果覆盖了全部数据。

4. 编制数据频数统计表

统计各组频数，可采用唱票形式进行，频数总和应等于全部数据个数。本例频数统计结果见表 7-10。

表 7-10 频数统计结果

组号	组限（N/mm^2）	频数统计	频数	组号	组限（N/mm^2）	频数统计	频数
1	30.5 ~ 32.5	丅	2	5	38.5 ~ 40.5	正𠄌	9
2	32.5 ~ 34.5	正一	6	6	40.5 ~ 42.5	正	5
3	34.5 ~ 36.5	正正	10	7	42.5 ~ 44.5	丅	2
4	36.5 ~ 38.5	正正正	15	8	44.5 ~ 46.5	一	1

从表 7-10 可以看出，浇筑 C30 混凝土 50 个试块的抗压强度是各不相同的，这说明质量特性值是有波动的。但这些数据分布是有一定规律的，即数据在一个有限范围内变化，且这种变化有一个集中趋势，即强度值在 36.5 ~ 38.5 N/mm^2 范围内的试块最多，可把这个范围即第四组视为该样本质量数据的分布中心，随着强度值的逐渐增大和逐渐减小，数据也逐渐减少。为了更直观、更形象地表现质量特征值的这种分布规律，应进一步绘制出直方图。

5. 绘制频数分布直方图

在频数分布直方图中，横坐标表示质量特性值，本例中为混凝土强度，并标出各组的组限值。根据表 7-10 可画出以组距为底，以频数为高的 k 个直方形，便得到混凝土强度的频数分布直方图，如图 7-7 所示。

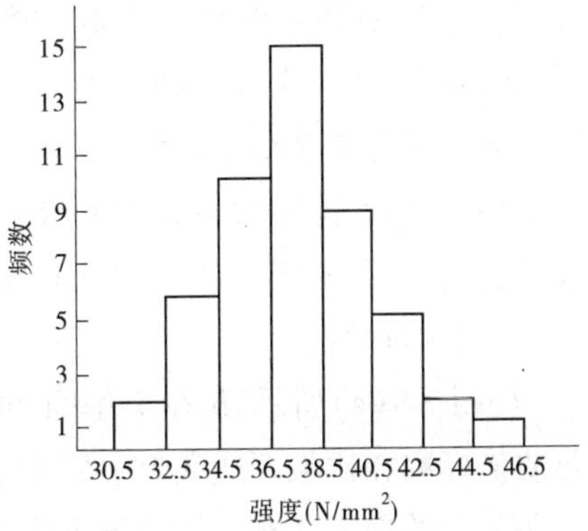

图 7-7 混凝土强度分布直方图

（三）直方图的观察与分析

1. 观察直方图的形状、判断质量分布状态

作完直方图后，首先要认真观察直方图的整体形状，看其是否是属于正常型直方图。

正常型直方图就是中间高、两侧底、左右接近对称的图形,如图 7-8(a)所示。

出现非正常型直方图时,表明生产过程或收集数据作图有问题。这就要求进一步分析判断,找出原因,从而采取措施加以纠正。

凡属非正常型直方图,其图形分布有各种不同的缺陷,归纳起来一般有以下五种类型,如图 7-8(b) ~ (f)所示。

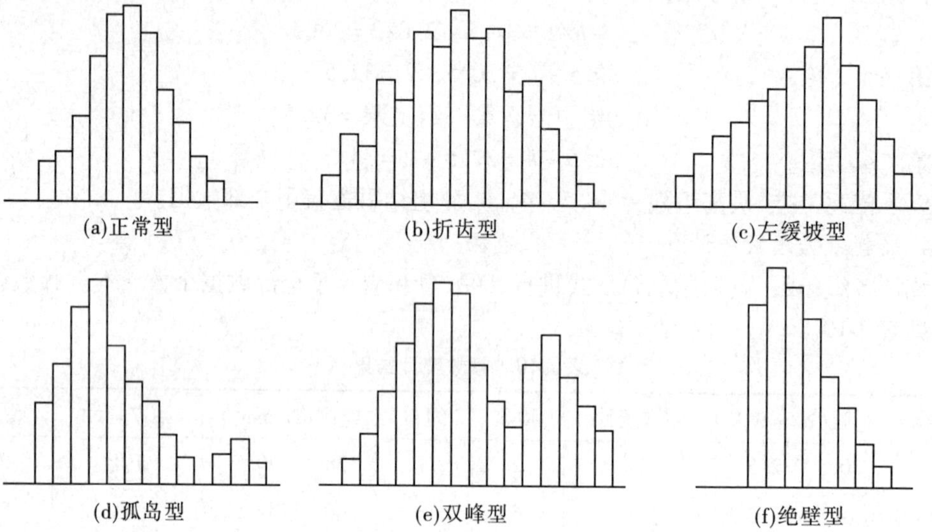

图 7-8 常见的直方图图形

(1)折齿型(见图 7-8(b)),是由于分组不当或者组距确定不当出现的直方图。

(2)左(或右)缓坡型(见图 7-8(c)),主要是由于操作中对上限(或下限)控制太严造成的。

(3)孤岛型(见图 7-8(d)),是原材料发生变化,或者临时他人顶班作业造成的。

(4)双峰型(见图 7-8(e)),是由于用两种不同方法或两台设备或两组工人进行生产,然后把两方面数据混在一起整理产生的。

(5)绝壁型(见图 7-8(f)),是由于数据收集不正常,可能有意识地去掉下限以下的数据,或是在检测过程中存在某种人为因素造成的。

2. 将直方图与质量标准比较,判断实际生产过程能力

作出直方图后,除观察直方图形状、分析质量分布状态外,还应将正常型直方图与质量标准比较,从而判断实际生产过程能力。正常型直方图与质量标准相比较,一般有如图 7-9所示的六种情况。

(1)如图 7-9(a)所示,B 在 T 中间,质量分布中心与质量标准中心 M 重合,实际数据分布与质量标准相比较两边还有一定余地。这样的生产过程质量是很理想的,说明生产过程处于正常的稳定状态。该情况下生产出来的产品可认为全都是合格品。

(2)如图 7-9(b)所示,B 虽然落在 T 内,但质量分布中心 T 与质量标准中心 M 不重

合，偏向一边。这样，如果生产状态一旦发生变化，就可能超出质量标准下限而出现不合格品。出现这样情况时应迅速采取措施，使直方图移到中间来。

(3) 如图 7-9(c) 所示，B 在 T 中间，且 B 的范围接近 T 的范围，没有余地，生产过程一旦发生小的变化，产品的质量特性值就可能超出质量标准。出现这种情况时，必须立即采取措施，以缩小质量分布范围。

(4) 如图 7-9(d) 所示，B 在 T 中间，但两边余地太大，说明加工过于精细，不经济。在这种情况下，可以对原材料、设备、工艺、操作等控制要求适当放宽些，有目的地使 B 扩大，从而有利于降低成本。

(5) 如图 7-9(e) 所示，质量分布范围 B 已超出标准下限，说明已出现不合格品。此时，必须采取措施进行调整，使质量分布位于标准之内。

(6) 如图 7-9(f) 所示，质量分布范围完全超出了质量标准的上、下界限，散差太大，产生许多废品，说明过程能力不足，应提高过程能力，使质量分布范围 B 缩小。

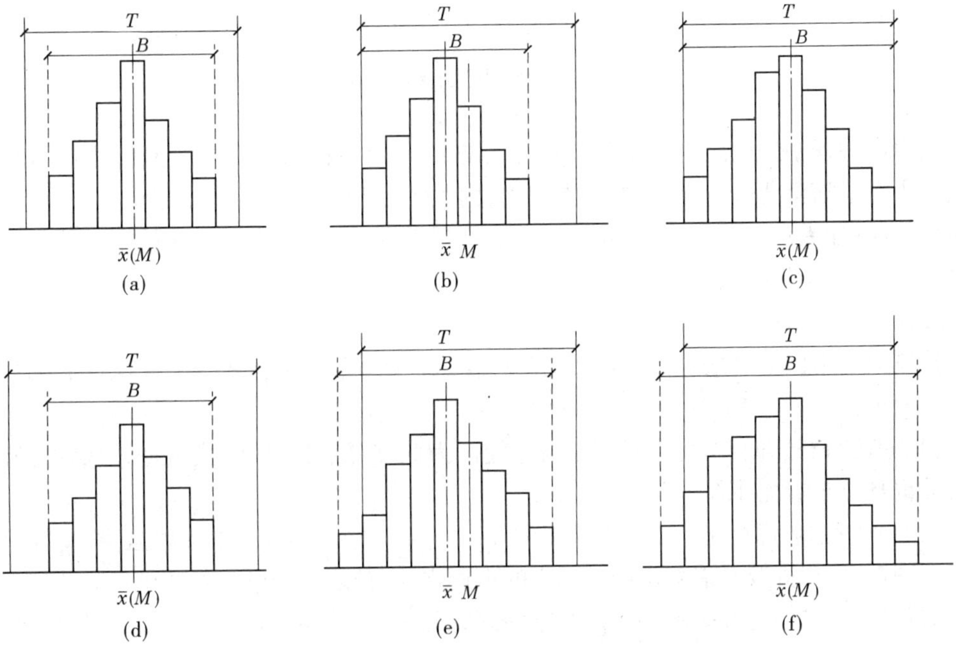

T—质量标准要求界限；B—实际质量特性分布范围

图 7-9 实际质量分析与标准比较

六、控制图法

(一) 控制图的基本形式及其用途

控制图又称管理图，它是在直角坐标系内画有控制界限，描述生产过程中产品质量波动状态的图形。利用控制图区分质量波动原因，判明生产过程是否处于稳定状态的方法称为控制图法。

1. 控制图的基本形式

控制图的基本形式如图7-10所示。横坐标为样本(子样)序号或抽样时间,纵坐标为被控制对象,即被控制的质量特性值。控制图上一般有三条线:上面的一条虚线称为上控制界限,用符号UCL表示;下面的一条虚线称为下控制界限,用符号LCL表示;中间的一条实线称为中心线,用符号CL表示。中心线标志着质量特性值分布的中心位置,上、下控制界限标志着质量特性值允许波动范围。

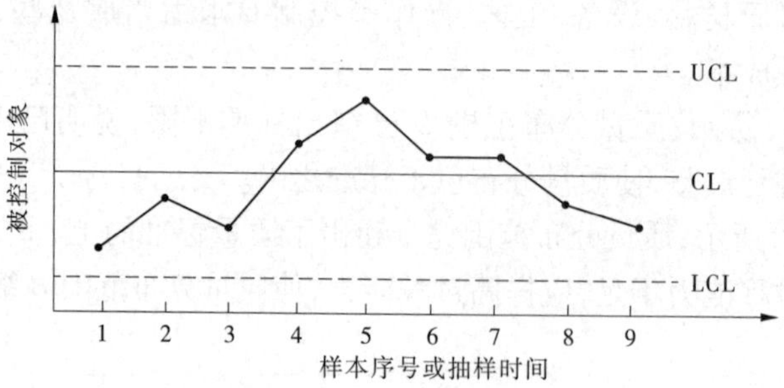

图7-10 控制图的基本形式

在生产过程中,通过抽样取得数据,把样本统计量描在图上来分析判断生产过程状态。如果点子随机地落在上、下控制界限内,则表明生产过程正常处于稳定状态,不会产生不合格品;如果点子超出控制界限,或点子排列有缺陷,则表明生产条件发生了异常变化,生产过程处于失控状态。

2. 控制图的用途

控制图是用样本数据来分析判断生产过程是否处于稳定状态的有效工具。它的用途主要有两个:

(1)过程分析,即分析生产过程是否稳定。为此,应随机连续收集数据,绘制控制图,观察数据点分布情况并判定生产过程状态。

(2)过程控制,即控制生产过程质量状态。为此,要定时抽样取得数据,将其变为点子描在图上,发现并及时消除生产过程中的失调现象,预防不合格品的产生。

前述排列图法、直方图法是质量控制的静态分析法,反映的是质量在某一段时间里的静止状态。然而,产品都是在动态的生产过程中形成的,因此在质量控制中单用静态分析法显然是不够的,还必须有动态分析法。只有动态分析法,才能随时了解生产过程中质量的变化情况,及时采取措施,使生产处于稳定状态,起到预防出现废品的作用。

控制图法就是典型的动态分析法。

(二)控制图的原理

影响生产过程和产品质量的因素可分为异常性因素和偶然性因素。在生产过程中,如果仅仅存在偶然性因素的影响,而不存在系统因素,这时生产过程是处于稳定状态的,或称为控制状态。其产品质量特性值的波动是有一定规律的,即质量特性值分布服从正态分布。控制图就是利用这个规律来识别生产过程中的异常因素,控制系统性原因造成的质量波动,保证生产过程处于控制状态。

要衡量生产过程是否处于稳定状态，则要知道一定状态下生产的产品质量是具有一定分布的，过程状态发生变化产品质量分布也随之改变。观察产品质量分布情况，一是看分布中心位置(μ)，二是看分布的离散程度(σ)。这可通过图7-11所示的四种情况来说明。

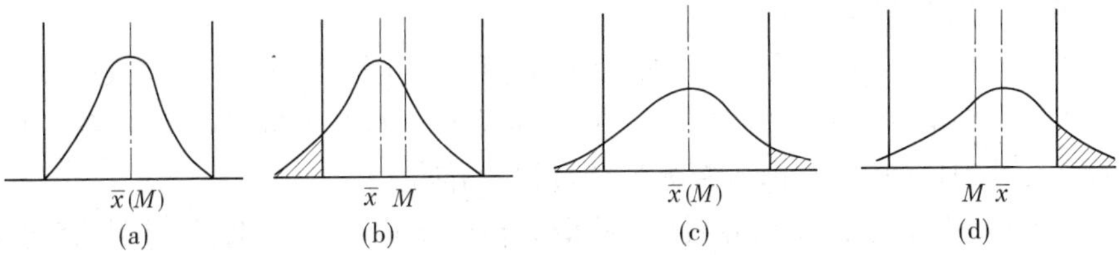

图7-11　质量特性值分布变化

(1)图7-11(a)反映产品质量分布服从正态分布，其分布中心与质量标准中心 M 重合，散差分布在质量控制界限之内，表明生产过程处于稳定状态，这时生产的产品基本上都是合格品，可继续生产。

(2)图7-11(b)反映产品质量分布散差没变，但分布中心发生偏移。

(3)图7-11(c)反映产品质量分布中心虽然没有偏移，但分布的散差变大。

(4)图7-11(d)反映产品质量分布中心和散差都发生了较大变化，即 $\mu(\bar{x})$ 值偏离标准中心，$\sigma(S)$ 值增大。

后三种情况都是由于生产过程中存在异常因素引起的，都出现了不合格品，生产过程处于不稳定状态，应及时分析，消除异常因素的影响。

综上所述，我们可依据描述产品质量分布的集中位置和离散程度的统计特征值随时间(生产进程)的变化情况来分析生产过程是否处于稳定状态。在控制图中，只要样本质量数据的特征值是随机地落在上、下控制界限之内，就表明产品质量分布的参数 μ 和 σ 基本保持不变，生产中只存在偶然因素，生产过程是稳定的。而一旦发生了质量数据点落在控制界限之外，或排列有缺陷，则说明生产过程中存在系统原因，使 μ 或 σ 发生了改变，生产过程出现异常情况。

(三)控制图的种类

1. 按用途分类

(1)分析用控制图。主要是用来调查分析生产过程是否处于控制状态。绘制分析用控制图时，一般需连续抽取20～25组样本数据，计算控制界限。

(2)管理(或控制)用控制图。主要用来控制生产过程，使之经常保持在稳定状态下。当根据分析用控制图判明生产处于稳定状态时，一般都是把分析用控制图的控制界限延长以作为管理用控制图的控制界限，并按一定的时间间隔取样、计算、打点，根据点子分布情况，判断生产过程是否有异常因素影响。

2. 按质量数据特点分类

(1)计量值控制图：主要适用于质量特性值属于计量值的控制，如时间、长度、重量、强度、成分等连续型变量。计量值性质的质量特性值服从正态分布规律。

（2）计数值控制图：通常用于控制质量数据中的计数值，如不合格品数、疵点数、不合格品率、单位面积上的疵点数等离散型变量。根据计数值的不同，计数值控制图又可分为计件值控制图和计点值控制图。计件值控制图有不合格品数 p_n 控制图和不合格品率 p 控制图。计点值控制图有缺陷数 c 控制图和单位缺陷数 u 控制图。

（四）控制图的观察与分析

当控制图同时满足以下两个条件时，我们就可以认为生产过程基本上处于稳定状态。一是点子几乎全部落在控制界限之内，二是控制界限内的点子排列没有缺陷。如果点子的分布不满足其中任何一条，都应判断生产过程为异常。

（1）点子几乎全部落在控制界线内，是指应符合下述三个要求：①连续 25 点以上处于控制界限内；②连续 35 点中仅有 1 点超出控制界限；③连续 100 点中不多于 2 点超出控制界限。

（2）点子排列没有缺陷，是指点子的排列是随机的，且没有出现异常现象。这里的异常现象是指点子排列出现了链、多次同侧、趋势或倾向、周期性变动、接近控制界限等情况。

①链，是指点子连续出现在中心线一侧的现象。出现五点链，应注意生产过程发展状况；出现六点链，应开始调查原因；出现七点链，应判定工序异常，需采取处理措施，如图 7-12（a）所示。

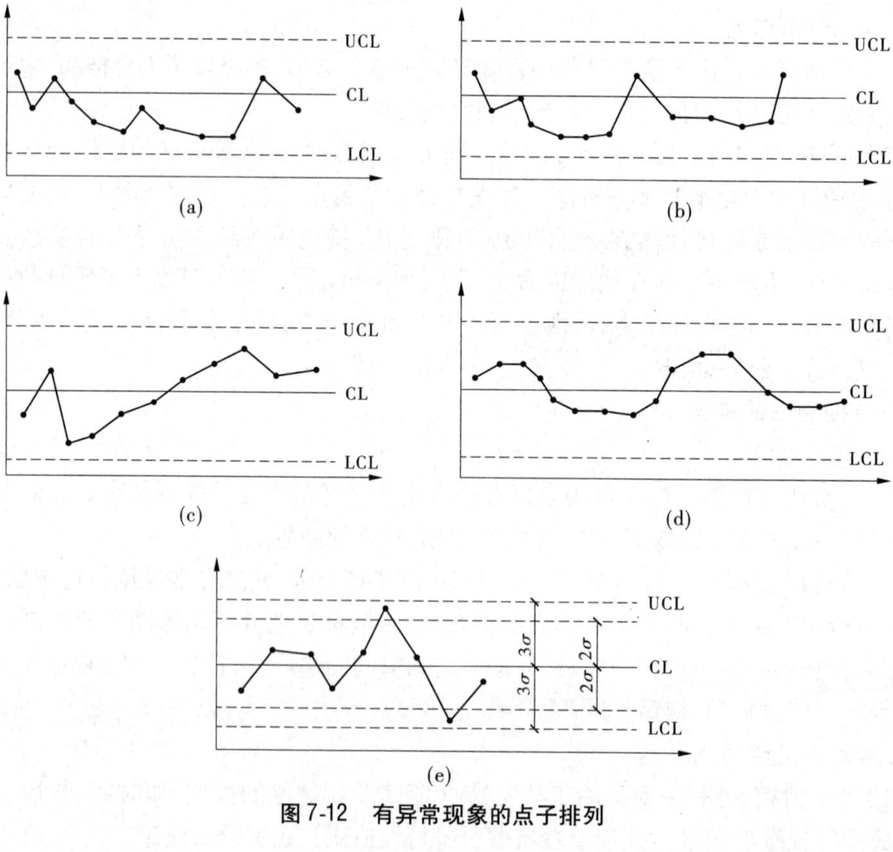

图 7-12　有异常现象的点子排列

②多次同侧，是指点子在中心线一侧多次出现的现象，或称偏离。下列情况说明生产过程已出现异常：在连续 11 点中有 10 点在同侧，如图 7-12(b)所示；在连续 14 点中有 12 点在同侧；在连续 17 点中有 14 点在同侧；在连续 20 点中有 16 点在同侧。

③趋势或倾向，是指点子连续上升或连续下降的现象。连续 7 点或 7 点以上上升或下降排列，就应判定生产过程有异常因素影响，要立即采取措施，如图 7-12(c)所示。

④周期性变动，即点子的排列显示周期性变化的现象。这样即使所有点子都在控制界限内，也应认为生产过程为异常，如图 7-12(d)所示。

⑤接近控制界限，是指点子落在了 $\mu \pm 2\sigma$ 以外和 $\mu \pm 3\sigma$ 以内。如属下列情况则判定为异常：连续 3 点至少有 2 点接近控制界限，连续 7 点至少有 3 点接近控制界限，连续 10 点至少有 4 点接近控制界限，如图 7-12(e)所示。

以上是分析用控制图判断生产过程是否正确的准则。如果生产过程处于稳定状态，则把分析用控制图转为管理用控制图。分析用控制图是静态的，而管理用控制图是动态的。随着生产过程的进展，通过抽样取得质量数据并把点描在图上，随时观察点子的变化，点子落在控制界限外或界限上，即判断生产过程异常，点子即使在控制界限内，也应随时观察其有无缺陷，以对生产过程正常与否作出判断。

七、相关图法

(一)相关图法的用途

相关图又称散布图。在质量控制中，它是用来显示两种质量数据之间关系的一种图形。质量数据之间的关系多属相关关系，一般有三种类型：一是质量特性和影响因素之间的关系，二是质量特性和质量特性之间的关系，三是影响因素和影响因素之间的关系。

我们可以用 y 和 x 分别表示质量特性值和影响因素，通过绘制相关图，计算相关系数等，分析研究两个变量之间是否存在相关关系，以及这种关系的密切程度如何，进而对相关程度密切的两个变量，通过对其中一个变量的观察控制，去估计控制另一个变量的数值，以达到保证产品质量的目的。这种统计分析方法称为相关图法。

(二)相关图的绘制方法

以分析混凝土抗压强度和水灰比之间的关系为例进行讲述。

1. 收集数据

要成对地收集两种质量数据，数据不得过少。本例收集数据如表 7-11 所示。

表 7-11　混凝土抗压强度与水灰比统计资料

序号		1	2	3	4	5	6	7	8
x	水灰比(W/C)	0.40	0.45	0.50	0.55	0.60	0.65	0.70	0.75
y	抗压强度(N/mm^2)	36.5	35.3	28.4	24.0	23.1	20.6	18.4	15.0

2. 绘制相关图

在直角坐标系中，一般 x 轴代表原因的量或较易控制的量，本例中表示水灰比；y 轴代表结果的量或不易控制的量，本例中表示强度。然后，将数据中相应的坐标位置描上点，便得到相关图，如图 7-13 所示。

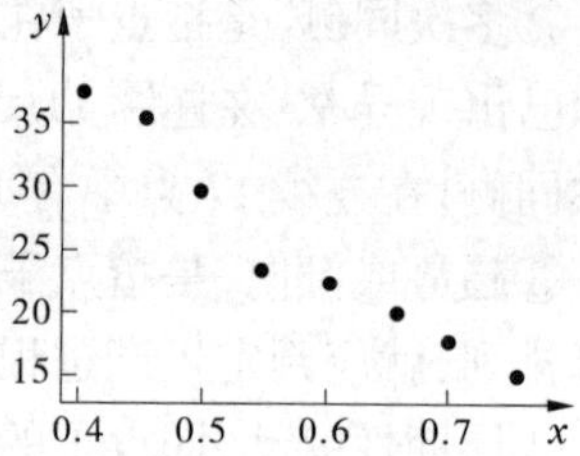

图 7-13　相关图

（三）相关图的观察与分析

相关图中点的集合，反映了两种数据之间的散布状况，根据散布状况则可以分析两个变量之间的关系。归纳起来，有以下六种类型（见图 7-14）：

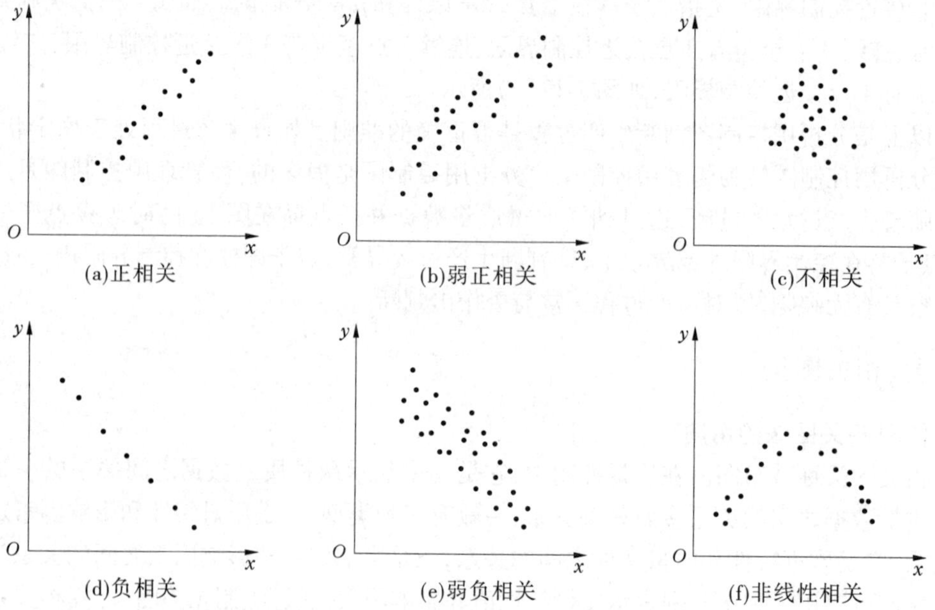

图 7-14　相关图的类型

（1）正相关（见图 7-14（a））。散布点基本形成由左至右向上变化的一条直线带，即随 x 增加 y 值也相应增加，说明 x 与 y 有较强的制约关系。此时，可通过对 x 控制而有效控制 y 的变化。

（2）弱正相关（见图 7-14（b））。散布点形成向上较分散的直线带。随 x 值的增加，y 值也有增加趋势，但 x、y 的关系不像正相关那么明确。说明 y 除受 x 影响外，还受其他更重要的因素影响，需要进一步利用因果分析图法分析其他的影响因素。

（3）不相关（见图 7-14（c））。散布点形成一团或平行于 x 轴的直线带。说明 x 变化不会引起 y 的变化或其变化无规律，分析质量原因时可排除 x 因素。

（4）负相关（见图 7-14（d））。散布点形成由左至右向下的一条直线带。说明 x 对 y 的影响与正相关恰恰相反。

（5）弱负相关（见图 7-14（e））。散布点形成由左至右向下分布的较分散的直线带。说明 x 与 y 的相关关系较弱，且变化趋势相反，应考虑寻找影响 y 的其他更重要的因素。

（6）非线性相关（见图 7-14（f））。散布点呈一曲线带，即在一定范围内 x 增加，y 也增加；超过这个范围，x 增加，y 则有下降趋势。

从图7-14可以看出，本例水灰比对强度影响属于负相关。初步结果是，在其他条件不变的情况下，混凝土强度随着水灰比增大有逐渐降低的趋势。

第三节　抽样检验方案

一、抽样检验的几个基本概念

(一)抽样检验方案

抽样检验方案是根据检验项目特性所确定的抽样数量、接受标准和方法。如在简单的计数值抽样检验方案中，主要是确定样本容量 n 和合格判定数，即允许不合格品件数 c，记为方案(n,c)。

(二)检验

检验是对检验项目中的性能进行量测、检查、试验等，并将结果与标准规定要求进行比较，以确定每项性能是否合格所进行的活动。它包括对每一个体的缺陷数目或某种属性记录的计数检验和对每一个体的某个定量特性测量的计量检验。

(三)检验批

检验批是按同一生产条件或按规定的方式汇总起来供检验用的，由一定数量产品组成的检验体，其中的产品件数称为批量，用 N 表示。组成检验批的基本原则是应具有生产条件及时间基本相同、质量基本均匀的一定量同批次个体产品，否则难以通过检验区分质量水平。

(四)批不合格品率

批不合格品率是指检验批中不合格品数占整个批量的比重。其反映了批的质量水平，其计算公式为：

由总体计算 $$P = D/N \tag{7-8}$$

由样本计算 $$p = d/n \tag{7-9}$$

式中　P、p——由检验批(总体)、样本计算的批不合格品率；

D、d——检验批、样本中的不合格品件数；

N、n——检验批、样本中的产品件数。

对于计点值数据，若用 C 表示批中的缺陷数，其质量水平可由下式计算

$$\text{批的每百单位缺陷数} = 100C/N \tag{7-10}$$

(五)过程平均批不合格品率

过程平均批不合格品率是指对 k 批产品首次检验得到的 k 个批不合格品率的平均数。它可以衡量一个基本稳定的生产过程，在较长时间内所提供产品的质量水平。由总体计算的用 $\overline{P}$ 表示，由样本计算的用 $\overline{p}$ 表示。$\overline{P}$ 是 $\overline{p}$ 的优良估计值。这里，首次检验的含义是指，在实施二次或多次抽样检验方案时，只能取第一个样本的 P 值或 p 值计算，k 值不应少于20批。一般利用抽样检验结果计算，公式为

$$\bar{p} = \frac{d_1 + d_2 + \cdots + d_k}{n_1 + n_2 + \cdots + n_k} = \frac{\sum_{i=1}^{k} d_i}{\sum_{i=1}^{k} n_i} \tag{7-11}$$

（六）接受概率

接受概率又称批合格概率，是根据规定的抽样检验方案将检验批判为合格而接受的概率。一个既定方案的接受概率是产品质量水平，即批不合格品率 p 的函数，用 $L(p)$ 表示，检验批的不合格品率 p 越小，接受概率 $L(p)$ 就越大。对于方案 (n,c)，在实际检验中，样本的不合格品数为 d，其接受概率计算公式为

$$L(p) = P(d \leqslant c) \tag{7-12}$$

式中　$P(d \leqslant c)$——样本中不合格品数为 $d \leqslant c$ 时的概率。

$L(p)$ 数值可用超几何分布、二项分布、泊松分布等公式计算或查图表得到。

二、抽样检验方案类型

（一）抽样检验方案的分类

抽样检验方案的分类见图 7-15。

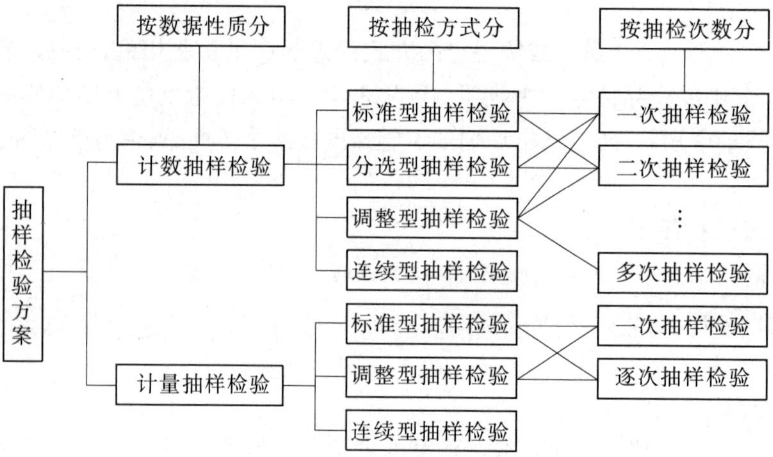

图 7-15　抽样检验方案的分类

（二）常用的抽样检验方案

1. 标准型抽样检验方案

1）计数值标准型一次抽样检验方案

计数值标准型一次抽样检验方案是规定在一定样本容量 n 时的最高允许的批合格判定数 c，记做 (n,c)，并在一次抽检后给出判断检验批是否合格的结论。c 也可用 A_c 表示。c 值一般为可接受的不合格品数，也可以是不合格品率，或者是可接受的每百单位缺陷数。在实际抽检时，检出不合格品数为 d，则当 $d \leqslant c$ 时，判定为合格批，接受该检验批；当 $d > c$ 时，判定为不合格批，拒绝该检验批。

2）计数值标准型二次抽样检验方案

计数值标准型二次抽样检验方案是规定两组参数，即第一次抽检的样本容量 n_1 时的合格判定数 c_1 和不合格判定数 r_1（$c_1 < r_1$），第二次抽检的样本容量 n_2 时的合格判定数 c_2。在最多两次抽检后就能给出判断检验批是否合格的结论。其检验程序是：

（1）第一次抽检 n_1 后，检出不合格品数为 d_1，则当 $d_1 \leqslant c_1$ 时，接受该检验批；当 $d_1 \geqslant r_1$ 时，拒绝该检验批；当 $c_1 < d_1 < r_1$ 时，抽检第二个样本。

（2）第二次抽检 n_2 后，检出不合格品数为 d_2，则当 $d_1 + d_2 \leqslant c_2$ 时，接受该检验批；当 $d_1 + d_2 > c_2$ 时，拒绝该检验批。

以上两种标准型抽样检验程序见图 7-16、图 7-17。

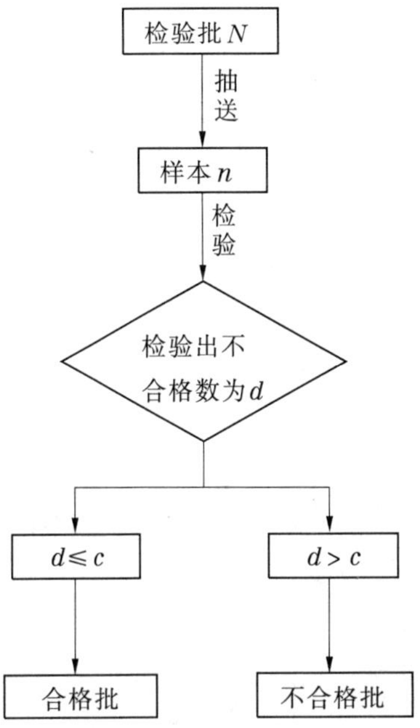

图 7-16　标准型一次抽样检验程序

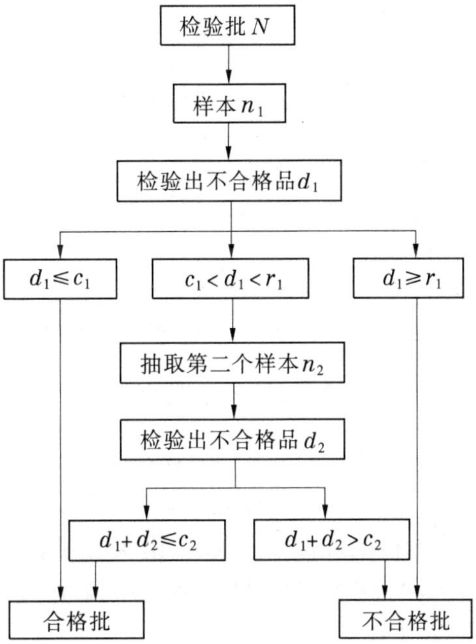

图 7-17　标准型二次抽样检验程序

3）多次抽样检验方案

（略）

2. 分选型抽样检验方案

计数值分选型抽样检验方案基本与计数值标准型一次抽样检验方案相同，只是在抽检后给出检验批是否合格的判断结论和处理有所不同。即实际抽检时，检出不合格品数为 d，则当 $d \leqslant c$ 时，接受该检验批；当 $d > c$ 时，则对该检验批余下的个体产品全数检验。

3. 调整型抽样检验方案

计数值调整型抽样检验方案是在对正常抽样检验的结果进行分析后，根据产品质量的好坏，过程是否稳定，按照一定的转换规则对下一次抽样检验判断的标准加严或放宽的检验。调整型抽样检验方案加严或放宽的规则如图 7-18 所示。

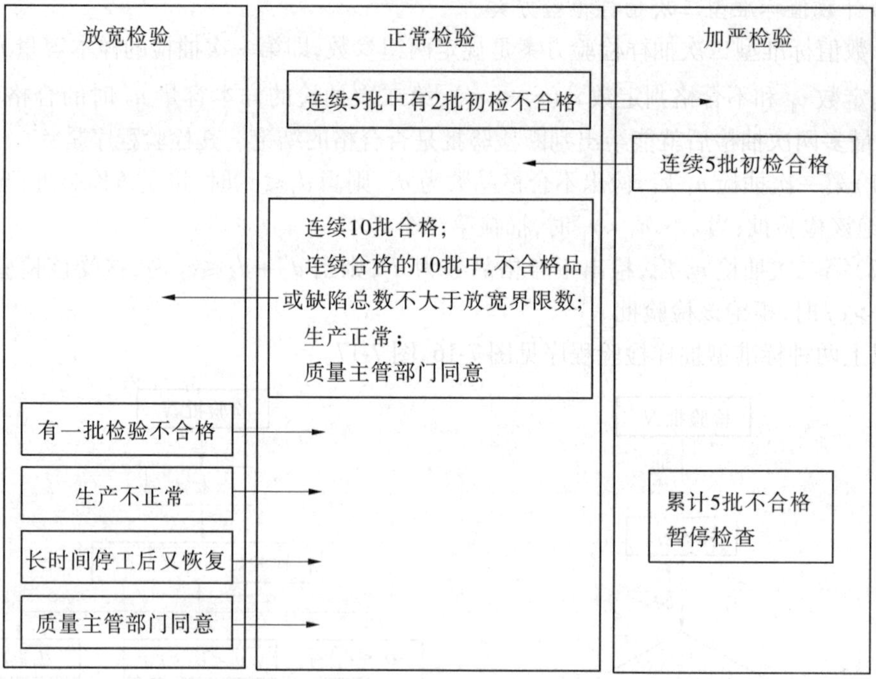

图 7-18　调整型抽样检验加严或放宽的规则

三、抽样检验方案参数的确定

实际抽样检验方案中也存在两类判断错误,既可能犯第一类错误,将合格批判为不合格批,错误地拒收;也可能犯第二类错误,将不合格批判为合格批,错误地接收。错误的判断将带来相应的风险,这种风险的大小可用概率来表示,如图 7-19 所示。

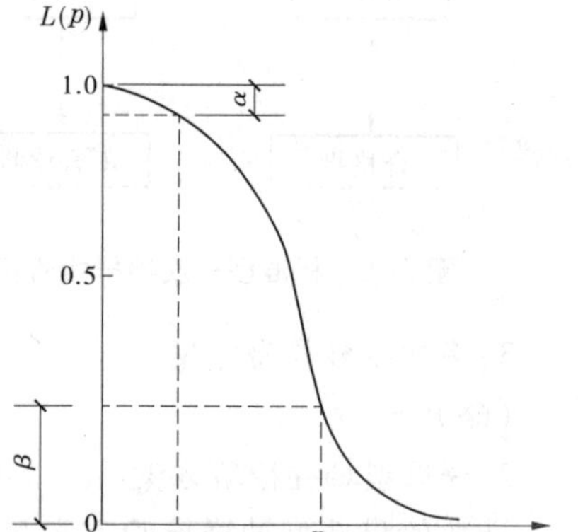

图 7-19　抽样检验特性——*OC* 曲线

第一类错误是当 $p=p_0$ 时,以高概率 $L(p)=1-\alpha$ 接受检验批,以 α 为拒收概率将合格批判为不合格。由于对合格品的错判将给生产者带来损失,所以关于合格质量水平 p_0 的概率 α,又称供应方风险、生产方风险等。

第二类错误是当 $p=p_1$ 时,以高概率 $1-\beta$ 拒绝检验批,以 β 为接受概率将不合格批判为合格。这种错判是将不合格品漏判从而给消费者带来损失,所以关于极限不合格质量水平 p_1 的概率 β,又称使用方风险、消费者风险等。

下文均以计数值标准型一次抽样方案为例进行介绍。

(一)确定 α 与 β

如前所述,α 是生产者所要承担的风险,β 是使用者所要承担的风险,生产者特别要防止质量合格的产品错被拒收;反之,使用者则力求避免或减少接受质量不合格的产品,双方都希望尽量减小自己的损失。

为了保证消费者和生产者的利益，一般都有一定的规定和标准，也可以双方协商确定。《建筑工程施工质量验收统一标准》（GB 50300—2001）规定：在抽样检验中，两类风险一般控制范围是 $\alpha=1\%\sim5\%$，$\beta=5\%\sim10\%$。对于主控项目，其 α、β 均不宜超过 5%；对于一般项目，α 不宜超过 5%，β 不宜超过 10%。

（二）确定 p_0（AQL）与 p_1（$LTPD$）

1. 应考虑的因素

p_0（AQL）是生产者比较重视的参数，p_1（$LTPD$）是使用者比较重视的参数，它们是制定抽样检验方案的基础，因此要综合考虑各方面因素的影响，慎重确定。其主要方面有：

（1）确定 p_0、p_1 应以 α、β 为标准。

（2）生产过程的质量水平，即过程平均批不合格品率的大小。

（3）质量要求及不合格品对使用性能的影响程度。

（4）制造成本和检查费用。

2. 确定 p_0

p_0 一般由使用方和供应方协商确定，还可计算检验盈亏点 p_b 确定 p_0，计算公式为

$$\text{检验盈亏点}\ p_b=\frac{\text{检验一件产品的成本}(a)}{\text{一件不合格品造成的损失}(b)} \tag{7-13}$$

p_b 值越小，表示产品质量问题越严重，造成损失越大。

对于致命缺陷、严重缺陷，p_0 值应取得小些，即 $p_0=0.1\%$、0.3%、0.5% 等；对于轻微缺陷，出于经济考虑，p_0 值可取得大些，即 $p_0=3\%$、5%、10% 等。

3. 确定 p_1

抽样检验方案中，p_1 与 p_0 的比例常用鉴别比 p_1/p_0 表示。鉴别比值过小，如 $p_1/p_0\leq3$，会因增加抽检数量 n 而使检验费用增加；鉴别比值过大，如 $p_1/p_0>20$，又会放松对质量的要求，对用户不利。通常是以 $\alpha=5\%$、$\beta=10\%$ 为准，取 $p_1=(4\sim10)p_0$。

（三）确定抽样检验方案（n，c）

根据 α、β 与 p_0、p_1 和 p_1/p_0 值，可通过公式计算、查图、查表得到 n、c 值。至此，抽样检验方案即已确定。

以下仅介绍利用一次抽样检验表（见表 7-12）求参数 n、c 的方法。

【例 7-3】 设 $\alpha=0.05$，$\beta=0.10$，$p_0=0.01$，$p_1=0.07$，求一次抽样检验方案（n，c）。

解 计算鉴别比 $p_1/p_0=0.07/0.01=7$；查表 7-12，$\alpha=0.05$、$\beta=0.10$ 栏内最接近 7 的值为 6.509；查表 7-12，6.509 对应的 c 值是 2，对应的 np_0 为 0.818；于是有

$$n=np_0/p_0=0.818/0.01\approx82$$

即所求一次抽样检验方案（82，2）。

抽样检验方案确定后，即可采用选定的抽样方法（分类抽样、等距抽样、整群抽样等），从既定的检验批中随机抽取 n 件样品，按照质量标准进行检验和判断。

工程实例

××广播电视音像资料馆于 2009 年开工建设，该工程地下 2 层，地上 17 层，总建筑

面积41 264 m^2。结构特点:基础采用筏板基础;地下室为混凝土板柱体系;地上结构为钢筋混凝土框架—剪力墙结构。该工程由××建设集团有限公司总承包,施工过程中为控制混凝土工程质量,承包单位严格按照规范施工,监理单位严格监督,以下数据是混凝土一个验收批(代表部位:基础底板、地下一层墙体、顶板)实测混凝土立方体抗压强度:37.5、46.9、45.3、49.4、49.5、41.3、38.4、46.5、52.3、46.2、44.0、44.1、37.3、41.8、47.3、42.7、37.8、54.5、55.8,单位均为MPa。混凝土设计强度等级为C30,试评定该验收批混凝土强度是否合格。

混凝土强度评定采用工程实际表格形式,见表7-13。

表7-12　一次抽样方案检验法

c	p_1/p_0 $\alpha=0.05$ $\beta=0.10$	p_1/p_0 $\alpha=0.05$ $\beta=0.05$	p_1/p_0 $\alpha=0.05$ $\beta=0.01$	np_0 $\alpha=0.05$	c	p_1/p_0 $\alpha=0.01$ $\beta=0.10$	p_1/p_0 $\alpha=0.01$ $\beta=0.05$	p_1/p_0 $\alpha=0.01$ $\beta=0.01$	np_0 $\alpha=0.01$
0	44.890	58.404	89.781	0.052	0	229.105	298.073	458.210	0.010
1	10.946	13.349	16.681	0.355	1	20.184	31.933	44.686	0.149
2	6.509	7.699	10.280	0.818	2	12.206	14.439	19.278	0.438
3	4.490	5.675	7.352	1.366	3	8.115	9.418	12.202	0.823
4	4.057	4.646	5.890	1.970	4	6.249	7.156	9.072	1.279
5	3.549	4.023	5.017	2.613	5	5.195	5.889	7.343	1.785
6	3.206	3.604	4.435	3.286	6	4.520	5.032	6.253	2.330
7	2.957	3.303	4.019	3.931	7	4.050	4.524	5.506	2.906
8	2.768	3.074	3.707	4.695	8	3.705	4.005	4.962	3.507
9	2.618	2.895	3.452	5.426	9	3.440	3.803	4.548	4.130
10	2.497	2.750	3.265	6.169	10	3.229	3.555	4.222	4.771
11	2.397	2.530	3.104	6.924	11	3.058	3.354	3.959	5.428
12	2.312	2.528	2.968	7.690	12	2.915	3.188	3.742	6.099
13	2.240	2.442	2.852	8.464	13	2.795	3.047	3.559	6.782
14	2.177	2.367	2.752	9.246	14	2.692	2.927	3.403	7.477
15	2.122	2.302	2.665	10.035	15	2.593	2.823	3.269	8.181
16	2.073	2.244	2.588	10.831	16	2.524	2.732	3.151	8.895
17	2.029	2.192	2.520	11.633	17	2.455	2.652	3.048	9.616
18	1.990	2.145	2.458	12.442	18	2.393	2.580	2.956	10.346
19	1.954	2.103	2.403	13.254	19	2.337	2.516	2.874	11.082
20	1.922	2.065	2.352	14.072	20	2.287	2.458	2.799	11.825
21	1.892	2.030	2.307	14.894	21	2.241	2.405	2.733	12.574
22	1.865	1.999	2.265	15.719	22	2.200	2.357	2.671	13.329
23	1.840	1.969	2.226	16.548	23	2.162	2.313	2.615	14.088
24	1.817	1.942	2.191	17.382	24	2.126	2.272	2.564	14.853
25	1.795	1.917	2.158	18.218	25	2.094	2.235	2.516	15.623
26	1.775	1.893	2.127	19.058	26	2.064	2.200	2.472	16.397
27	1.757	1.871	2.096	19.900	27	2.035	2.168	2.431	17.175
28	1.739	1.850	2.071	20.746	28	2.009	2.138	2.393	17.957
29	1.723	1.831	2.046	21.594	29	1.985	2.110	2.358	18.742
30	1.707	1.813	2.023	22.444	30	1.962	2.083	2.324	19.532

表 7-13　混凝土试块强度统计评定

工程名称	××广播电视音像资料馆			强度等级	C30	
施工单位	××建设集团有限公司			养护方法	标准养护	
统计时段	自 2010 年 2 月 12 日 至 2010 年 4 月 10 日			代表部位	基础底板、地下一层墙体、顶板	
试块组数 n	强度标准值 $f_{cu,k}$ (MPa)	平均值 m_{fcu} (MPa)	标准差 S_{fcu} (MPa)	最小值 $f_{cu,min}$ (MPa)	合格判定系数	
					λ_1	λ_2
19	30	45.2	5.55	37.3	1.65	0.85
实测值 (MPa)	实测值 (MPa)	实测值 (MPa)	实测值 (MPa)	实测值 (MPa)	实测值 (MPa)	实测值 (MPa)
37.5	38.4	37.3	55.8			
46.9	46.5	41.8				
45.3	52.3	47.3				
49.4	46.2	42.7				
49.5	44.0	37.8				
41.3	44.1	54.5				

☑统计方法			□非统计方法	
$0.9f_{cu,k}$	$m_{fcu}-\lambda_1 S_{fcu}$	$\lambda_2 f_{cu,k}$	$1.15f_{cu,k}$	$0.95f_{cu,k}$
27.0	36.04	25.5		
$m_{fcu}-\lambda_1 S_{fcu}\geq 0.90f_{cu,k}$		$f_{cu,min}\geq\lambda_2 f_{cu,k}$	$m_{fcu}\geq 1.15f_{cu,k}$	$f_{cu,min}\geq 0.95f_{cu,k}$
36.04 > 27.0		37.3 > 25.5		

本批试块统计评定结论：

符合《混凝土强度检验评定标准》(GB/T 50107—2010)的要求，合格。

统计人(签字)：×××	审核人(签字)：×××	批准人(签字)：×××
2010 年 4 月 11 日	2010 年 4 月 11 日	2010 年 4 月 11 日

思考与练习题

1. 简述质量统计推断工作过程。
2. 简述质量数据的收集方法。
3. 试述质量数据的波动原因及分布的规律性。

4. 简述各统计分析方法的用途。
5. 如何绘制排列图？如何利用排列图找出影响质量的主次因素？
6. 绘制和使用因果分析图时应注意的问题有哪些？
7. 如何绘制直方图并对其进行观察分析？
8. 试述控制图的原理。
9. 利用控制图如何判断生产过程是否正常？
10. 什么是抽样检验方案？简述常用的抽样检验方案。
11. 试述抽样检验中的两类错误。
12. 如何确定抽样检验方案的各参数？

第八章　工程质量问题和质量事故处理

【学习目标】

理解质量问题和质量事故的含义和特点，掌握进行质量问题处理的依据、程序和原则，掌握常见的工程事故发生的原因、分析事故的基本方法和步骤，掌握常见的质量通病与防治方法。

【学习内容】

工程质量问题及处理，工程质量事故的特点和分类，工程质量事故处理的依据和程序，质量事故原因分析、方案处理和鉴定验收，常见的质量通病与防治方法。

建筑工程项目由于影响质量的因素众多而且复杂多变，在施工过程中稍有疏忽，就极易引起系统性因素的质量变异，产生各种不同程度的质量问题，甚至质量事故。而产生质量问题须采取有效措施，并对常见的质量问题事先加以预防。

根据国际标准化组织（ISO）和我国有关质量、质量管理和质量保证标准的定义，凡工程产品质量没有满足某个规定的要求，就称为质量不合格；而没有满足某个预期的使用要求或合理的期望（包括与安全性有关的要求），则称为质量缺陷。凡是工程质量不合格、质量缺陷，必须进行返修、加固或报废处理，由此造成的直接经济损失低于5 000元的称为工程质量问题，直接经济损失在5 000元以上（含5 000元）的称为工程质量事故。

工程监理人员应学会区分工程质量不合格、质量问题和质量事故，准确掌握判定工程质量不合格和工程质量问题、工程质量事故的基本方法和程序，并掌握工程质量事故处理方案确定的基本方法和处理结果的鉴定验收程序。

第一节　工程质量问题及处理

通过对大量建筑工程质量问题调查与分析发现，其发生的原因有不少相同或相似之处，归纳其最基本的因素主要有以下几方面。

一、工程质量问题

（一）常见质量问题的成因

1.违背建设程序

工程项目不经可行性论证，不作调查分析就拍板定案，没有搞清工程地质、水文地质情况就仓促开工、无证设计、无图施工、任意修改设计、不按图纸施工，工程竣工不进行试车运转、不经验收就交付使用等蛮干现象是导致工程质量问题的重要原因。

2.违反法规行为

工程项目无证设计，无证施工，越级设计，越级施工，工程招标投标中的不公平竞争，超常的低价中标，非法分包、转包、挂靠，擅自修改设计等行为。

3. 工程地质勘察失真

地质勘察或勘探时钻孔深度、间距、范围不符合规定要求，地质勘察报告不能全面反映实际的地基情况等，对基岩起伏、土层分布误判，或未查清地下软土层、墓穴、孔洞等，由此导致采用不恰当或错误的基础方案，造成地基不均匀沉降、失稳，使上部结构或墙体开裂、破坏，或引发建筑物倾斜、倒塌等质量问题。

4. 设计差错

设计考虑不周、盲目套用图纸、结构构造不合理、计算简图与实际情况不符、计算荷载取值过小、内力分析有误、沉降缝及伸缩缝设置不当、悬挑结构未进行抗倾覆验算或计算错误等，都是引发质量问题的原因。

5. 施工与管理不到位

不按图施工或未经设计单位同意擅自修改设计。例如：将铰接做成刚接，将简支梁做成连续梁，导致结构破坏；挡土墙不按图设滤水层、排水孔，导致压力增大、墙体破坏或倾覆；不按有关的施工规范和操作规程施工，浇筑混凝土时振捣不良，造成薄弱部位；砖砌体砌筑上下通缝、灰浆不饱满等均能导致砖墙或砖柱破坏。施工组织管理紊乱，不熟悉图纸，盲目施工，施工方案考虑不周，施工顺序颠倒；图纸未经会审，仓促施工；技术交底不清，违章作业；疏于检查、验收等，均可能导致质量问题。

6. 使用不合格的原材料、制品及设备

（1）建筑材料及制品不合格。诸如：钢筋物理力学性能不良会导致钢筋混凝土结构产生裂缝，骨料中活性氧化硅会导致碱性骨料反应使混凝土产生裂缝，水泥安定性不合格会造成混凝土爆裂。此外，预制构件截面尺寸不足，支承锚固长度不足，未可靠地建立预应力值，少放或漏放钢筋等均可能出现板面断裂、坍塌。

（2）建筑设备不合格，如变配电设备质量缺陷导致自燃或火灾，电梯质量不合格危及人身安全。

7. 自然环境因素

施工项目周期长，露天作业多，温度、湿度、暴雨、大风、洪水、雷电、日晒和浪潮等均可能成为质量问题的诱因。

8. 结构使用不当

未经校核验算就任意对建筑物加层，任意拆除承重结构部位，任意在结构物上开槽、打洞、削弱承重结构截面等也会引起质量问题。

（二）成因分析方法

1. 基本步骤

（1）进行细致的现场调查研究，观察记录全部实况，充分了解与掌握引发质量问题的现象和特征。

（2）收集调查与质量问题有关的全部设计和施工资料，分析摸清工程在施工或使用过程中所处的环境及面临的各种条件和情况。

（3）找出可能产生质量问题的所有因素。

（4）分析、比较和判断，找出最可能造成质量问题的原因。

(5)进行必要的计算分析或模拟试验予以论证确认。

2. 分析要领

分析的要领是逻辑推理法，其基本原理是：

(1)确定质量问题的初始点，即所谓原点，它是一系列独立原因集合起来形成的爆发点。因其反映质量问题的直接原因，而在分析过程中具有关键性作用。

(2)围绕原点对现场各种现象和特征进行分析，区别导致同类质量问题的不同原因，逐步揭示质量问题萌生、发展和最终形成的过程。

(3)确定诱发质量问题的起源点及真正原因。工程质量问题的原因分析是对一堆模糊不清的事物和现象的客观属性及其内在联系的反映，它的准确性与监理工程师的能力、学识、经验、态度有极大的关系，其结果不单是简单的信息描述，而是逻辑推理的产物，其推理可用于工程质量的事前控制。

【例 8-1】 加拿大特斯康谷仓，平面呈矩形，长度为 59.44 m，高度为 31.00 m，宽度为 23.47 m，为圆筒仓，每排 13 个仓，5 排，总计由 65 个圆筒仓组成，谷仓的基础为整块钢筋混凝土筏板基础，基础厚度为 61 cm，基础埋深为 3.66 m。1911 年该仓开始施工，1913 年秋完工，谷仓自重 20 000 t，相当于装满谷物后总质量的 42.5%。1913 年起此谷仓开始装谷物，仔细装载，分布均匀。10 月当谷仓装了 31 822 m^3 谷物时，发现谷仓下沉，1 小时沉降达 31.5 cm，结构物向西倾斜，并在 24 小时内，整个谷仓倾倒，倾倒度达 26.53°。谷仓西端下沉 7.32 m，东端上抬 1.52 m。

(1)事故原因分析：经调查，谷仓工程未做勘察。设计根据邻近工程某槽开挖试验结果，计算地基承载力为 352 kPa，应用到该谷仓。谷仓场地位于冰川湖的盆地中，地基表层为近代沉积层，厚度 3 m；表层下面为冰川沉积黏土层，厚度 122 m。1952 年，在离谷仓 18.3 m 处打了一些钻孔，从钻孔的薪土原状式样测得：黏土层的平均含水率随深度的增大而增加，从 40% 到 60%；无侧限抗压强度从 118.4 kPa 减少到 70.0 kPa，平均为 100 kPa；平均液限 W_L = 105%，塑限 W_P = 35%，塑性指数高达 I_L =70。由试验可知，这层土是高胶体、高塑性的。按太沙基公式计算地基承载力 f，如采用黏土层无侧限抗压强度平均值100 kPa，则地基承载力 f 为 278.6 kPa，小于谷仓地基破坏时的基础底面压力 329.4 kPa，若用 q_{umin} = 70.0 kPa 计算，则 f = 193.5 kPa，更远小于谷仓基础滑动时的实际基底压力。

(2)应吸取的教训：加拿大特斯康谷仓的破坏是因为谷仓事先未作勘察，设计盲目进行，采取设计荷载远超过地基土的承载力，导致谷仓发生地基整体滑动破坏的严重事故。地基整体剪切破坏事故造成的工程事故灾害很严重。设计人员应慎重对待工程勘察报告提供的地基承载力建议值，严格计算基础的实际土压力，若对勘察报告的建议值有怀疑，可以再做载荷试验验证。施工人员在天然地基上建造大中型工程时，应复核设计地基承载力的合理性。一旦地基产生较大的沉降或倾斜，必须立即停工，并会同勘察单位、设计单位和使用单位共同研究。采取必要的措施，防止地基和建筑物发生灾难性破坏。

二、工程质量问题的处理

在工程施工过程中，由于可能出现前述的诸多主观原因和客观原因，发生质量问题往往难以避免。为此,作为工程监理人员必须掌握如何防止和处理施工中出现的不合格项目和各种质量问题,对已发生的质量问题,应掌握其正确的处理程序。

(一)处理方式

在各项工程的施工过程中或完工以后,现场监理人员如发现工程项目存在着不合格项或质量问题,应根据其性质和严重程度按如下方式处理:

(1)当发现质量问题是由施工引起且在萌芽状态时,应及时制止,并要求施工单位立即更换不合格材料、设备或不称职人员,或要求施工单位立即改变不正确的施工方法和操作工艺。

(2)如因施工而引起的质量问题已出现,应立即向施工单位发出"监理通知",要求其对质量问题进行补救处理,并采取足以保证施工质量的有效措施后,填报"监理通知回复单"报监理单位。

(3)当某道工序或分项工程完工以后,出现不合格项,监理工程师应填写"不合格项目处置记录",要求施工单位及时采取措施予以整改。监理工程师应对其补救方案进行确认,跟踪处理过程,对处理结果进行验收,否则,不允许进行下道工序或分项工程的施工。

(4)在交工使用后的保修期内发现的施工质量问题,监理工程师应及时签发"监理通知",指令施工单位进行修补、加固或返工处理。

(二)处理程序

工程监理人员发现工程质量问题后,应按以下程序进行处理(见图8-1):

(1)当发生工程质量问题时,监理工程师首先应判断其严重程度。对可以通过返修或返工弥补的质量问题可签发"监理通知",责令施工单位写出质量问题调查报告,提出处理方案,填写"监理通知回复单"报监理工程师审核后,批复承包单位处理,必要时应经建设单位和设计单位认可,处理结果应重新进行验收。

(2)对需要加固补强的质量问题,或因质量问题的存在影响下道工序和分项工程的质量时,应签发"工程暂停令",指令施工单位停止有质量问题的部位和与其有关联部位及下道工序的施工。必要时,应要求施工单位采取防护措施,责成施工单位写出"质量问题调查报告",由设计单位提出处理方案,并征得建设单位同意,批复承包单位处理。处理结果应重新进行验收。

(3)施工单位接到"监理通知"后,在监理工程师的组织参与下,应尽快进行质量问题调查并完成报告编写。调查应力求全面、详细、客观、准确。调查报告主要内容应包括:①与质量问题相关的工程情况;②质量问题发生的时间、地点、部位、性质、现状及发展变化等详细情况;③调查中的有关数据和资料;④原因分析与判断;⑤是否需要采取临时防护措施;⑥质量问题处理补救的建议方案;⑦涉及的有关人员和责任及预防该质量问题重复出现的措施。

(4)监理工程师审核、分析"质量问题调查报告",判断和确认质量问题产生的原因。必要时,工程监理人员应组织设计、施工、供货和建设单位各方共同参加分析。

(5)在原因分析的基础上,认真审核并签质量问题处理方案。质量问题处理方案应以原因分析为基础,如果某些问题一时认识不清,且一时不致产生严重恶化,可以继续进行调查、观测,以便掌握更充分的资料和数据,作进一步分析,找出起源点,避免急于求成

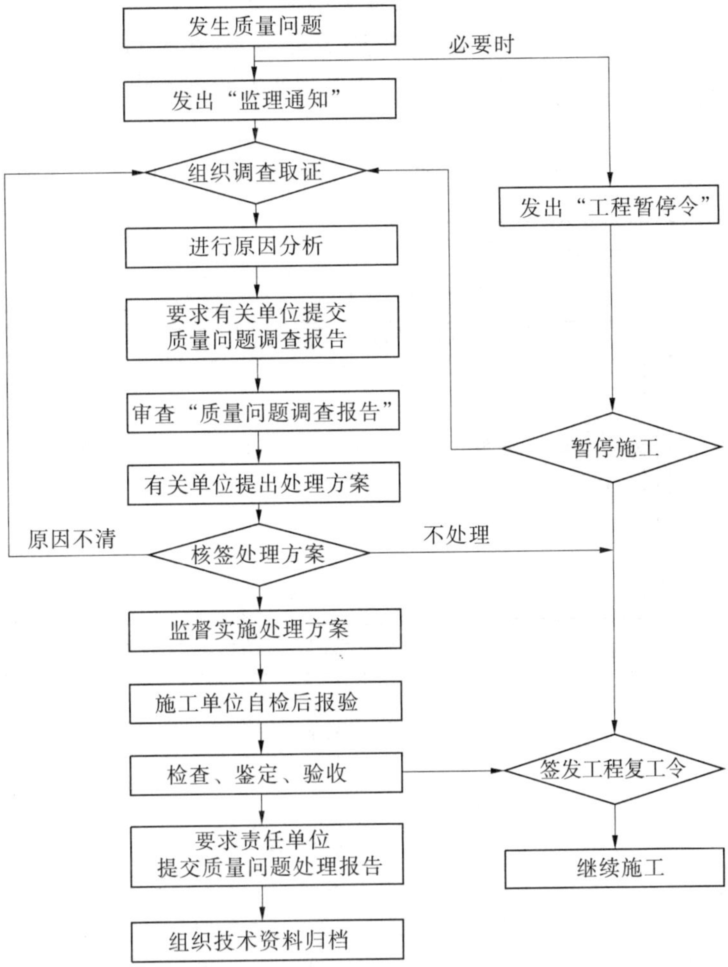

图 8-1　工程质量问题处理程序框图

造成反复处理的不良后果。监理工程师审核确认处理方案应坚持安全可靠、不留隐患、满足建筑物的功能和使用要求、技术可行、经济合理的原则。针对确认不需专门处理的质量问题,应能保证它不构成对工程安全的危害,且满足安全和使用要求,并必须征得设计单位和建设单位的同意。

(6)指令施工单位按既定的处理方案实施处理并进行跟踪检查。发生的质量问题不论是否是由于施工单位原因造成的,均应通过建设单位要求设计单位或责任单位提出处理方案,然后由施工单位负责实施处理。监理工程师应对处理过程和完工后一定时期进行跟踪检查。

(7)质量问题处理完毕,监理工程师应组织有关人员对处理的结果进行严格的检查、鉴定和验收,写出“质量问题处理报告”,报建设单位和监理单位存档。主要内容包括:①基本处理过程描述;②调查与核查情况,包括调查的有关数据、资料;③原因分析结果;④处理的依据;⑤审核认可的质量问题处理方案;⑥实施处理方案中的有关原始数据、验收记录和资料;⑦对处理结果的检查、鉴定和验收结论;⑧质量问题处理结论。

【例 8-2】 某地某局技术综合楼为 7 层框架结构，建筑面积约 7 880 m^2，高度为 28.3 m，现浇钢筋混凝土结构，桩基础。于 2004 年 12 月开工，2006 年 11 月主体封顶。屋面四周为挑篷结构，柱高度为 3.0 m。屋面挑篷平面见图 8-2，挑篷结构见图 8-3。

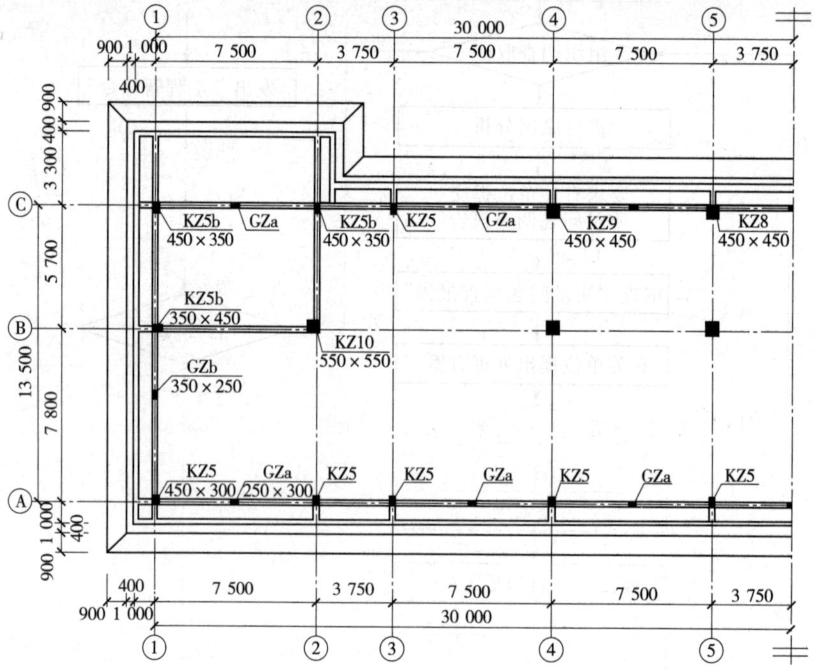

图 8-2 屋面挑篷平面图

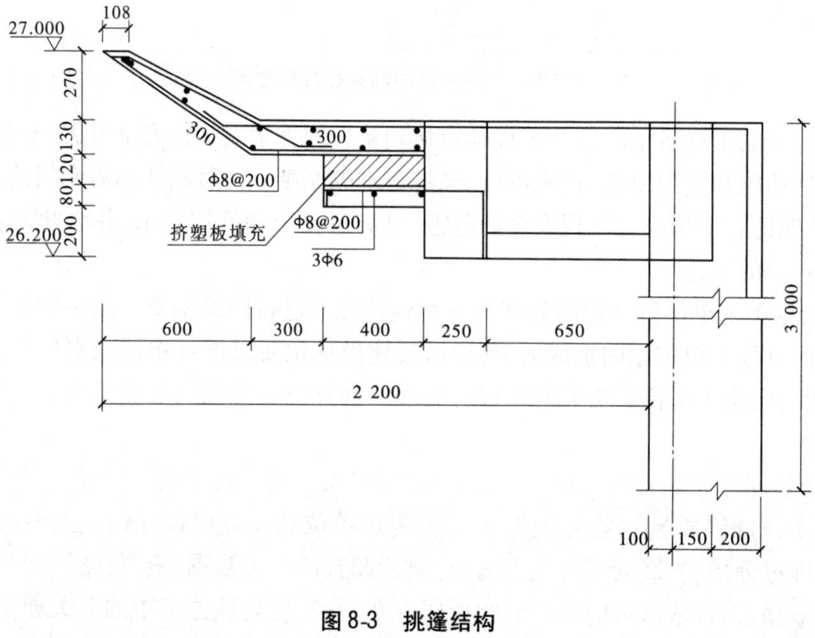

图 8-3 挑篷结构

在主体完工后，施工单位发现，在Ⓐ轴上靠近平面中部的挑篷上产生横向裂缝，随着时间的增长，裂缝数量不断增多，且裂缝长度向受压区不断延伸。经测量，柱顶向挑篷方向倾斜 30 mm 以上，同时发现柱顶产生斜向裂缝。现场观测还表明Ⓒ轴上的挑蓬柱未发现裂缝，Ⓐ轴上⑤轴柱的裂缝见图 8-4。

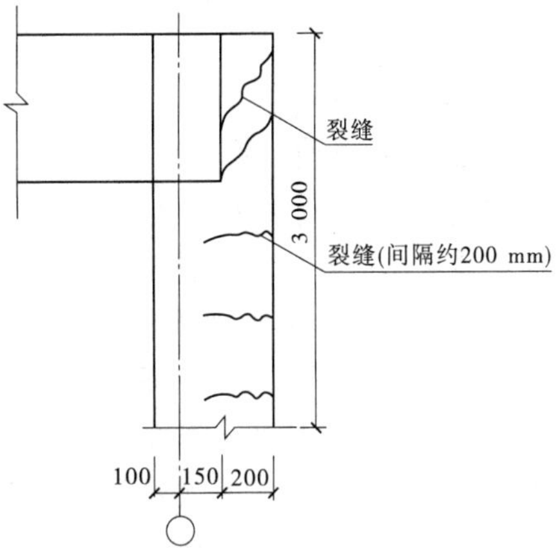

图 8-4　Ⓐ轴上⑤轴柱的裂缝示意

事故原因分析：

经现场检测发现，挑檐柱截面仅为 300 mm × 450 mm，其截面相对混凝土挑檐来说明显偏小。经验算柱配筋满足要求，但把柱作为悬挑构件进行变形验算时，发现计算挠度值是规范允许值的 2 倍多，抗弯刚度严重不足，导致在垂直于柱子的纵断面上产生横向裂缝。同时，整块挑篷在垂直于柱的纵向上产生斜裂缝。而对于挑篷荷载产生的这些作用，设计中未予考虑，验算结果与现场情况基本吻合。

从柱身裂缝程度看，其深度已经超过钢筋加保护层厚度，明显为柱内侧纵筋受拉力过大，导致裂缝出现，而柱上部的挑梁在柱身出现裂缝和倾斜后并不会出现卸载情况，反而会随倾斜的出现有加剧趋势，这将进一步导致柱子内侧受拉纵筋的应力增大，裂缝进一步发展。因此，在考虑加固方案时必须改变挑檐的受力状态，方能彻底解决问题。

加固方案：

(1)原加固方案。

根据现场发现的情况，设计单位提出了加固方案(见图 8-5)，加固单位、监理单位和甲方共同研究，认为该方案存在以下缺陷：

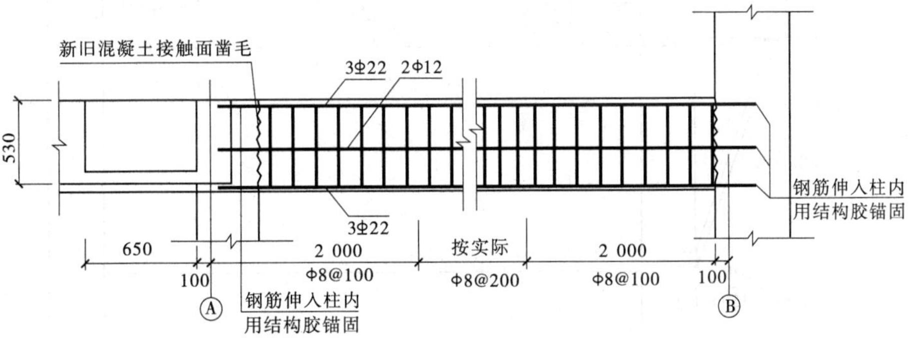

图 8-5　原加固方案

①难以施工。由于在柱顶处除存在柱钢筋外，还有挑梁的锚固钢筋 7 Φ 22，在柱内从柱顶向下锚固长度达 1 100 mm 以上，而柱的断面尺寸只有 300 mm × 300 mm，因此植筋难以在柱的上部进行。

②该方案仅能改善柱的受弯和倾斜状况，不能增强柱顶的抗扭能力，也不能改善挑篷板端部的下垂情况。

③在植筋施工时，易对柱顶造成新的损坏，可能导致挑篷的垂度继续增大，有可能导致柱顶的裂缝继续扩展。

(2)新加固方案。

从事故分析可知，引起事故最根本的原因是外侧挑檐结构悬挑较大，且荷载作用在一排悬臂柱上，在横向上为静定结构，在出现裂缝等不利情况后，无法进行内力重分布，所以加固措施应尽量针对原结构设计上的不足，在挑篷上侧柱顶新增大梁，改变原结构的受力状态。考虑到原方案的缺陷，经与设计单位协商，采用图8-6的加固方案。这样做的目的是将新加大梁延至挑梁的顶部，使挑梁与新加大梁共同工作，改变原结构的受力状态，将原挑檐柱所承担的弯矩及扭矩转由挑梁承担，从而保证结构的安全。该方案的优点是施工方便、安全可靠，不会对原结构造成新的损伤。

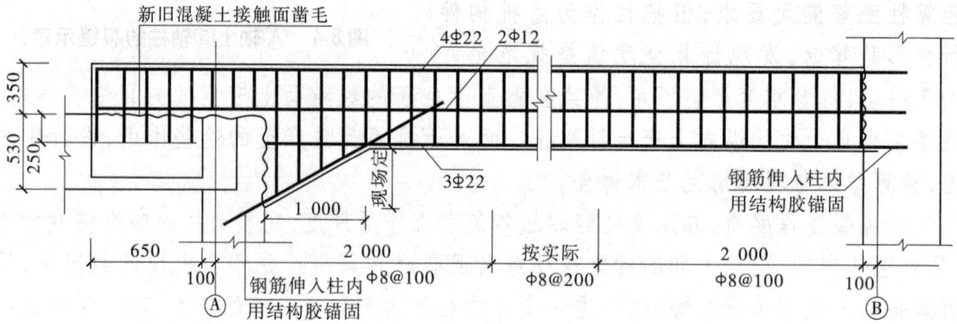

图8-6　新加固方案

(3)施工方案。

施工方案见图8-7。加固施工应按如下程序进行：

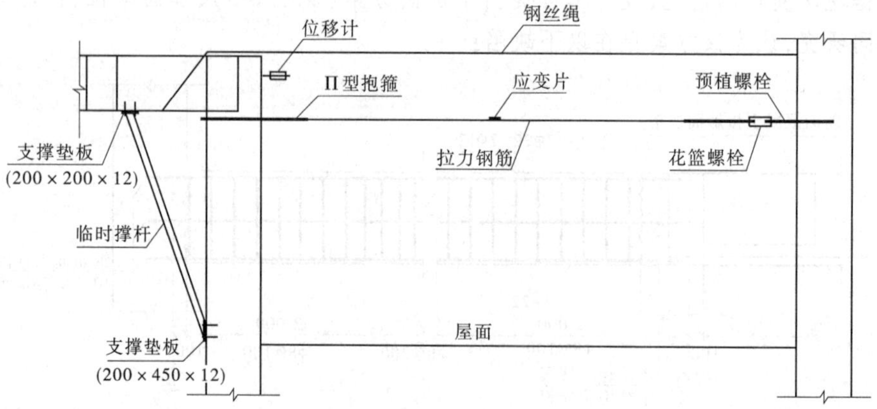

图8-7　施工方案示意

①进行钢丝绳张拉。具体步骤是：在挑檐上及对应柱上的预定位置钻孔，在孔内穿钢丝绳，在技术人员的指导下张紧钢丝绳。

②柱张紧施工。具体步骤是：在需要张紧的挑檐柱相对应的内柱上预植螺栓（为加快施工进度采用进口结构胶进行植筋）；在需要张紧的挑檐柱上部（挑梁根部）设置Π型抱箍；用钢筋连接Π型抱箍和柱上的预植螺栓，并用花篮螺栓拧紧。在张紧钢筋时，必须

在监测的情况下进行，钢筋的应变和柱顶位移应控制在一定范围内。同时，必须对柱进行对称张拉，从偏移最大的柱开始。根据监测结果，必要时应反复张拉，直到钢筋应变和柱顶位移控制在一定范围内。

③临时支撑施工。具体步骤是：在挑梁底面和柱根部上方预植螺栓，在相应位置紧固支撑杆件的钢垫扳，在钢垫板上焊接临时撑杆。

④施工监测。为保证施工时的安全性，设置如下的测点：在张拉钢筋上贴一个钢筋应变片，测量钢筋张拉时钢筋内的拉应力，钢筋应变应控制在一定范围内；在每个柱顶安置一个 YHD－30 型位移计，测量柱顶位移；采用 YE2539 数据采集仪进行数据采集。

⑤按设计图纸植筋、支模、绑扎钢筋、浇筑混凝土等。

目前，挑檐柱加固已经完成，经过近一年的监测，加固后的混凝土柱及挑檐结构未出现新的裂缝和倾斜，证明加固方法是安全和可靠的。

【例 8-3】 某多层现浇框架结构工程。工程竣工后，开始使用正常，一年半后发现在标高 12.31 m 以下的柱与框架转角处产生裂缝，其数量与尺寸不断加大，裂缝最宽达 4 mm，裂缝示意见图 8-8。除裂缝外，柱子发生倾斜，且变形严重。

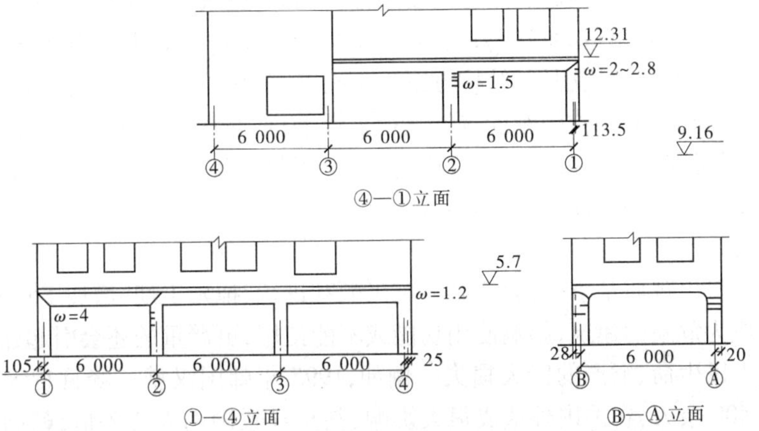

图 8-8　隔板深梁法加固

(1)事故原因分析。该工程发生事故的原因是连系梁设计存在问题。原地面标高为 3 m，基底标高为 5.7 m。工程建成后的地面标高为 9.16 m。在地下部分设有两道连系梁。原设计考虑该梁上、下均有回填土，不考虑其承受荷重，故梁内仅配置了构造钢筋。实际上，回填土质量再好也达不到这种理想的状况，经过一段时间后，梁下的填土逐渐固结下沉，使梁悬空，梁上填土使梁承受较大荷载。经验算，当梁只承受梁宽以上的矩形土体重量时，尚不致造成梁的严重破坏。在土的内摩擦角等因素的影响下，实际上连系梁所受的荷载是一个倒梯形填土重量，因而导致连系梁破坏，并对柱产生了很大的水平方向拉力，造成柱开裂与倾斜。

(2)处理方案及施工要点。由于裂缝严重，柱变形较大，必须加固补强。该工程采用了在各框架柱之间增加隔板深梁的处理方案(见图 8-8)。补强施工要点为：将柱保护层凿去，露出四周主筋，并加焊1 Φ 25纵筋，扎上钢箍后，浇筑混凝土。在各框架柱间增设隔板深梁高 3 460 mm，梁底标高为 5.7 m。

第二节　工程质量事故的特点及分类

一、工程质量事故的成因及原因分析方法

工程质量事故是较为严重的工程质量问题,其成因及原因分析方法与工程质量问题基本相同,已在本章第一节中阐述,本节不再赘述。

二、工程质量事故的特点

通过对诸多工程质量事故案例调查、分析表明,其具有复杂性、严重性、可变性和多发性的特点。

(一)复杂性

施工项目质量问题的复杂性主要表现在引发质量问题的因素复杂,从而增加了对质量问题的性质、危害的分析、判断和处理的复杂性。例如,建筑物的倒塌,可能是未认真进行地质勘察,地基的容许承载力与持力层不符;也可能是未处理好不均匀地基,产生过大的不均匀沉降;或是盲目套用图纸,结构方案不正确,计算简图与实际受力不符;或是荷载取值过小,内力分析有误,结构的刚度、强度、稳定性差;或是施工偷工减料,不按图施工,施工质量低劣;或是建筑材料及制品不合格,擅自代用材料等原因造成。由此可见,即使同一性质的质量问题,原因有时也截然不同。

(二)严重性

工程项目一旦出现质量事故,轻者影响施工顺利进行、拖延工期、增加工程费用,重者则会留下隐患成为危险的建筑,影响使用功能或不能使用,更严重的还会引起建筑物的失稳、倒塌,造成人民生命、财产的巨大损失。例如,1995 年韩国汉城三峰百货大楼出现倒塌事故死亡达 400 余人,在国内外造成很大影响,甚至导致国内人心恐慌,韩国国际形象下降;1999 年,我国重庆市泰江县彩虹大桥突然整体垮塌,造成 40 人死亡,14 人受伤,直接经济损失 631 万元,在国内一度成为人们关注的热点,引起全社会对建筑工程质量整体水平的怀疑,构成社会不安定因素。所以,对于建筑工程质量问题和质量事故均不能掉以轻心,必须予以高度重视。

(三)可变性

许多工程的质量问题出现后,其质量状态并非稳定于发现的初始状态,而是有可能随着时间而不断地发展、变化。例如,桥墩的超量沉降可能随上部荷载的不断增大而继续发展;混凝土结构出现的裂缝可能随环境温度的变化而变化,或随荷载的变化及负担荷载的时间而变化等。因此,有些在初始阶段并不严重的质量问题,如不能及时处理和纠正,有可能发展成一般质量事故,一般质量事故有可能发展成为严重或重大质量事故。例如,开始时微细的裂缝有可能发展导致结构断裂或倒塌事故;土坝的涓涓渗漏有可能发展为溃坝。所以,在分析、处理工程质量问题时,一定要注意质量问题的可变性,应及时采取可靠的措施,防止其进一步恶化而发生质量事故;或加强观测与试验,取得数据,预测未来发展的趋势。

(四)多发性

施工项目中有些质量问题就像“常见病”、“多发病”一样经常发生,而成为质量通病。如屋面、卫生间漏水、抹灰层开裂、脱落,地面起砂、空鼓,排水管道堵塞,预制构件裂缝等。另有一些同类型的质量问题,往往一再重复发生,如雨篷的倾覆,悬挑梁、板的断裂,混凝土强度不足等。因此,总结经验,吸取教训,采取有效措施予以预防十分必要。

三、工程质量事故的分类

我国现行通常采用按工程质量事故造成损失的严重程度进行分类,其基本分类如下。

(一)一般质量事故

凡具备下列条件之一者为一般质量事故:

(1)直接经济损失在5 000元以上(含5 000元),不满5万元的。

(2)影响使用功能和工程结构安全,造成永久质量缺陷的。

(二)严重质量事故

凡具备下列条件之一者为严重质量事故:

(1)直接经济损失在5万元以上(含5万元),不满10万元的 。

(2)严重影响使用功能或工程结构安全,存在重大质量隐患的。

(3)事故性质恶劣或造成人员死亡或重伤3人以上的。

(三)重大质量事故

凡具备下列条件之一者为重大质量事故:

(1)工程倒塌或报废的。

(2)由于质量事故,造成人员死亡或重伤3人以上的。

(3)直接经济损失10万元以上的。

按国家建设行政主管部门规定建设工程重大质量事故分为如下四个等级:

(1)凡造成死亡30人以上或直接经济损失300万元以上的为一级。

(2)凡造成死亡10人以上29人以下或直接经济损失100万元以上不满300万元的为二级。

(3)凡造成死亡3人以上9人以下,或重伤20人以上或直接经济损失30万元以上不满100万元的为三级。

(4)凡造成死亡2人以上,或重伤3人以上19人以下,或直接经济损失10万元以上不满30万元的为四级。

(四)特别重大事故

凡具备国务院发布的《特别重大事故调查程序暂行规定》所发生一次死亡30人及其以上,或者直接经济损失达500万元及其以上,或其他性质特别严重,发生上述三个影响之一的均属特别重大事故。

【例8-4】 武汉某高层住宅被迫控爆拆除(以1995年执行的有关标准与规范为判定依据)。

(一)工程概况

该工程为18层剪力墙结构,建筑面积1.46万m^2,地下一层,总高度56.6 m,1995年

1 月开始桩基施工,同年 9 月主体完成,11 月完成室内外装饰及地面工程,12 月 3 日发现住宅整体向东北方向倾斜,顶端水平位移达 470 mm。当时采取了以下纠偏措施:倾斜一侧减载与对应侧加载、注浆与高压粉喷及增加锚杆静压桩等,控制了房屋向东北方向倾斜。12 月 21 日起,住宅突然转向西北方向倾斜,虽采取纠偏措施,但无作用,倾斜速度加快,至 12 月 25 日顶端水平位移达 2 884 mm,使整座楼重心偏移了 1 442 mm。为彻底根治隐患,并确保邻近建筑物及居民的安全,决定将 6 ~ 18 层控爆引毁,并于 1995 年底实施,造成直接经济损失 711 万元。

(二)事故的主要原因调查分析

(1)桩型选用不当。勘察报告要求高层住宅部分选用大直径钻孔灌注桩,其持力层为地面下 40.4 ~42.6 m 的砂卵石层。设计却采用了夯扩桩,持力层为地面下 13.4 ~ 19 m 的稍密—中密粉细砂层。事故发生后,一些专家形象地说,该工程的夯扩桩如同一把筷子插到稀饭里(注:桩穿越的土层主要是高压缩淤泥和淤泥质黏土)。

(2)违反有关设计规范规定。设计单位同意建设单位建议将地下室标高提高 2 m,使该工程埋置深度由 5 m 减少为 3 m,违反了《钢筋混凝土高层建筑结构设计与施工规程》(JGJ 3—91)的规定,即最小埋深应大于建筑高度的 1/15,该工程为 1/18.9。

(3)基坑壁及坑底处理不当。对高压缩性淤泥层,勘察报告要求坑壁支护及封底补强。该工程实际仅部分做了 2 ~5 排粉喷桩,其余均放坡开挖。由于坑壁未封闭,致使基坑淤泥层移动而对桩体产生水平推力,严重影响桩体稳定。

(4)大量桩的全长呈折线形,降低了单桩承载力。底板提高 2 m 是在 336 根夯扩桩已完成 190 根时提出并实施的,也就是说,有 190 根桩在同一个断面结桩,而灌注桩的结桩处是桩体最薄弱处,因此桩基础形成一个薄弱截面,而且已完成的 190 根桩有不少倾斜严重,最大偏位竟达 1 700 mm,后接的桩是垂直于地面的,因此大量桩的全长呈折线形。

(5)桩质量缺陷处理不当。经动测检验分析,336 根桩中有 172 根是歪桩,从 336 根桩中抽出 63 根检验桩身质量,其中有 13 根为三类桩(严重缺陷)。施工单位提出增做 160 根静压桩,未被采纳。

(6)土方工程施工违反规范规定。土方开挖和回填违反了《建筑桩基技术规范》(JGJ 94—93)的一系列规定,诸如:基坑应分层开挖,高差不宜超过 1 m,机械挖土不得损坏桩体以及关于回填土质和夯填要求等规定。施工中,开挖一次到底,挖土机不仅碾压桩,铲斗还碰撞桩,填土用杂土,且不分层夯实,因此不能有效地限制基础的侧向变形。

(7)忽视信息,不认真分析处理。4 月中旬在土方开挖中发现两根桩桩身上部断裂,其中一根桩内配的 6 Φ 16 钢筋有 2 根脆裂,没有作任何处理。5 月 22 日开始作沉降观测,曾经发现过沉降突变,也未作认真处理。

(三)事故成因总结与性质确定

综上所述,该事故原因是严重违反标准规范的规定,工程技术人员严重失职,甚至个别环节上弄虚作假,掩盖重大质量隐患。建设单位急于求成,错误地控制造价,质量监督不严,使得多种缺陷汇集叠加一起,导致该工程桩基整体失稳,不得不大部控爆引毁。本工程质量事故造成的直接经济损失 711 万元(>500 万元),根据规定属特别重大事故。

【例 8-5】 某住宅楼阳台塌落事故。

(1)工程概况。

某住宅工程为 5 层砖混结构,建筑面积约 1 800 m^2,阳台为现浇钢筋混凝土板,挑出长度 1.3 m,根部厚度 120 mm,端部厚度 80 mm。该工程于 1988 年 9 月开工,1990 年 11 月,在工程即将竣工时,阳台突然塌落。阳台设计配筋图见图 8-9。

(2)事故原因分析。

事故发生后,对事故现场进行调查了解,查阅了工程施工资料,并对其余阳台混凝土强度、钢筋位置等逐一进行了检测。调查检测结果表明:设计阳台板主筋为Φ10,间距 140 mm,实际用主筋Φ10,主筋间距为 130 ~ 150 mm,基本满足设计要求。经回弹检测,阳台底板混凝土强度满足设计强度要求。但是,设计阳台板上部主筋保护层为 20 mm,实际主筋保护层为 80 ~ 100 mm。除塌落阳台外,其他阳台板根部上面已发现多处平行于外纵墙的裂缝,裂缝最大宽度为 0.5 mm,隐患严重,在未使用或正常使用时,仍有塌落的危险。阳台实际配筋图见图 8-10。

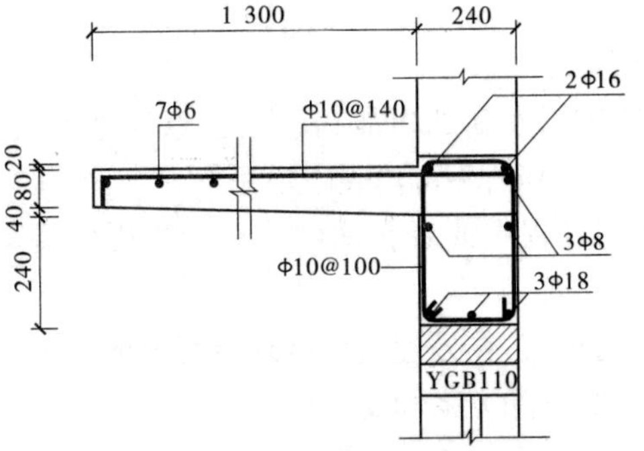

图 8-9 阳台设计配筋图

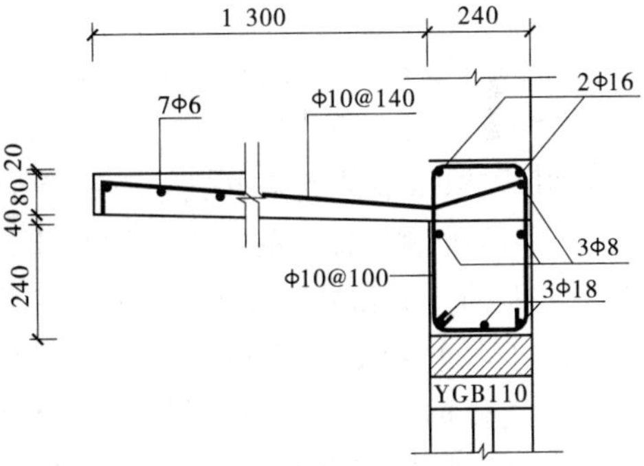

图 8-10 阳台实际配筋图

(3)结论。

由以上分析可知,造成这起工程事故的根本原因是施工单位不按图纸施工,阳台底板主筋下移,使悬挑构件失去抵抗弯矩的能力。

第三节 工程质量事故处理的依据和程序

一、概述

建筑工程质量事故分析的最终目的是处理事故。由于事故处理具有复杂性、危险性、连锁性、选择性及技术难度大等特点,因此必须持科学、谨慎的观点,并严格遵守一定的处理程序。

二、事故处理必备的条件

(1)处理目的应十分明确。

(2)事故情况清楚。一般包括事故发生的时间、地点、过程、特征描述、观测记录及发展变化规律等。

(3)事故性质明确。通常应明确三个问题:是结构性还是一般性问题,是实质性还是表面性问题,事故处理的紧迫程度。

(4)事故原因分析准确、全面。事故处理就像医生给人看病一样,只有弄清病因,方能对症下药。

(5)事故处理所需资料应齐全。资料是否齐全直接影响到分析判断的准确性和处理方法的选择。

三、事故处理的基本要求及注意事项

事故处理通常应达到以下四项要求:

(1)安全可靠、不留隐患。

(2)满足使用或生产要求。

(3)经济合理。

(4)施工方便、安全。

要达到上述要求,事故处理必须注意以下事项:

(1)综合治理。首先,应防止原有事故处理后引发新的事故;其次,注意处理方法的综合应用,以取得最佳效果;最后,一定要消除事故根源,不可治表不治里。

(2)事故处理过程中的安全。避免事故处理过程中或者在加固改造的过程中倒塌,造成了更大的人员和财产损失,为此应注意以下问题:

①对于严重事故,岌岌可危、随时可能倒塌的建筑,在处理之前必须有可靠的支护。

②对需要拆除的承重结构部分,必须事先制定拆除方案和安全措施。

③凡涉及结构安全的,处理阶段的结构强度和稳定性十分重要,尤其是钢结构容易失稳问题应引起足够重视。

④重视处理过程中由于附加应力引发的不安全因素。

⑤在不卸载条件下进行结构加固,应注意加固方法的选择以及对结构承载力的影响。

(3)事故处理的检查验收工作。目前,对新建筑施工,引进的工程监理人员在“三控两管一协调”方面发挥了重要作用。但对于建筑物的加固改造和事故处理及检查验收工作重视程度不够,应予以加强。

四、工程质量事故处理的依据

进行工程质量事故处理的主要依据有四个方面:质量事故的实况资料;具有法律效力的,得到有关当事各方认可的工程承包合同、设计委托合同、材料或设备购销合同及监理合同或分包合同等合同文件;有关的技术文件、档案;相关的建设法规。

在这四个方面依据中,前三个是与特定的工程项目密切相关的具有特定性质的依据。第四个为法规性依据,是具有很高权威性、约束性、通用性和普遍性的依据,因而它在工程质量事故的处理事务中,具有极其重要的、不容置疑的作用。

(一)质量事故的实况资料

要搞清质量事故的原因和确定处理对策,首要的是要掌握质量事故的实际情况。有关质量事故实况的资料主要来自以下几个方面。

1. 施工单位的质量事故调查报告

质量事故发生后，施工单位有责任就所发生的质量事故进行周密的调查、研究以掌握情况，并在此基础上写出调查报告，提交监理工程师和业主。在调查报告中，首先就应对与质量事故有关的实际情况作详尽的说明，其内容应包括：

(1)质量事故发生的时间、地点。

(2)质量事故状况的描述。发生的事故类型（如混凝土裂缝、砖砌体裂缝），发生的部位（如楼层、梁、柱，及其所在的具体位置），分布状态及范围，严重程度（如裂缝长度、宽度、深度等）。

(3)质量事故发展变化的情况（其范围是否继续扩大，程度是否已经稳定等）。

(4)有关质量事故的观测记录、事故现场状态的照片或录像。

2. 监理单位调查、研究所获得的第一手资料

其内容大致与施工单位调查报告中的有关内容相似，可用来与施工单位所提供的情况对照、核实。

(二)有关合同及合同文件

(1)所涉及的合同文件可以是工程承包合同、设计委托合同、设备与器材购销合同、监理合同等。

(2)有关合同和合同文件在处理质量事故中的作用是确定在施工过程中有关各方是否按照合同有关条款实施其活动，借以探寻产生事故的可能原因。例如，施工单位是否在规定时间内通知监理单位进行隐蔽工程验收；监理单位是否按规定时间实施了检查验收；施工单位在材料进场时，是否按规定或约定进行了检验等。此外，有关合同文件还是界定质量责任的重要依据。

(三)有关的技术文件和档案

1. 有关的设计文件

有关的设计文件如施工图纸和技术说明等是施工的重要依据。在处理质量事故中，其作用：一方面是可以对照设计文件，核查施工质量是否完全符合设计的规定和要求；另一方面是可以根据所发生的质量事故情况，核查设计中是否存在问题或缺陷。

2. 与施工有关的技术文件、档案和资料

(1)施工组织设计或施工方案、施工计划。

(2)施工记录、施工日志等。根据它们可以查对发生质量事故的工程施工时的情况，例如：施工时的气温、降雨、风、浪等有关的自然条件，施工人员的情况，施工工艺与操作过程的情况，使用的材料情况，施工场地、工作面、交通等情况，工程地质及水文地质情况等。借助这些资料可以追溯和探寻事故的可能原因。

(3)有关建筑材料的质量证明资料。例如，材料批次、出厂日期、出厂合格证或检验报告、施工单位抽检或试验报告等。

(4)现场制备材料的质量证明资料。例如，混凝土拌和料的级配、水灰比、坍落度记

录,混凝土试块强度试验报告,沥青拌和料配比、出机温度和摊铺温度记录等。

(5)质量事故发生后,对事故状况的观测记录、试验记录或试验报告等。例如,对地基沉降的观测记录,对建筑物倾斜或变形的观测记录,对地基钻探取样记录与试验报告,对混凝土结构物钻取试样的记录与试验报告等。

(6)其他有关资料。

上述各类技术资料对于分析质量事故的原因,判断其发展变化趋势,推断事故影响及严重程度,考虑处理措施等都是不可缺少的。

(四)相关的建设法规

1998 年 3 月 1 日《中华人民共和国建筑法》颁布实施,为加强建筑活动的监督管理、维护市场秩序、保证建筑工程质量提供了法律保障。这部工程建设和建筑业大法的实施,标志着我国工程建设和建筑业进入了法制管理新时期。通过几年的发展,国家已基本建立了以《中华人民共和国建筑法》为基础的与社会主义市场经济体制相适应的工程建设和建筑业法规体系,包括法律、法规、规章及示范文本等。相关建设法规与工程质量及质量事故处理有关的有以下几类,简述如下。

1. 勘察、设计、施工、监理等单位资质管理方面的法规

《中华人民共和国建筑法》明确规定:国家对从事建筑活动的单位实行资质审查制度。这方面的法规有建设部于 2001 年以建设部令发布的《建设工程勘察设计企业资质管理规定》、《建筑业企业资质管理规定》和《工程监理企业资质管理规定》等。这类法规主要内容涉及勘察、设计、施工和监理等单位的等级划分,明确各级企业应具备的条件,确定各级企业所能承担的任务范围,以及其等级评定的申请、审查、批准、升降管理等方面。

2. 从业者资格管理方面的法规

《中华人民共和国建筑法》规定对注册建筑师、注册结构工程师和注册监理工程师等有关人员实行资格认证制度。1995 年国务院颁布的《中华人民共和国注册建筑师条例》,1997 年建设部、人事部颁布的《注册结构工程师执业资格制度暂行规定》和 1998 年建设部、人事部颁发的《监理工程师考试和注册试行办法》等,这类法规主要涉及建筑活动的从业者应具有相应的执业资格,注册等级划分,考试和注册办法,执业范围,权利、义务及管理等。

3. 建筑市场方面的法规

这类法律、法规主要涉及工程发包、承包活动,以及国家对建筑市场的管理活动。于 1999 年 10 月 1 日施行的《中华人民共和国合同法》和于 2000 年 1 月 1 日施行的《中华人民共和国招标投标法》是国家对建筑市场管理的两个基本法律。与之相配套的法规有 2001 年国务院发布的《工程建设项目招标范围和规模标准的规定》、国家发展计划委员会发布的《工程建设项目自行招标试行办法》、建设部发布的《建筑工程设计招标投标管理办法》、2001 年国家发展计划委员会等七部委联合发布的《评标委员会和评标方法的暂行规定》,以及 2001 年建设部发布的《建筑工程发包与承包价格计价管理办法》和建设部与国家工商行政管理总局共同发布的《建设工程勘察合同》、《建筑工程设计合同》、《建设工程施工合同》和《建设工程监理合同》等示范文本。这类法律、法规、文件主要是为了维护建筑市场的正常秩序和良好环境，充分发挥竞争机制，保证工程项目质量，提高建设水平。例如，《中华人民共和国招标投标法》明确规定“投标人不得以低于成本的报价竞标”，就是防止恶性杀价竞争，防止偷工减料引起工程质量事故。《中华人民共和国合同法》明文规定“禁止承包人将工程分包给不具备相应资质条件的单位，禁止分包单位将其承包的工程再分包。建设工程主体结构的施工必须由承包人自行完成”。“对违反者处以罚款，没收非法所得直至吊销资质证书”，这均是为了保证工程施工的质量，防止因操作人员素质低造成质量事故。

4. 建筑工程施工方面的法规

以《中华人民共和国建筑法》为基础，国务院于2000年颁布了《建筑工程勘察设计管理条例》和《建设工程质量管理条例》。建设部于1989年发布《工程建设重大事故报告和调查程序的规定》，于1991年发布《建筑安全生产监督管理规定》和《建设工程施工现场管理规定》，于1995年发布《建筑装饰装修管理规定》，于2000年发布《房屋建筑工程质量保修办法》、《关于建设工程质量监督机构深化改革的指导意见》、《建设工程质量监督机构监督工作指南》和《建设工程监理规范》等法规和文件。其主要涉及施工技术管理、建设工程监理、建筑安全生产管理、施工机械设备管理和建设工程质量监督管理。它们与现场施工密切相关，因而与工程施工质量有密切关系或直接关系。例如，《建设工程监理规范》明确了现场监理工作的内容、深度、范围、程序、行为规范和工作制度；《建设工程施工现场管理规定》则要求有施工技术、安全岗位责任制度、组织措施制度，对施工准备、计划、技术、安全交底、施工组织设计编制、现场总平面布置等均作了明确规定。国务院颁布的《建设工程质量管理条例》，以《中华人民共和国建筑法》为基础，全面系统地对与建设工程有关的质量责任和管理问题作了明确的规定，可操作性强。它不但对建设工程的质量管理具有指导作用，而且是全面保证工程质量和处理工程质量事故的重要依据。

5. 标准化管理方面的法规

2000年，建设部发布的《工程建设标准强制性条文》和《实施工程建设强制性标准监督规定》是典型的标准化管理类法规，它的实施为《建设工程质量管理条例》提供了技术法规支持，是参与建设活动各方执行工程建设强制性标准和政府实施监督的依据，同时也是保证建设工程质量的必要条件，是分析处理工程质量事故，判定责任方的重要依据。一切工程建设的勘察、设计、施工、安装、验收都应按现行强制性标准进行，不符合现行强制性标准的勘察报告不得报出，不符合强制性条文规定的设计不得审批，不符合强制性标准的材料、半成品、设备不得进场，不符合强制性标准的工程质量必须处理，否则不得验收，不得投入使用。

（五）监理单位编制质量事故调查报告

调查的主要目的是要明确事故的范围、缺陷程度、性质、影响和原因，为事故的分析和处理提供依据。

调查报告的内容主要包括：

（1）与事故有关的工程情况。

（2）质量事故的详细情况，如质量事故发生的时间、地点、部位、性质、现状及发展变化情况等。

(3)事故调查中有关的数据、资料和初步估计的直接损失。

(4)质量事故原因分析与判断。

(5)是否需要采取临时防护措施。

(6)事故处理及缺陷补救的建议方案与措施。

(7)事故涉及的有关人员的情况。

事故原因分析是确定事故处理措施的基础。正确的处理来源于对事故原因的正确判断。为此,监理工程师应当组织设计、施工、建设单位等各方参加事故原因分析。事故处理方案的制定应以事故原因分析为基础。如果某些事故一时认识不清,而且事故一时不致产生严重的恶化,可以继续进行调查、观测,以便掌握更充分的资料数据,作进一步分析,找出原因,以利制定处理方案;切忌急于求成,不能对症下药,采取的处理措施不能达到预期效果,造成反复处理的不良后果。

五、工程质量事故处理程序

工程监理人员应熟悉各级政府建设行政主管部门处理工程质量事故的基本程序,特别是应把握在质量事故处理过程中如何履行自己的职责。工程质量事故发生后,监理人员可按以下程序进行处理,如图 8-11 所示。

(1)工程质量事故发生后,总监理工程师应签发“工程暂停令”,并要求停止进行质量缺陷部位和与其有关联部位及下道工序的施工,应要求施工单位采取必要的措施,防止事故扩大并保护好现场。同时,要求质量事故发生单位迅速按类别和等级向相应的主管部门上报,并于 24 小时内写出书面报告。

质量事故报告应包括以下内容:①事故发生的单位名称,工程产品名称、部位、时间、地点;②事故的概况和初步估计的直接损失;③事故发生后采取的措施;④相关各种资料(有条件时)。

各级主管部门处理权限及组成调查组权限如下:特别重大事故由国务院按有关程序和规定处理,重大质量事故由国家建设行政主管部门归口管理,严重质量事故由省、自治区、直辖市建设行政主管部门归口管理,一般质量事故由市、县级建设行政主管部门归口管理。

工程质量事故调查组由事故发生地的市、县以上建设行政主管部门或国务院有关主管部门组织成立。特别重大事故调查组组成由国务院批准;一、二级重大质量事故调查组由省、自治区、直辖市建设行政主管部门提出组成意见,人民政府批准;三、四级重大质量事故调查组由市、县级行政主管部门提出组成意见,相应级别人民政府批准;严重质量事故调查组由省、自治区、直辖市建设行政主管部门组织;一般质量事故调查组由市、县级建设行政主管部门组织;事故发生单位属国务院部委的,由国务院有关主管部门或其授权部门会同当地建设行政主管部门组织调查组。

(2)监理工程师在事故调查组展开工作后,应积极协助,客观地提供相应证据。若监理方无责任,监理工程师可应邀参加调查组,参与事故调查;若监理方有责任,则应予以回避,但应配合调查组工作。质量事故调查组的职责是:①查明事故发生的原因、过程、事故

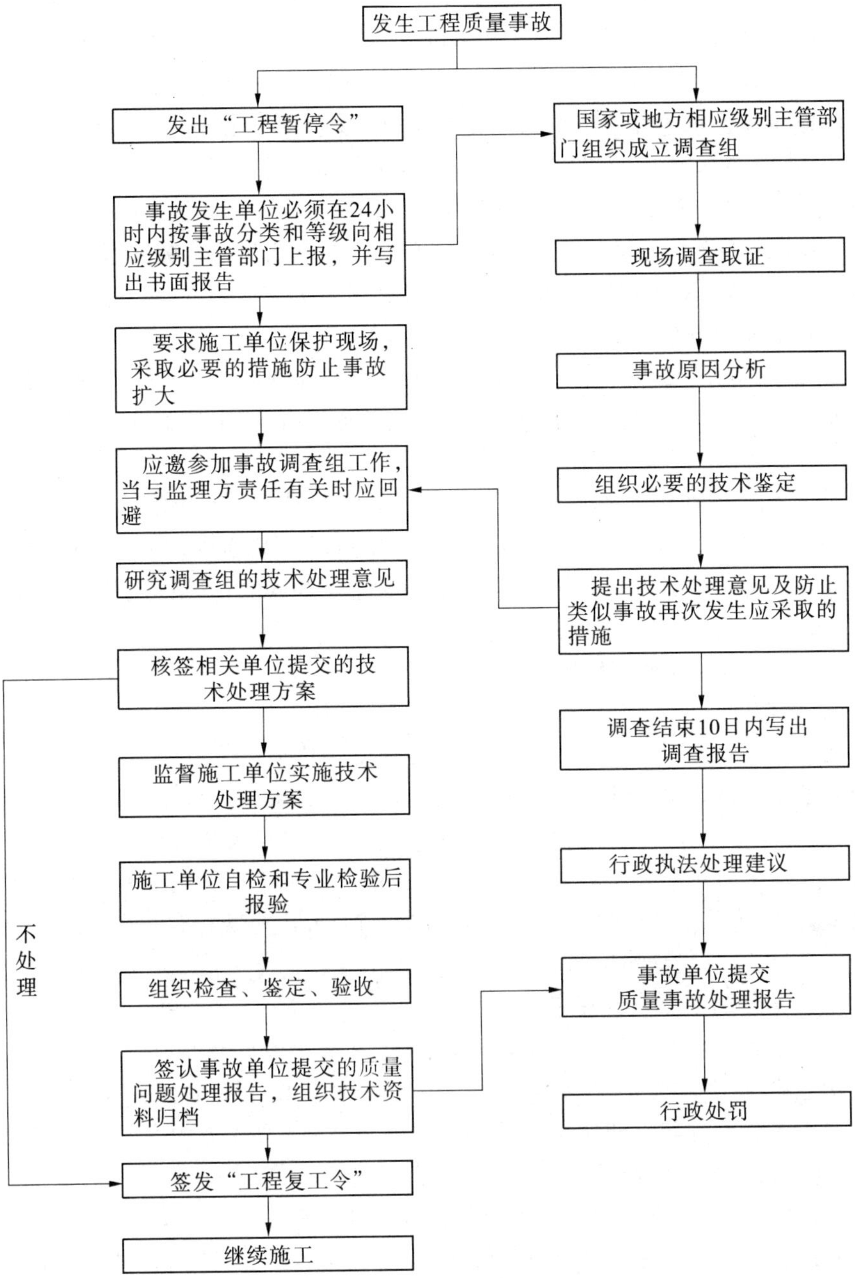

图 8-11　工程质量事故处理程序框图

的严重程度和经济损失情况;②查明事故的性质、责任单位和主要责任人;③组织技术鉴定;④明确事故主要责任单位和次要责任单位,承担经济损失的划分原则;⑤提出技术处理意见及防止类似事故再次发生应采取的措施;⑥提出对事故责任单位和责任人的处理建议;⑦写出事故调查报告。

(3)当监理工程师接到质量事故调查组提出的技术处理意见后，可组织相关单位研究，并责成相关单位完成技术处理方案并予以审核签认。质量事故技术处理方案，一般应委托原设计单位提出，由其他单位提供的技术处理方案应经原设计单位同意签认。技术处理方案的制定应征求建设单位意见。技术处理方案必须依据充分，应在质量事故的部位、原因全部查清的基础上，必要时，应委托法定工程质量检测单位进行质量鉴定或请专家论证，以确保技术处理方案可靠、可行并保证结构安全和使用功能。

(4)技术处理方案核签后，监理工程师应要求施工单位制定详细的施工方案，必要时应编制监理实施细则，对工程质量事故技术处理施工质量进行监理，技术处理过程中的关键部位和关键工序应进行旁站。

(5)对施工单位完工自检后报验的结果，组织有关各方进行检查验收，必要时应进行处理结果鉴定。要求事故单位整理编写质量事故处理报告，并审核签认，组织将有关技术资料归档。

工程质量事故处理报告主要内容：①工程质量事故情况、调查情况、原因分析（选自质量事故调查报告）；②质量事故处理的依据；③质量事故技术处理方案；④实施技术处理施工中的有关问题和资料；⑤对处理结果的检查鉴定和验收；⑥质量事故处理结论。

(6)签发“工程复工令”，恢复正常施工。

【例 8-6】 工程质量事故处理程序。

（一）工程概况

某工程，监理公司承担施工阶段监理任务，建设单位采用公开招标方式选定承包单位。建设单位招标后确定甲承包单位中标，并签订了施工合同。施工开始后，建设单位要求提前竣工，并与甲承包单位协商签订了书面协议，写明了甲承包单位为保证施工质量采取的措施和建设单位应支付的赶工费用。施工过程中发生了混凝土工程质量事故。经调查组技术鉴定，认为是甲承包单位为赶工期拆模过早、混凝土强度不足造成的。该事故未造成人员伤亡，但导致直接经济损失 4.8 万元。

（二）事故涉及的问题及处理程序

(1)上述质量事故发生后，在事故调查前，总监理工程师应做哪些工作？

事故发生后，在事故调查前，总监理工程师应处理好以下几方面工作：①签发“工程暂停令”，指令承包单位停止相关部位及下道工序施工；②要求承包单位防止事故扩大，保护现场；③要求承包单位在规定时间内写出书面报告。

(2)上述质量事故的调查组应由谁组织？监理单位是否应参加调查组？

因该事故未造成人员伤亡，但导致直接经济损失 4.8 万元，不满 5 万元，属一般质量事故。根据有关规定，质量事故的调查组应由市、县级建设行政主管部门组织。事故是由于甲承包单位为赶工期拆模过早造成的，监理方无责任，监理单位应参加调查组，参与事故调查。

(3)上述质量事故的技术处理方案应由谁提出？技术处理方案核签后，总监理工程师应完成哪些工作？该质量事故处理报告应由谁提出？

当监理工程师接到质量事故调查组提出的技术处理意见后，可组织相关单位研究，并责成相关单位完成技术处理方案，并予以审核签认。质量事故技术处理方案，一般应委托原设计单位提出，由其他单位提供的技术处理方案应经原设计单位同意签认。技术处理方案的制定，应征求建设单位意见。由于甲承包单位为赶工期拆模过早造成了该质量事故，技术处理方案应由甲承包单位提出。技术处理方案核签后，总监理工程师应签发“工程复工令”，监督技术处理方案的实施，最后组织检查、鉴定和验收。该质量事故处理报告应由甲承包单位提交。

第四节　工程质量事故处理方案的确定及鉴定验收

一、工程质量事故处理方案的确定

工程质量事故处理的目的是消除质量隐患，以达到建筑物的安全可靠和正常使用要求，并保证施工的正常进行，其方案属技术处理方案。

（一）质量事故处理方案的基本要求

（1）处理应达到安全可靠，不留隐患，满足生产、使用要求，施工方便，经济合理的目的。

（2）正确确定事故性质，重视消除事故的原因。这不仅是一种处理方向，也是防止事故重演的重要措施。

（3）注意综合治理。既要防止原有事故的处理引发新的事故，又要注意处理方法的综合应用。

（4）正确确定处理范围。除直接处理事故发生的部位外，还应检查事故对相邻区域及整个结构的影响，以正确确定处理范围。

（5）正确选择处理时间和方法。发现质量问题后，一般均应及时分析处理，但并非所有质量问题的处理都是越早越好，如裂缝、沉降、变形尚未稳定就匆忙处理，往往达不到预期的效果，而常会进行重复处理。处理方法的选择，应根据质量问题的特点，综合考虑安全可靠、技术可行、经济合理、施工方便等因素，经分析比较，择优选定。

（6）加强事故处理的检查验收工作。从施工准备到竣工，均应根据有关规范的规定和设计要求的质量标准进行检查验收。

（7）认真复查事故的实际情况。在事故处理中若发现事故情况与调查报告中所述的内容差异较大，应停止施工，待查清问题的实质、采取相应的措施后再继续施工。

（8）确保事故处理期的安全。事故现场中不安全因素较多，应事先采取可靠的安全技术措施和防护措施，并严格检查、执行。

监理工程师在审核质量事故处理方案时，应以分析事故原因为基础，结合实地勘察成果，正确掌握事故的性质和变化规律，并应尽量满足建设单位的要求。

（二）工程质量事故处理方案的类型

1. 不作处理

某些工程质量问题虽然不符合规定的要求和标准构成质量事故，但视其严重情况，经过分析、论证、法定检测单位鉴定和设计等有关单位认可，对工程或结构使用及安全影响不大，也可不作专门处理。通常不用专门处理的情况有以下几种：

(1)不影响结构安全和正常使用。例如:有的工业建筑物出现放线定位偏差,且严重超过规范标准的规定,若要纠正会造成重大经济损失,经过分析、论证,其偏差不影响生产工艺和正常使用,在外观上也无明显影响,可不作处理。又如:某些隐蔽部位结构混凝土表面裂缝,经检查分析,属于表面养护不够的干缩微裂,不影响使用及外观,也可不作处理。

(2)有些质量问题,经过后续工序可以弥补。例如:混凝土墙表面轻微麻面,可通过后续的抹灰、喷涂或刷白等工序弥补,也可不作专门处理。

(3)经法定检测单位鉴定合格。例如:某检验批混凝土试块强度值不满足规范要求,强度不足,当法定检测单位对混凝土实体采用非破损检验等方法测定其实际强度已达规范允许和设计要求值时,可不作处理。对经检测未达要求值,但相差不多,经分析论证,只要使用前经再次检测达设计强度的,也可不作处理,但应严格控制施工荷载。

(4)出现的质量问题经检测鉴定达不到设计要求,但经原设计单位核算,仍能满足结构安全和使用功能。例如:某一结构构件截面尺寸不足或材料强度不足,影响结构承载力,但经按实际检测所得截面尺寸和材料强度复核验算,仍能满足设计的承载力,可不进行专门处理。

2. 修补处理

修补处理是最常用的一类处理方案。通常,当工程的某个检验批、分项工程或分部工程的质量虽未达到规范、标准或设计要求,存在一定缺陷,但通过修补或更换器具、设备后还可达到要求的标准,又不影响使用功能和外观要求,在此情况下,可以进行修补处理。某些事故造成的结构混凝土表面裂缝,可根据其受力情况,仅作表面封闭保护。某些混凝土结构表面的蜂窝、麻面,经调查分析,可进行剔凿、抹灰等表面处理,一般不会影响其使用和外观。

3. 返工处理

在工程质量未达到规定的标准和要求,对结构的使用和安全构成重大影响,且又无法通过修补处理的情况下,可对检验批、分项工程、分部工程甚至整个工程返工处理。

例如:某防洪堤坝填筑压实后,其压实土的干密度未达到规定值,经核算将影响土体的稳定且不能满足抗渗能力要求时,可挖除不合格土,重新填筑。又如:某公路桥梁工程预应力按规定张力系数为1.3,实际仅为0.8,属于严重的质量缺陷,也无法修补,只有返工处理。对某些存在严重质量缺陷,且无法采用加固补强等修补处理或修补处理费用比原工程造价还高的工程,应进行整体拆除,全面返工。

监理工程师应牢记,不论哪种情况,特别是不作处理的质量问题,均要备好必要的书面文件,对技术处理方案、不作处理的结论和各方协商文件等有关档案资料认真组织签认。对责任方应承担的经济责任和合同中约定的罚则应正确判定。

(三)工程质量事故处理方案决策的辅助方法

选择工程质量事故处理方案是复杂而重要的工作,它直接关系到工程的质量、费用和工期,处理方案选择不合理,不仅劳民伤财,严重的会留有隐患,危及人身安全,特别是对需要返工或不作处理的方案,更应慎重对待。对于某些复杂的质量问题作出处理决定前,可采取以下辅助决策方法。

1. 试验验证

试验验证即对某些有严重质量缺陷的项目，可采用合同规定的常规试验以外的试验方法进一步进行验证，以便确定缺陷的严重程度。例如，混凝土构件的试件强度低于要求的标准不太大（如10%以下）时，可进行加载试验，以证明其是否满足使用要求。又如，公路工程的沥青面层厚度误差超过了规范允许的范围，可采用弯沉试验，检查路面的整体强度等。监理工程师可根据对试验验证结果的分析、论证，再研究选择最佳的处理方案。

2. 定期观测

有些工程，在发现其质量缺陷时其状态可能尚未达到稳定仍会继续发展，在这种情况下一般不宜过早作出决定，可以对其进行一段时间的观测，然后再根据情况作出决定。属于这类的质量问题如桥墩或其他工程的基础在施工期间发生沉降超过预计的或规定的标准；混凝土表面发生裂缝，并处于发展状态等。有些有缺陷的工程，短期内其影响可能不十分明显，需要较长时间的观测才能得出结论。对此，监理工程师应与建设单位及施工单位协商，看是否可以留待责任期解决或采取修改合同、延长责任期的办法。

3. 专家论证

对于某些工程质量问题，可能涉及的技术领域比较广泛，或问题很复杂，有时仅根据合同规定难以决策，这时可提请专家论证。而采用这种办法时，应事先作好充分准备，尽早为专家提供尽可能详尽的情况和资料，以便使专家能够进行充分、全面和细致的分析与研究，提出切实可行的意见与建议。实践证明，采用这种方法对于监理工程师正确选择重大工程质量缺陷的处理方案十分有益。

4. 方案比较

方案比较是比较常用的一种方法。同类型和同一性质的事故可先设计多种处理方案，然后结合当地的资源情况、施工条件等逐项给出权重，可将其每一方案按经济、工期、效果等指标列项并分配相应权重值，进行对比，辅助决策，从而选择既具有较高处理效果又便于施工的处理方案。

（四）质量事故处理的应急措施

工程中的质量问题往往随时间、环境、施工情况等发展变化，有的细微裂缝可能逐步发展成构件断裂，有的局部沉降、变形可能致使房屋倒塌。为此，在处理质量问题前，应及时对问题的性质进行分析，作出判断，对那些随着时间、温度、湿度、荷载条件变化的变形及裂缝要认真观测记录，寻找变化规律及可能产生的恶果；对那些可能发展成为构件断裂、房屋倒塌的恶性事故，更要及时采取应急补救措施。

在拟定应急措施时，一般应注意以下事项：

（1）对危险性较大的质量事故，首先应予以封闭或设立警戒区，只有在确认不可能倒塌或进行可靠支护后，方准许进入现场处理，以免造成人员伤亡。

（2）对需要进行部分拆除的事故，应充分考虑事故对相邻区域结构的影响，以免事故进一步扩大，且应制定可靠的安全措施和拆除方案，要严防对原有事故的处理引发新的事故（如托梁柱），稍有疏忽将会引起整幢房屋的倒塌。

（3）凡涉及结构安全的情况，都应对处理阶段的结构强度、刚度和稳定性进行验算，提出可靠的防护措施，并在处理中严密监视结构的稳定性。

(4)在不卸荷条件下进行结构加固时，要注意加固方法和施工荷载对结构承载力的影响。

(5)要充分考虑事故处理中所产生的附加内力对结构的作用，以及由此引起的不安全因素。

【例 8-7】 某厂钢结构工程倒塌事故分析。

(一)工程概况

某厂钢结构工程为一钢排架结构，柱距 6 m，共 9 个开间，跨度 15 m，共 3 跨，建筑面积 2 454 m^2(见图 8-12)，屋架下弦标高 8.0 m(见图 8-13)，采用梯形钢屋架(见图 8-14)、桁架式檩条(见图 8-15)、波形石棉瓦屋面。由于甲方急需用房，仓促委托施工单位凭经验无设计盲目施工，于 1983 年竣工。

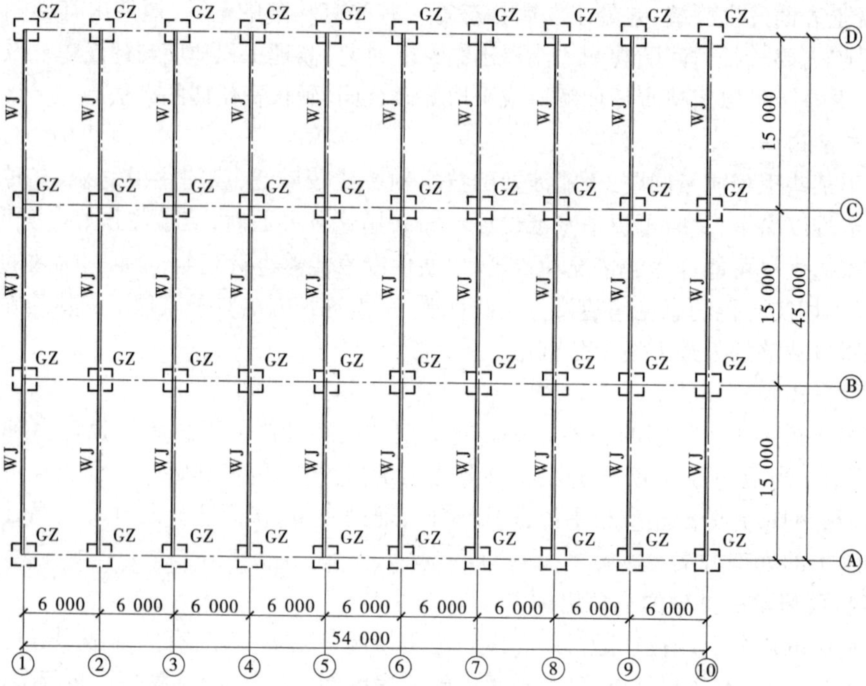

图 8-12　柱网布置倒塌前的柱网及屋架布置图(原设计中无支撑体系)

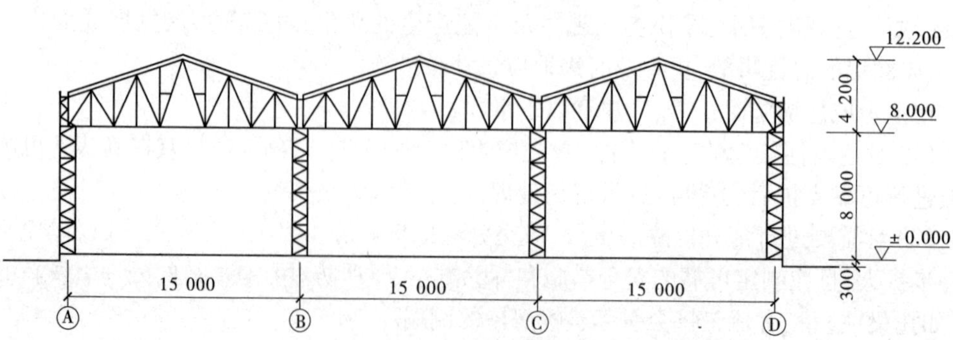

图 8-13　厂房剖面图

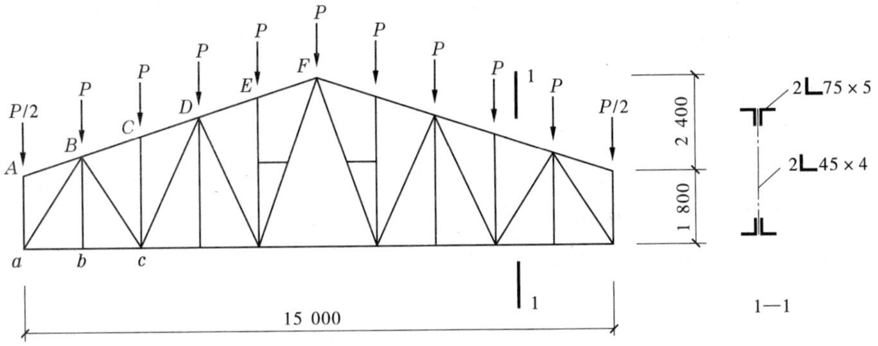

图 8-14　屋架形式计算简图

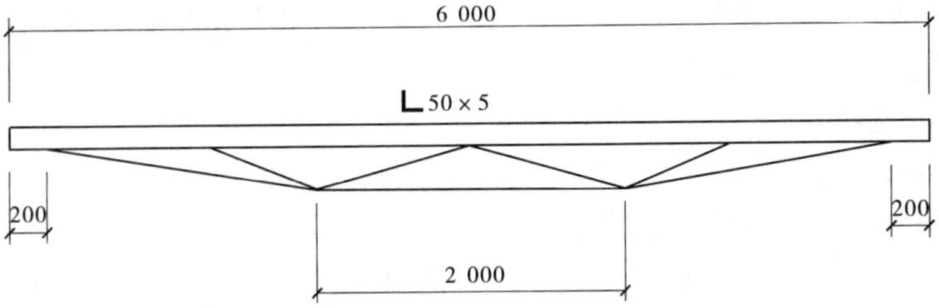

图 8-15　檩条形式图

1988 年 2 月 17 日 4 时左右，该厂所在地当时气温 -10 ℃左右，风力 3～4 级，最大降雪量 320 mm。该市当天连续发生四起工程倒塌事故，其中损失最大的是该厂三跨钢屋架结构倒塌。该工程在Ⓑ—Ⓒ跨内②—③轴的两榀屋架失稳倒塌，致使相邻两跨的排架柱受拉倾斜，排架系统大部分发生扭曲变形。这起事故虽无人身伤亡，但该厂被迫停产 2 个月，直接经济损失达 48 万元。按事故严重程度来看，已属于三级重大质量事故。

（二）倒塌原因分析

（1）违背基本建设程序，无图施工，致使结构留下多处严重隐患，造成最后在大雪袭击下发生倒塌事故。

（2）缺乏钢结构设计与施工专业知识，钢屋盖结构竟无必要的支撑体系，檩条与屋架亦无可靠连接。

①未设置上弦横向水平支撑，屋架上弦在排架平面外的计算长度变大；未设置垂直支撑，下弦在平面外的计算长度变大；加上雪载的不均匀作用，导致屋架发生平面外失稳。

上弦杆稳定验算（取受力较大值 *DE* 杆、*EF* 杆）：不满足，即经验算上弦杆在屋架平面外失稳。

下弦杆稳定验算：下弦在平面外刚度不足，下弦杆在屋架平面外处于失稳状态。

②原工程中檩条与钢架只是简单铰接，檩条起不到应有的支撑作用，造成屋架侧面刚度和空间刚度过小，以致失稳。

③自然条件的影响。按《建筑结构荷载规范》（GB 50009—2001），该市基本雪压 $S_0 = 0.55\ \mathrm{kN/m^2}$，平均雪荷载按 $2.0\ \mathrm{kN/m^3}$ 计算，由此推算平均最大积雪厚度为 275 mm。但多年不遇的大雪当天降落量平地积雪厚 320 mm（>275 mm），而在现场天沟内积雪深度达 450 mm，超过规范值的积雪作用加快了带有隐患的无图施工工程的倒塌事故发生。

④施工管理混乱，不重视质量检验与验收工作。事故发生后，未查到一张施工验收的现场记录，检查发现许多节点构造不合理，焊缝质量不合格，经验算，现场实测所有焊缝长均约为 50 mm，不满足肢背焊缝长度 $L_w = 70$ mm 的要求。

(三)事故处理方案

建筑物倒塌后全部拆除，重新按《钢结构设计规范》(GB 50017—2003)和《钢结构工程施工质量验收规范》(GB 50205—2001)等进行设计与施工，并按有关构造要求布置合理的支撑体系，即设置必要的上弦横向水平支撑，加强檩条与屋架的连接，在屋架跨中增设一道垂直支撑。

二、工程质量事故处理方案的鉴定验收

监理工程师应通过组织检查和必要的鉴定，确定质量事故的技术处理是否达到了预期目的，进行验收并予以最终确认。

(一)检查验收

工程质量事故处理完成后，监理工程师在施工单位自检合格报验的基础上，应严格按施工验收标准及有关规范的规定进行，结合监理人员的旁站、巡视和平行检验结果，依据质量事故技术处理方案设计要求，通过实际量测，检查各种资料数据进行验收，并应办理交工验收文件，组织各有关单位会签。

(二)必要的鉴定

为确保工程质量事故的处理效果，凡涉及结构承载力等使用安全和其他重要性能的处理工作，或质量事故处理施工过程中建筑材料及构配件保证资料严重缺乏，或对检查验收结果各参与单位有争议时，常须做必要的试验和检验鉴定工作。常见的检验工作有：混凝土钻芯取样，用于检查密实性和裂缝修补效果，或检测实际强度；结构荷载试验，确定其实际承载力；超声波检测焊接或结构内部质量；池、罐、箱、柜工程的渗漏检验等。检测鉴定必须委托政府批准的有资质的法定检测单位进行。

(三)验收结论

对所有质量事故无论经过技术处理通过检查鉴定验收还是不需专门处理的，均应有明确的书面结论。若对后续工程施工有特定要求，或对建筑物使用有一定限制条件的，应在结论中提出。验收结论通常有以下几种：

(1)事故已排除，可以继续施工。

(2)隐患已消除，结构安全有保证。

(3)经修补处理后，完全能满足使用要求。

(4)基本上满足使用要求，但使用时应有附加限制条件，如限制荷载等。

(5)对耐久性的结论。

(6)对建筑物外观影响的结论。

(7)对短期内难以作出结论的，可进一步观测检验意见。

对处理后符合《建筑工程施工质量验收统一标准》(GB 50300—2001)规定的，监理工程师应予验收、确认，并应注明责任方主要承担的经济责任。对经加固补强或返工处理仍不能满足安全使用要求的分部工程、单位(子单位)工程，应拒绝验收。

【例 8-8】 水塔鉴定实例。

(一)基本情况

该水塔始建于1981年,由长沙黑色金属矿山设计院设计、二十三冶建设公司水塔处施工。水塔立面图及剖面图分别见图8-16和图8-17。

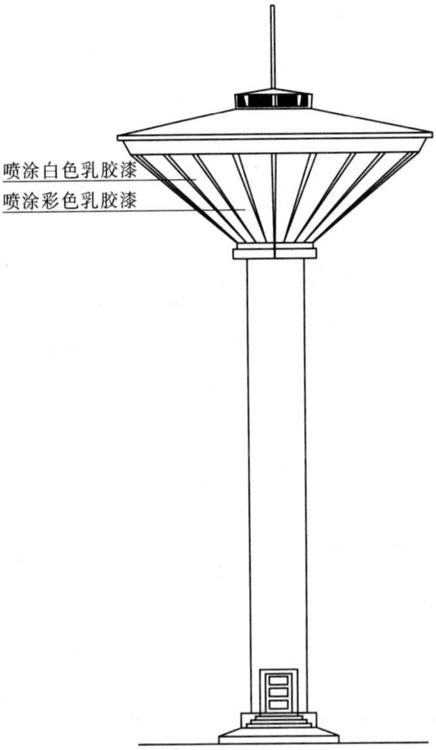

图 8-16　水塔立面图

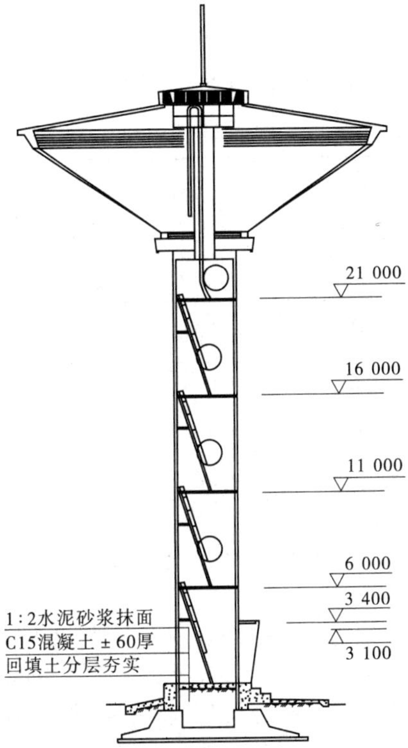

图 8-17　水塔剖面图

水塔设计为倒锥壳型,容量200 m^3,水塔塔身高度25 m,水柜沿口标高29.5 m,基本风压值为0.35 kN/m^2,不考虑地震设防。

水塔基础埋置深度为2.5 m,地基承载力设计值为22 t/m^3,设计采用整体式基础。

由于该水塔已使用20余年,对其现有混凝土强度等级、碳化深度、钢筋锈蚀、混凝土保护层厚度及剥离程度、裂缝开展及分布情况进行了检测,并按实测条件进行了必要的计算分析。

(二)检测与评定

(1)地基与基础的垂直度测量。根据《建筑地基基础设计规范》(GB 50007—2002)规定,实测水塔筒体垂直度结果为:塔顶中心相对于塔底中心,向南偏位11 mm,向东偏位5 mm,综合评定南偏东12.1 m。

实测结果说明,垂直度仍在规范控制条件以内,也说明水塔在正常工作条件下地基基础稳定,工作可靠。

(2)主体结构混凝土强度等级检测。根据部位不同,检测结果如下:

①筒体结构实测混凝土强度见表8-1。

表 8-1　筒体结构实测混凝土强度汇总

部位	设计值	实测平均值(MPa)	实测最小值(MPa)	推定值	设计值/实测值
标高 21 m 平台	C25	31.8	28.6	C28	1.12
标高 16 m 平台	C25	40.3	36.0	C35	1.40
标高 11 m 平台	C25	39.0	35.1	C35	1.40
标高 6 m 平台	C25	28.2	25.2	C25	1.00
标高 0.00 m	C25	30.8	27.7	C25	1.00

②水柜结构混凝土强度见表 8-2。

表 8-2　水柜结构混凝土强度汇总

部位	设计值	实测平均值(MPa)	实测最小值(MPa)	推定值	设计值/实测值
顶盖板	C30	28.2	27.7	C25	0.83
圆形中环梁	C30	33.4	30.8	C30	1.00
核心筒	C30	28.6	25.7	C25	0.83
水池上柱	C30	39.5	31.6	C30	1.00

在标高 ±0.00 m、+3 m、+6 m 处进行筒壁厚度测量，筒壁厚度设计值为 180 mm，实测平均值为 175 mm，最小值为 155 mm。

在标高 1 m 处，配置钢筋探测，实测值纵向配筋为Φ 14@150，共计 44 根，钢筋间距平均值为 200 mm，钢筋直径Φ8，外壁钢筋保护层厚度≥27 mm。

(3)水柜结构检查。水柜结构由上、中、下圈梁和下底板及上盖板构成。下底板设计厚度 120 mm，双层双向配筋为Φ 8@110，实测与设计相符。

下底板最大半径厚度 5 520 mm，底环梁至中环梁水平投影距离为 4 120 mm，底板呈 45°方向搁置并与梁体固结。

水柜上盖板厚 60 mm，呈 1∶4坡度支撑于上环梁与中环梁之间。

水柜混凝土因风化、碳化作用，有如下表现：

①水柜部分，因结构工作环境中湿度大，温度变化大，环境中风速大，供氧充分，故钢筋锈蚀、混凝土碳化严重。

②水柜上盖板，约有 20%左右的钢筋，因锈蚀作用，不仅混凝土开裂，且其保护层厚度超薄，均已剥落。钢筋锈蚀的发展内、外表面均达到 5 ~ 6 mm。这对主体结构来讲，是一种严重丧失承载力的表现。

③水柜环梁，特别是中环梁，有垂直于环梁受力方向的可见裂缝，缝宽为 0.3 ~ 1.0 mm，碳化深度 5 mm。

④水柜底板，因储水，无法作内部检查，从外部检查仍可见沿钢筋走向发生的可见锈蚀裂缝痕迹。

(4)裂缝及损伤检查。筒体无结构性裂缝，窗口处有局部性裂缝表现，尚不影响主体，但应封闭处理。

水柜部分，主要裂缝表现为锈蚀裂缝，上盖板底约有20%的主筋发生有沿钢筋走向的保护层剥离现象，且焊接点部位严重，钢筋截面锈蚀量为12%～18%。

主筒体设有四个横隔平台，每个横隔平台板面积约有15%的破损、钢筋锈蚀和露筋，应作防锈和加强处理。

(三)结论与建议

(1)实测结果表明，倾斜值为 4.84×10^{-4}，根据《建筑地基基础设计规范》(GB 50007—2002)仍在设计标准控制条件以内，说明在正常使用条件下，地基基础稳定，承载力满足设计要求。

(2)主体结构筒体，实测混凝土强度等级基本满足设计要求，但筒体截面厚度设计为180 mm，实测平均值为175 mm，实测最小值为155 mm，最大偏差为13.8%。

(3)水柜主体结构，主要表现为因锈蚀作用产生的耐久性损伤，混凝土保护层沿钢筋走向剥离，钢筋锈蚀严重，部分外露钢筋截面损失率为12%～18%，必须进行防锈和加固处理。

水柜中环梁，也有受拉裂缝，必须进行加固处理。

水柜上盖板，除严重锈蚀裂缝外，盖板上表面风化、雨水冲刷严重。

(4)综合分析认为：水柜部分、中环梁部分锈蚀损伤严重，已严重影响使用安全和寿命，必须进行加固处理。

(5)上盖板做上表层清除，重新做防水及保护层；下表面采用碳纤维片材做下表层加固。

(6)中环梁，用碳纤维片材内外做双层粘贴加固。

(7)水柜底板，用底层碳纤维片材做环向加固和纵向加固。

(8)片材加固工艺应按相关用胶、用材标准，严格粘贴工艺，施工中严格限制新增荷载。

(9)局部损伤可用改性细石混凝土及封闭材料处理。

【例8-9】 某烟囱在施工中的倒塌事故分析。

(一)工程及事故概况

江苏省某电厂一座高120 m的钢筋混凝土烟囱，采用无井架液压滑模方法施工，滑升时间在1979年秋末冬初。滑模平台固定在18榀支撑架上，共设30台千斤顶，按1、2、2的方式循环布置，内外模板高度分别为1.4 m和1.6 m。为控制滑升时的烟囱位置、尺寸，在底部设激光射到滑模平台上进行测偏。1979年11月，当混凝土浇至标高67.50 m时，发生了烟囱滑模平台从高空倾覆坠落的事故。

(二)现场调查

事故调查发现，在事故发生时并无大风、暴雨等异常天气，材料检查无不合格现象，混凝土配合比为水泥：砂子：石子＝1:2.76:5.12，另外加0.5%的JN减水剂、2.5%～5%的水玻璃早强剂。水泥为原500号的矿渣硅酸盐水泥。调查还发现，滑模倾覆坠落前，混凝土的出模强度大于0.5 N/mm^2。出模时，筒壁混凝土有局部脱落，烟囱中心偏差76.3

mm，滑模平台扭转 439 mm，最后竟达 2.3 m，支撑杆倾斜 10°54′35″。倾覆时，烟囱壁的内侧先塌，随之外侧也塌落，平台坠落朝北略偏东方向。坠落后检查可见，模板上、下支撑杆均有失稳弯折现象，烟囱壁塌落部分高度达 4.55 m。塌落断口处混凝土的强度大于 0.8 N/mm^2。

（三）事故原因分析

由上述调查，并经分析研究，可以确定造成事故的主要原因是支撑杆失稳，模板滑升速度太快，因气温偏低，混凝土强度增长不够理想。事故原因有：

（1）支撑杆失稳。模板下支撑杆首先失稳是造成平台倒塌的主要原因（见图 8-18）。在模板滑升过程中，各支撑杆处于极限状态，只要有一根支撑杆失稳，就会引起其他支撑杆的失稳。从现场施工人员的反映也可知，烟囱倾覆前几分钟，筒壁混凝土脱落，且越来越严重，最后导致平台坠落。经校核，只有在支撑杆失稳后，才能出现这种现象；如支撑杆不失稳，则只要混凝土强度达到 0.5 N/mm^2，即可保证混凝土不脱落。支撑杆失稳后首先从北面开始，北面温度更偏低一点，混凝土强度增长更慢。

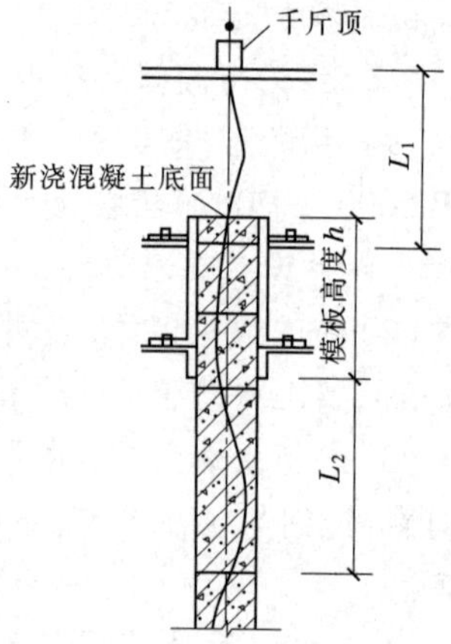

图 8-18　烟囱支撑杆失稳情况

（2）混凝土强度增长跟不上滑模速度的需要。虽然滑模时混凝土的脱落强度已经大于 0.5 N/mm^2，这已达到《液压滑升模板工程设计与施工规定》中的要求。但从倾倒后的断口可以看出，混凝土对支撑杆的嵌固作用要到 0.7 N/mm^2 以上才比较可靠。施工时气温偏低，南向、北向还有一定差异，混凝土强度增长缓慢，有些部位混凝土强度不足，起不到应有的嵌固作用，如这一部位的支撑杆失稳，则会引起连锁反应，导致平台坠落。此外，选用水玻璃作早强剂要慎重。因掺有水玻璃的混凝土有假凝现象，这易造成对混凝土早沉期强度的误判，估计值往往偏高。

（3）滑模平台的倾角和扭转过大。有关资料建议，平台倾斜应控制在 1% 以内，扭转值不得超过 250 mm。本平台在施工过程中扭转已达 439 mm，理应及早采取措施。因未及时处理，加速了支撑杆的失稳，从而导致塌落。

此外，还有一些其他的失误，如有的支撑绑条漏焊，有 75 kg 的氧气瓶置于平台上面，而设计平台时未予计算，这一偏心荷重对平台倾斜是非常不利的。

第五节　质量通病及其预防

一、常见质量通病

质量通病有陈旧性和新生性两种。陈旧性质量通病是多年来一直延续存在的，如水泥地面空鼓开裂、起皮起砂；新生性质量通病是随着大量采用新结构、新技术、新工艺而出现的。

例如，在南方一般使用摊铺砂浆法，使砌体的水平灰缝砂浆饱满度很少达到80%以上的要求，有的只能达到20%～30%，因此这些地区就把砖砌体的水平灰缝砂浆饱满度的不足列为本地区的质量通病之一。又如，由于南北地区的空气湿度不一，昼夜温差不一，冬季的负温度不一，因此在南方地区，外檐水泥砂浆抹面的空鼓开裂就不像北方那么突出，而北方地区往往把外檐水泥砂浆抹面的空鼓开裂列为本地区的突出质量通病。再如，工业建筑的质量通病主要在主体结构及设备安装方面，民用建筑的质量通病主要在使用功能与外观方面，因此建筑工程各部门也各有各的质量通病项目。现将一般性的建筑工程质量通病列举如下：

(1)渗漏。如屋面、卫生间(住宅的厕浴间)、墙面、地下室渗漏，其中以屋面、卫生间渗漏为最突出的工程质量通病。

(2)水泥砂浆(含水泥混合砂浆)楼地面(墙面)空鼓开裂，其中以预制多孔板为楼板的水泥砂浆面层尤为突出。

(3)门窗缝隙大、密闭不严。在木制门窗中由于材质差、刚度小、制作粗糙而使未安装前就存在上述质量问题。

(4)混凝土与砌筑砂浆的配合比不准确、原材料质量控制不严，致使强度的离散性很大，高低相差悬殊。

(5)砖砌女儿墙及砖混结构的顶层砌体出现规律性的裂缝。

(6)外墙饰面砖的灰缝(含分格条)深浅宽窄不匀，横不平、竖不直，有的饰面砖自身变色，与基层黏结不牢。

(7)钢筋移位、加密箍筋漏置，钢筋保护层过小，拆完模板后有的露筋。

(8)纵横砖墙砌筑不同步、大量留直槎，又不按规定放置拉结筋。

(9)室外墙面装饰面层被雨水与灰尘污染。有的工程设计窗台没有挑出，有的工程原设计是有凸出墙面的外窗台，但施工中没有做滴水线(槽)；有的工程使用的涂料就易被污染和短时期内就老化。

(10)灌注桩及预制桩出现缩颈、夹层、沉渣厚度过大及打断、打碎的质量问题。

(11)室外及房心回填土夯压不实，出现室外散水与地面沉陷。

(12)油漆漆膜粗糙、流坠、透底，手感及眼观均比较明显。

(13)电器不接地(接零)，零、火相线错置，灯具及开关插座安放不正。

(14)下水道被堵，排水不通或不畅通。

二、质量通病的原因分析

工程质量通病的产生主要是人为因素造成的，归结为以下几方面：

(1)设计问题。

(2)施工技术问题。

(3)材料质量问题。

(4)施工管理水平差，质量监督不到位。

(5)造价过低是质量通病多发的诱导因素。

三、工程质量通病的预防措施

(1)制定消除工程质量通病的规划。通过分析质量通病,一要列出哪些质量通病是本地区(部门)最普遍的,且危害性是比较大的;二要初步分析这些质量通病产生的原因;三是采取什么措施去治理较适宜;四是要不要外部给予协助。

(2)消除因设计欠周密而出现的工程质量通病,属于设计方面原因的,通过改进设计方案来治理。

(3)提高施工人员素质,改进操作工艺和施工工艺,认真按规范、规程及设计要求组织施工,对易形成的质量通病部位或工艺增设质量控制点。

(4)对一些治理技术难度大的质量通病,要组织科研力量攻关。

(5)技术不配套、不成熟的材料及工艺等应制止大面积推广。如合成高分子防水片材自身的质量很好,既耐久,又具有良好的防水性能,但其黏结剂的质量不能相应配套,致使做成防水层后,仍然出现翘边等质量通病。

(6)要择优选购建筑材料、部件和设备。严禁购置生产情况不清、质量不摸底的建筑材料、部件和设备;购入的材料、部件及设备在使用前不仅检查有无出厂合格证,还要进行质量检验,经复验合格后方准予使用;对已进场的材料发现有少数不符合标准的,一定要经过挑选使用。对一些性能尚未完全过关的新材料要慎重使用;建筑材料、部件及设备不仅要实施生产许可证制度,还要实施质量认证制度。

(7)因工程造价控制过低而易发生影响安全或使用功能的质量通病的部位,不仅不能再降低工程造价,有些还应适当提高工程造价。

【例 8-10】 某市绝缘材料厂,有部分封闭车间的地面标高低于车间地面 800 mm,车间为 6 m×10 m 的磨石子地面,其四周是现浇的钢筋混凝土墙体封闭。在封闭车间试车时,室内温度升高到 60 ℃左右,试车 3 小时,即听见地面的爆裂响声。经停车检查,发现磨石子地面隆起而从中间断裂。

隆起的原因:磨石子地面受热膨胀,四周受混凝土墙体的挤压,下面是密实的地基,地面热胀向上隆起并产生破裂。

处理方法:清除原有磨石子地面。沿混凝土墙体四周和长度方向居中位置,切割开伸缩缝,深度到垫层底,缝宽 20 mm。扫刷干净,缝内填嵌聚氯乙烯胶泥。扫刷洁净、冲洗后晾干,贴嵌分格条,沿垫层缝的边嵌分格铜条,使面层缝的位置和垫层缝相同。

该车间投产后再没有发生隆起和裂缝。

【例 8-11】 多层住宅楼中的彩釉陶瓷地面砖多处发生裂缝、起鼓。经调研发现,有卧室、起居室中的地面砖裂缝和隆起。掀起脱壳的地面检查,砖背面也没有水泥浆黏结的痕迹。从调查资料分析,地面砖裂缝和隆起的共同点是:结合层厚度在 20 mm 以上的纯水泥浆,地面砖的规格为 10 mm×300 mm×300 mm,地面砖壳裂的环境气温在 0 ℃以下。

主要原因:钢筋混凝土结构层、纯水泥浆结合层、陶瓷地面砖三者的干缩变形及温差变形的系数差异较大。如结合层的收缩应力大于地面砖黏结强度,迫使地面砖裂缝和起鼓。

处理方法:将脱壳起鼓的地面砖掀起,沿已裂缝的找平层拉线,用混凝土切割机切缝做伸缩缝，缝宽控制在 10 ~ 15 mm，将缝内扫刷干净，灌柔性密封胶。凿除水泥浆结合层，用水冲洗并扫刷洁净、晾干。将完整添补的陶瓷地面砖浸水，并洗净背面的泥灰，晾干，结合层应用 1∶2.5 干硬性水泥砂浆铺刮平整；铺贴地面砖，黏结层可用水泥浆或 JCAT 陶瓷砖胶黏剂。铺贴地面砖要控制好对缝，将砖缝留在伸缩缝上面，该条砖缝控制在 10 mm 左右。应确保面砖黏结密实和平整，相邻两块砖的高度差不得大于 2 mm。表面平整度用 2 m 直尺检查，不得大于 2 mm。面砖铺贴后应在 24 小时内进行擦缝、勾缝工作，缝的深度宜为砖厚的 1/3。擦缝和勾缝应采用同品种、同强度等级、同颜色的水泥，随做随清理砖面的水泥浆液，并做好养护和保护工作。

思考与练习题

1. 如何区分工程质量不合格、工程质量问题与质量事故？
2. 试述工程质量问题处理的程序。
3. 简述工程质量事故的特点、分类及其处理的权限范围。
4. 简述工程质量事故处理的依据。
5. 简述进行工程质量事故原因分析的一般程序。
6. 造成工程质量事故的最基本因素主要有哪些？
7. 确定质量事故处理方案的基本要求有哪些？
8. 质量事故处理可能采取的处理方案有哪几类？适用条件是什么？
9. 工程质量事故处理方案决策的辅助方法有哪些？
10. 监理工程师如何对工程质量事故处理进行鉴定与验收？
11. 调查一个工程质量事故处理案例。
12. 收集若干工程质量事故的资料，提出模拟处理程序和方案。

参考文献

[1] 齐秀梅. 建筑工程质量控制[M]. 北京:理工大学出版社,2009.
[2] 施骞,胡文发. 工程质量管理[M]. 上海:同济大学出版社,2006.
[3] 苑敏. 建设工程质量控制[M]. 北京:中国电力出版社,2008.
[4] 李明,冯军武,等. 建设工程项目质量与安全管理[M]. 北京:中国铁道出版社,2007.
[5] 李明. 建设工程项目质量与安全管理[M]. 北京:中国铁道出版社,2007.
[6] 中国建设监理协会. 建设工程质量控制[M]. 北京:中国建筑工业出版社, 2003.
[7] 王先恕. 建筑工程质量控制[M]. 北京:化学工业出版社, 2009.
[8] 李峰. 建筑工程质量控制[M]. 北京:中国建筑工业出版社, 2003.